从焦虑到行动：
父母教育卷入的底层逻辑

From Anxiety to Action:
The Underlying Logic of Parental Education Involvement

闵 兢 / 著

东南大学出版社
SOUTHEAST UNIVERSITY PRESS
·南京·

内容提要

本书基于社会学理论,在建构"结构-机制-行动"的整合性分析框架的基础上,将"鸡娃"这一现象看作是特定历史阶段全球与中国社会大背景下的一种社会行动,在立体勾勒父母教育卷入行动现实图谱的基础上,从宏观、中观和微观层面揭示隐藏在行动背后的结构性力量,剖析父母教育卷入行动的心理机制和行动逻辑,观照了行动对于结构的能动影响,探寻了解决问题的政策策略,从而阐释个体行动与结构因素之间的互构共变关系,对走出行动解释的两难困境作出了尝试。

图书在版编目(CIP)数据

从焦虑到行动:父母教育卷入的底层逻辑 / 闵兢著
. — 南京:东南大学出版社,2024.3
ISBN 978-7-5766-1048-2

Ⅰ.①从… Ⅱ.①闵… Ⅲ.①家庭教育 Ⅳ.①G78

中国国家版本馆 CIP 数据核字(2023)第 248579 号

责任编辑:刘　坚(635353748@qq.com)　　责任校对:周　菊
封面设计:王　玥　　责任印制:周荣虎

从焦虑到行动:父母教育卷入的底层逻辑

Cong Jiaolü Dao Xingdong: Fumu Jiaoyu Juanru De Diceng Luoji

著　者	闵　兢
出版发行	东南大学出版社
出版人	白云飞
社　址	南京市四牌楼 2 号(邮编:210096　电话:025 - 83793330)
经　销	全国各地新华书店
印　刷	广东虎彩云印刷有限公司
开　本	787 mm×1092 mm　1/16
印　张	13.25
字　数	290 千
版　次	2024 年 3 月第 1 版
印　次	2024 年 3 月第 1 次印刷
书　号	ISBN 978-7-5766-1048-2
定　价	78.00 元

本社图书若有印装质量问题,请直接与营销部调换。电话(传真):025 - 83791830

前言
PREFACE

近年来,随着教育内卷的加剧,"鸡娃"一词借助于媒体在社会中快速流传,被评为2021年十大流行语之一。通俗地讲,"鸡娃"就是父母为了孩子考出好成绩,考上好学校,不断给孩子"打鸡血",激励孩子参加各种培训班、学习各种技能,不停地让孩子去拼搏的行为。作为一个最早从网络出现的新兴词汇,"鸡娃"若被放入教育社会学场域,可用"父母教育卷入"这一概念来指代,其核心内涵可以解读为在子女教育过程中父母的过度参与。父母教育卷入这一社会事实,不仅严重损害了广大青少年的身心健康,给无数家庭带来沉重的教育负担,而且造成了教育资源的巨大浪费和对教育公平的剧烈冲击,医治这一沉疴已刻不容缓。因而,开展父母教育卷入行动的社会学研究,对于促进学生全面发展、实现真正的教育公平,具有重要的理论价值与现实意义。

既有的关于父母教育卷入的社会学研究,往往从"主体性"视角出发,对家长的主体焦虑和主体行动进行描述性分析,在对父母教育卷入行动底层逻辑的探究上,或采用结构分析,或采用机制分析,而忽略了结构与机制之间的具体关联以及二者与行动之间的互构性关系。本书基于双向互构论和机制理论,在宏观结构和微观行动之间引入中观的机制维度,尝试建构一个"结构-机制-行动"的整合性分析框架,以定性研究为主要研究范式,通过对家长、子女及相关群体的经验调查,从现实图谱、时代语境、教育焦虑、资本投入等维度,系统探讨了父母教育卷入得以生成的社会事实、结构形塑、诱发机制和家庭行动,并从家长主义和国家行动的层面,寻找突破这一困境的现实可能。

研究发现,父母教育卷入既是制度、文化和技术共同形塑的产物,也是教育内卷与社会性焦虑共情的表征,各类资本组合与教育投入则是这一行动的家庭路演,迫切需要国家开展相应的教育治理行动。

第一,父母教育卷入现象是制度、文化和技术形塑的产物。(1)从制度性结构来看,选拔型考试制度、对优质教育资源的渴求、教育市场化与独生子女制度等激发了父母教育卷入的动机,而文凭通胀、优质教育资源配置失衡、教育资本化与"减负"政策等又规制了家长的教育选择,强化了父母教育卷入需求。(2)从文化性结构来看,为了让子女"出人头地",被内化的精英教育观演化为对名校的执念,"望子成龙"的家长们不得不选择教育卷入;作为一种增值性文化产品消费,家长不只是在购买课外服务,更是在购买一种阶层区隔的身份符码。(3)从技术性结构来看,父母教育卷入行动在很大程度上受到现代新媒体的影响。在交互性技术的支持下,家校边界变得模糊,家校关系异化成父母对子女教育过度卷入的触发器;在交融性技术的影响下,各种"沉浸式鸡娃"情境使家长的教育认知通过回声室效应被同化;在大数据技术的过滤下,人们被困于日益窄化的"信息茧房",随波逐流地加入父母教育卷入行动的大潮。

第二,父母教育卷入源于不同阶层共同的社会性焦虑。精英阶层因为不确定能否顺利实现代际复制而焦虑,中产阶层出于地位恐慌而焦虑,工薪阶层则基于对子女实现阶层跃升的期待而焦虑——这种焦虑心态经由教育内卷的剧场效应迅速发酵,形成了一种特殊的潮流,并在现代媒介的渲染下形成病毒效应式的焦虑情绪弥散。教育焦虑源于残酷的同辈竞争,而竞争的残酷性在很大程度上是由市场操控的。校外培训机构的市场推广与商业公司的资本运作,通过贩卖焦虑使父母进一步加深了焦虑共情,成为激活家庭教育投资的驱动力。

第三,父母教育卷入是家庭资本组合与教育投入的"物化物"。首先,经济资本是父母教育卷入行动能否实现的重要门槛。"买不起"也得买的学区房、"学不起"也得学的辅导班和"上不起"也得上的国际学校,都对家庭的经济资本提出了挑战。其次,文化资本是父母教育卷入的重要亲职资源。父母不仅会以言传身教、亲自引导的方式实现文化资本的濡化式传承,还要在文化物品的供给上毫不吝啬。再次,社会资本需要以家庭为单位的集体动员。无论是家庭外部还是内在的社会资本,父母都在尽力积累、全力投入。最后,母职资本是父母教育卷入行动的重要支撑。母亲既要承担"协作培养"的任务,扮演子女的"教育经纪人",更要披上"全能妈妈"的盔甲,变成子女教育的大管家。解决这一问题的关键,在于"国家走回教育结构的中心",用国家行动取代家长主义和市场主义。

总之,在教育竞争的背景下,作为一种以高期待高回报为目标导向的父母教育卷入,不只是个体的单独行动,更是在社会结构与心理机制的双重影响下演变而成的一种社会行动和社会事实。2021年,国家出台了一系列政策法规,旨在开展针对校外教育培训的专项治理,未来"鸡娃"这一现象也许会发生变化,其演变态势是一个值得在跟踪研究中进一步深入探讨的重要议题。

目录 CONTENTS

第一章 导言 ………………………………………… (001)
 一、问题提出及研究意义 ………………………………… (001)
 二、文献回顾 …………………………………………… (005)
 三、概念界定 …………………………………………… (028)
 四、理论基础与分析框架 ………………………………… (029)
 五、研究范式与研究方法 ………………………………… (034)

第二章 殊途同归：父母教育卷入的现实图谱 ……… (040)
 第一节 自由征用与自主剥夺：时间安排密集化 ……… (040)
  一、自由时间的征用 …………………………………… (040)
  二、自主权利的剥夺 …………………………………… (042)
 第二节 理性早启与早教启蒙：育儿起点超前化 ……… (043)
  一、理性早启的育儿传统 ……………………………… (044)
  二、早教启蒙的现代话语 ……………………………… (045)
 第三节 年龄设定与成就量化：教育指标参数化 ……… (048)
  一、基于年龄的参数设定 ……………………………… (049)
  二、成就体系的参数量化 ……………………………… (050)
 第四节 群体压力与朋辈比较：排位竞争博弈化 ……… (051)
  一、参考群体的隐形压力 ……………………………… (052)
  二、争取排位的比较心理 ……………………………… (053)
 本章小结 ………………………………………………… (055)

第三章 时代语境：父母教育卷入的结构形塑 ……… (057)
 第一节 制度性结构的激励与规制 ……………………… (057)
  一、选拔型考试激励与文凭通胀的规制 ……………… (058)
  二、优质教育资源激励与配置失衡的规制 …………… (060)
  三、教育市场化激励与教育资本化的规制 …………… (061)
  四、独生子女政策激励与"减负"政策的规制 ……… (064)

第二节　文化性结构的内化与外显 ……………………………………(068)
　一、出人头地:世俗化的成功学 ………………………………………(068)
　二、望子成龙:内化的精英教育观 ……………………………………(070)
　三、阶层区隔:外显的身份符码 ………………………………………(071)
第三节　技术性结构的异化与同化 ……………………………………(073)
　一、交互性技术与家校关系异化 ……………………………………(073)
　二、交融性技术与教育认知同化 ……………………………………(074)
　三、大数据技术与信息茧房窄化 ……………………………………(076)
本章小结 ……………………………………………………………………(078)

第四章　教育焦虑:父母教育卷入的诱发机制 …………………………(079)

第一节　焦虑的萌生:不同阶层的代际期待 …………………………(080)
　一、代际复制与精英阶层抢跑 ………………………………………(081)
　二、地位恐慌与中产阶层急追 ………………………………………(083)
　三、跃升期待与工薪阶层自救 ………………………………………(085)
第二节　焦虑的传递:主动选择与被动裹挟 …………………………(087)
　一、剧场效应:教育内卷的集体行动 …………………………………(087)
　二、循环反应:"鸡娃"潮流的社会传染 ………………………………(089)
　三、病毒效应:媒介渲染的情绪弥散 …………………………………(092)
第三节　焦虑的贩卖:资本入场与市场推手 …………………………(095)
　一、校外培训机构的惯用套路:"硬广"与"软文" ……………………(096)
　二、校外培训机构的办学策略:"吸粉"与"圈粉" ……………………(099)
　三、商业公司的资本运作:"分蛋糕"与"产业链" ……………………(102)
本章小结 ……………………………………………………………………(104)

第五章　资本投入:父母教育卷入的家庭行动 …………………………(105)

第一节　经济资本:父母教育卷入的物质门槛 ………………………(106)
　一、名校分野:"买不起"的学区房 ……………………………………(106)
　二、影子教育:"学不起"的辅导班 ……………………………………(109)
　三、望洋兴叹:"上不起"的国际学校 …………………………………(111)
第二节　文化资本:父母教育卷入的亲职资源 ………………………(113)
　一、言传身教:文化惯习的濡化式传承 ………………………………(114)
　二、亲职在场:文化精英的引导式介入 ………………………………(116)

三、拿来主义:文化物品的粗放式添补 …………………………………… (118)

第三节 社会资本:父母教育卷入的网络动员 ………………………………… (120)

一、家庭外部的社会资源链接 …………………………………………… (122)

二、家庭内在的闭合亲缘资本 …………………………………………… (123)

三、家庭内外的社会资本互济 …………………………………………… (126)

第四节 母职资本:父母教育卷入的优渥后盾 ………………………………… (127)

一、陪伴型母职:"协作培养"的母职承担 ……………………………… (128)

二、专家型母职:"教育经纪人"的母职扮演 …………………………… (130)

三、全能型母职:"超级妈妈"的母职加码 ……………………………… (133)

本章小结 …………………………………………………………………………… (136)

第六章 国家行动:突围教育困境的现实可能 …………………………………… (138)

第一节 迈向教育良态的制度治理 ……………………………………………… (140)

一、去应试化:教育评价体系创新与模式转型 ………………………… (140)

二、去资本化:利益捆绑解除与公共属性回归 ………………………… (144)

第二节 趋于教育良序的体制改革 ……………………………………………… (146)

一、优质均衡:教育资源分配体制改革 ………………………………… (147)

二、多元成长:人才培养模式体系改革 ………………………………… (149)

第三节 回归教育本真的文化重塑 ……………………………………………… (151)

一、全面发展与教育本位功能的实现 …………………………………… (151)

二、有教无类与差异化教育需求满足 …………………………………… (152)

三、协同育人与"家校社"关系重构 …………………………………… (154)

本章小结 …………………………………………………………………………… (158)

第七章 结语与讨论 ………………………………………………………………… (159)

第一节 结论 …………………………………………………………………… (159)

一、父母教育卷入现象是制度、文化和技术形塑的产物 ……………… (159)

二、父母教育卷入行动源于不同阶层共同的社会性焦虑 ……………… (160)

三、父母教育卷入是家庭资本组合与教育投入的物化物 ……………… (161)

第二节 讨论 …………………………………………………………………… (163)

一、教育治理:"双减"政策的国家逻辑 ……………………………… (163)

二、阶层流动:地位再生产理论的再探讨 ……………………………… (167)

第三节　创新与不足 …………………………………………………… (170)
　　　一、创新之处 ……………………………………………………… (170)
　　　二、研究不足 ……………………………………………………… (171)
附录1:访谈提纲 ………………………………………………………… (172)
附录2:访谈对象基本情况一览表 ……………………………………… (177)
附录3:2020—2021年国家相关教育制度一览表 …………………… (182)
参考文献 ………………………………………………………………… (185)

第一章 导 言

一、问题提出及研究意义

(一) 问题提出

2011年,一位名叫蔡美儿(Amy Chua)的美国华裔教授撰写的自传式作品 *Battle Hymn of the Tiger Mother* 被译为《虎妈战歌》在中国出版,并引发了极大关注。书中记述了自称"中国虎妈"的母亲对于两个女儿严厉管教的教育故事。这位曾获哈佛大学文学学士、法学博士学位的耶鲁大学终身教授选择采用"中国母亲式"的方法展开教育——企图用强权来管制孩子,期待她们实现更高层次的成功。她不允许女儿有休息日;不允许女儿看电视、玩游戏;要求女儿从晚饭后开始练琴,直到深夜,中途不能喝水,甚至不能去厕所;要求女儿的每门功课如果不能得 A^+ 的话,至少要获得 A……在这种近乎严苛的教育方式下,她的两个女儿取得了远超同龄人的优异成绩。两个女儿从入校第一学期开始就一直保持所有功课皆 A 的全优纪录,她们不仅熟练掌握中文,拉丁文也非常流利。姐姐 Sophia 18 个月就能背诵字母表,3 岁开始阅读名著《小妇人》,14 岁就在卡内基音乐大厅演奏钢琴;妹妹 Lulu 12 岁就成为耶鲁青年管弦乐团首席小提琴手,经过短时间训练后很快就打败了新英格兰地区的网球种子选手……这一切似乎都印证了"虎妈式教育"的成功,"虎妈"也迅速成为网络热门词语,引起极大关注,并引发了对于子女"高期待、高标准"教育方式的讨论。近年来,与"虎妈"有异曲同工之意的另一个词也从网络发源并迅速流传,那就是"鸡娃"。在《咬文嚼字》公布的 2021 年十大流行语中,"鸡娃"一词成功入选[①]。"鸡娃"这一网络流行语,通俗地讲,就是父母为了孩子考出好成绩,考上好学校,不断给孩子"打鸡血",激励孩子参加各种培训班、学习各种技能,不停让孩子去拼

---

① 《咬文嚼字》有"语林啄木鸟"的称号,从 2006 年开始,每年都会通过征集、筛选和专家审核等步骤,评选出当年的十大流行语。其筛选标准具有正确的政治导向并遵循语言范式要求。评定时专家不仅会考虑词频的高低,还要考虑词语的时代价值、语言价值和社会价值,故而具有较强的权威性和代表性。

搏的行为。

在中国的城市里,从幼儿园的孩子、小学生到中学生,都如同明星"走穴"般行程密集地奔赴一个个校外的"战场",在各大培训机构中继续着体力与脑力的双重劳作;每周末,北京海淀区的妈妈们忙着把孩子送入黄庄各大培训机构,孩子们在前排听课,家长们则在后排认真做笔记,并全程拍摄录像;北京顺义区的妈妈们早早地安排孩子考托福雅思,力争攀上美国常青藤大学,并带着孩子参加各种国际比赛、国外夏令营和国外私校名校考试;在成都各类育儿群里,家长们对每所学校的办学质量、办学特色,尤其是对应的学区房情况如数家珍;全国各线城市的家长们在社交网络上热火朝天地讨论升学考试、自主招生、奥赛夺奖、辅导计划……这就是近年来随处可以见的"鸡娃"景观。随着教育竞争的加剧,"鸡娃"的起跑线也在不断地往前位移:从孩子出生开始,早教课、体智能课、乐高班等等各类针对幼儿的教育培训就已经无孔不入;到了入学年龄,为了让孩子能够上名校,许多家长不惜豪掷千金购买学区房;上学之后,除了学科内的辅导之外,乐器、围棋、编程……特长类培训同样也令家长们趋之若鹜,越来越多的家长和孩子被卷进越来越湍急的竞争漩涡。

研究始于问题。为何父母们一边希望孩子有一个幸福快乐的童年,一边却又把孩子有限的课余时间安排得满满当当?为何一边是教育管理部门的"减负",另一边却是家长的"鸡娃"?为何父母们一边不情愿"鸡娃",一边又选择了"鸡娃"?作为一种"失范现象","鸡娃"是否也是"社会病态"的一种折射?为何在现代教育语境下,人们再也难以保持独立的判断和行动?

在选题阶段,我不断深切体会到,任何一项研究,特别是富于社会价值、蕴含人文关怀的社会学研究,都与研究者的生活史密切相关。作为两个孩子(儿子五年级、女儿二年级)的母亲,我在子女教育的实践过程中不断遭遇"是否要鸡娃"的两难选择困境,也看到若干父母在自主判断和被动选择中来回摇摆,焦虑不堪。来自生活实践的困惑和对社会现实的不解让我不由地想去寻找一个答案:我们究竟为什么焦虑?是什么力量在影响我们的教育选择?作为一名已有十年社会学专业学习经历的学生和十六年社会学专业教学经历的教师,我尝试着将生活作为田野,依循社会学的研究思路去一探究竟。

"鸡娃"作为一个最早从网络发起的新兴词汇,若将其放入教育社会学场域,可用"父母教育卷入"这一概念来指代,其核心内涵可以解读为在子女教育过程中父母的过度参与。父母教育卷入现象虽然是教育领域的社会现象,但要深刻透视形塑这一现象背后的力量,如果仅仅囿于传统的教育学科壁垒进行研究,无疑只是隔靴搔痒。同时,作为对一种社会现象的学术研究,也绝不能仅仅是对社会热点问题作一些时髦性的讨论,"学术研究"不同于"新闻报道",需要从学理性的视角,运用丰富的理论资源去开展社会学意义上"面向现象的研究"。按照韦伯(Max Weber)的观点,社会学是对"存在"的一种解释性理解,这种解释是对特定时空下出现的社会现象进行的一种跨时空的注解。任何"当下"的"存在"都非一蹴而就的偶然或突然,而是由或"连续"或"断裂"的过去积累而成。要将"当下"与"过去"在适洽的逻辑上连接起来,最需要的能力当属"社会学的想象力"。米尔斯(C. Wright Mills)所提出的"社会学的想象力"是一种社会的历史的思维方式,要求我们从历时性的视域出发,从历史中找寻现实的答案。"社会科学探讨的是个人生活历程、历史和它们在社会结构中交织的问题。每一门考虑周全的社会科学,都应具备观念的历史视野。"[①]从历史的角度来看,作为一种密集化育儿模式,大规模的父母教育卷入行动是近几十年才兴起的一种社会现象,那么,这是否能代表它仅仅是这几十年历史阶段的产物呢?如果不是,那么,父母教育卷入行动的起点我们又可以追溯到哪里?

同时,社会学的想象力还是一种视角转换的能力,是能够将"社会环境中的个人困扰"和"社会结构中的公众议题"结合起来的特殊心智品质。米尔斯在《社会学的想象力》第一章开篇,就准确地描述出了现代人在生活感知上的困境:"人们经常觉得他们的私人生活充满了一系列陷阱……在日常世界中,他们感受到战胜不了自己的困扰……而造成这种跌入陷阱的感觉的,是世界上各个社会的结构中出现的似乎非个人性的变化。人们只有将个人的生活与社会的历史这两者结合起来认识,才能真正地理解这些。"[②]从这个意义上来看,父母教育卷入行动如若只是个别人的选择,焦虑只是部分人的心理,那么这也许仅仅是一个心理学范畴的问题。但如果社会大众都产生这种行动和心态上的困扰时,我们便不能再将研究的视野拘泥于一隅之地,而是要从更广阔的世界的、整体的高度去看待了。涂尔干(Emile Durkheim)在其代表著作《社会学方法的准则》中首创性地提出了一个颇具社会学意味的新概念,即"社会事实"。涂尔干认为,社会事实是由"存在于个人之外,但又具有使个人不得不服从的强制力的行为方式、思维方式和感觉方式构成的"。涂尔干的这一界定无疑是颠覆性的,因为在前涂尔干时代,多数对于个体行动和思想的解释总是不可避免地还原到个体心理层面,认为是心理上的某种状态导致了行动的

---

① C. 赖特·米尔斯.社会学的想象力[M].陈强,张永强,译.北京:生活·读书·新知三联书店,2001:154.
② C. 赖特·米尔斯.社会学的想象力[M].陈强,张永强,译.北京:生活·读书·新知三联书店,2001:1.

产生,然而,心理现象自身的出现缘由又难以证明。涂尔干独具洞见地将看似必须落实到个体心理层面的人们的"行为方式""思维方式""感觉方式"抽离出来,并用"社会"一词将其与外在的结构力量进行勾连,指出"不能把社会事实与仅仅存在于个人意识之中并依靠个人意识而存在的心理现象混为一谈"。"社会事实"既不是指个体心理现象,也不是指代与"虚假"相对立的社会真实现象,而是为大众很难察觉到的,由社会的内隐结构及潜在秩序形塑和影响的具有一定普遍性的集体性、社会性现象。这种现象不仅体现了结构与秩序的烙印,还随着个体之间的相互作用不断演化,从而不断产生新质,成为自成一类的新种。因此,区别于单纯的个人心理现象,对于社会事实的考察重点也随之变成了影响个体"意识"与"行动"的结构性力量,即是哪些结构性因素以"看不见"的方式导引着万千家长们的过度教育卷入的观念与行动。同时,由于父母教育卷入的直接行动者是微观家庭中的家长们,作为行动主体,他们也直接参与了社会事实的生产过程,因此,如何衡量个体力量的权重并厘清其与结构性力量之间的关系,也成为研究某一特定社会事实不可回避的议题。

因此,从这个意义上来说父母教育卷入既是一种社会行动,也是一种社会事实。本书将这一社会事实作为一双透视社会的眼睛,试图通过对父母教育卷入行动逻辑的剖析,去追问其背后的时代性和社会性。结合社会学的想象力,这一命题至少可以从三个方面进行解读:一是父母教育卷入作为一种社会事实是何以在当下中国出现的,是哪些社会情境造就了今日之内卷乱象? 意在探讨这一现象背后的结构性因素。二是父母为何要过度卷入? 是什么心理驱动了他们的行动? 意在探讨这一现象的诱发机制。三是父母教育卷入是何以通过家庭行动成为可能的? 意在探讨这一现象的实现机制。

(二) 研究意义

半个世纪的时光流逝,并未磨灭"社会学想象力"作为一种心智艺术的光彩,甚至吸引了更多社会学家进一步丰富其内涵。美国著名社会学家伯格(Peter Berger)说:"社会学给我们的首要启示是,万事都不像表面上那样。……社会学让人着迷之处,在于它使我们能以一种新的眼光看待我们生活的世界。"[①]正是在这个意义上,伯格将社会学的主旨界定为"揭露":揭露人们认为理所当然的现象,以审视和反思的态度去揭露现象背后的作用力。在此,伯格强调了社会学除了需要具备将个体问题与公共议题相连接的想象力以外,还要对其进行审慎的反思。想象力与反思性,是揭露问题背后的"真实"需同时

---

① 卢晖临.历史视角与社会学想象力[J].杭州(我们),2011(9):30-33.

挥舞的两把利剑,否则即便是已经进入大众视野的公共议题,也未必能够得到有效的讨论,甚至还有被异化为"网红效应"的风险。

从知识的理论价值来看,本书以父母教育卷入的行动逻辑为主题,虽然切口较小,但实际上同时关照了教育社会学的三大经典论题:第一,社会变迁对教育的影响论题。父母教育卷入作为一个新兴现象,受到现代化的转型、家庭模式的变迁、儿童价值观的转变等诸多社会变迁因素的影响,这也是展开社会学想象力不可回避的时代背景。第二,教育与社会分层、社会流动的关系论题。这也是近年来讨论较多的话题,从个体的层面来说,父母教育卷入是以实现自我发展和向上流动为目标的智力竞争;从家庭的层面来说,父母教育卷入是维持或提升社会地位和阶层的重要手段;从社会的层面来说,父母教育卷入本质上是以隐蔽的方式对社会价值进行竞争的教育规划。窥现象之一斑,可知教育之全貌。其背后蕴含的对教育公平的探讨,实际上也是对社会公正和良性发展的积极探寻。第三,即教育社会学的本源性问题:什么样的教育方式才是科学理性的?我们应该如何教育儿童才能既促进儿童的发展又推动社会的发展?正如米尔斯所言,现代理性并未必然伴随自由的增进而增进。在教育竞争的浪潮中如何唤醒人们对理性和科学的认识,去找寻教育的本真目标?这也是本书对教育的终极意义探讨的一个尝试。

从知识的应用价值层面来看,既然父母教育卷入现象是当今社会中的一个"真实的存在",那么作为社会科学的研究者,我们理应迎头直面地去追问一个"为什么"和"怎么办"。几乎每一个父母都认为,过度的教育卷入是个问题,但不是孩子的问题,也不是父母的问题,而是社会的问题。言下之意也就是说,父母教育卷入只是浮在水面上的冰山一角,这一角的浮现只是告诉我们冰山的存在,而水下的部分才是冰山的生存依据。那么,通过将这些水面之下的存在挖掘出来并使之显现,至少可以提高我们对冰山全貌的认识,从而帮助父母们能够以更宏大的格局去权衡自身的行动,社会政策的完善也能够以此为地图去寻找更光明的路。

二、文献回顾

作为一种以父母为主体开展的教育行动,父母教育卷入是在教育内卷的现代语境下生成的一种社会事实与社会行动,其核心要义在于父母在子女教育与学习活动中的高度参与,而这种高度参与的行动又进一步加剧了教育内卷,两者相互作用,形成了互构与共变的螺旋式相关。因此,本书将从"教育内卷"与"父母教育卷入"两个方面,对相关文献进行梳理。

（一）教育内卷研究

从18世纪德国哲学家康德(Immanuel Kant)提出"内卷理论"算起,这一概念迄今已有约三百年的历史。在《判断力批判》一书中,康德首次提出了人类社会演化过程中两种相互对照的演进方式,即"内卷"和"演化"。① 其后,美国人类学家亚历山大·戈登威泽(Alexander Goldenweiser)将"内卷化"界定为"一种文化模式",即达到了某种最终形态后,既不能就此稳定又不能转变成新的形态时,只能不断地从内部变得更为复杂和精细。② 1963年,美国人类学家格尔茨(Clifford Geertz)进一步深化了这一概念。格尔茨在研究印度尼西亚爪哇岛农业经济发展特征时发现,爪哇岛由于土地数量有限,加上资金的缺乏和行政性障碍,无法开拓农业种植疆域及将农业进行外延式发展,只能将劳动力持续投入有限的水稻种植中,从而导致了农业生产内部不断精细化。因此,格尔茨认为,内卷化过程也是系统在外部扩张受到阻碍和约束时,转而在内部不断深入和精细化发展的过程。③ 而后,美国社会史学家杜赞奇(Prasenjit Duara)借用并发展了这一概念,将其运用于政治学领域,用以描述"国家权力向地方社会扩张的过程"。④ 历史社会学家黄宗智在其《华北的小农经济与社会变迁》中首次将内卷化应用于中国农村研究,将其界定为一种通过在有限土地上投入过量的劳动力以获得农业产量增长的方式,而后,在其《长江三角洲的小农家庭与乡村发展》一书中进一步发展了这一概念,认为内卷化的实质是一种有增长无发展的过密型增长,会导致劳动力边际效益递减。综上可见,从戈登威泽、格尔茨、杜赞奇到黄宗智,无论在哪个领域使用内卷化这一概念,其实质内核都是一致的,即是指一种不会带来效益提高或实质性发展的非理想型变革形态。⑤ 近年来,内卷一词被国内学者广泛运用于教育场域,"教育内卷"的概念逐渐成型,并成为中国社会关注的热点问题。为了对"教育内卷"这一社会事实进行全面梳理,本书将从教育内卷的内涵研究、成因研究及对策研究三个方面对相关成果进行综述。

1. 教育内卷的内涵研究

郑也夫在《吾国教育病理》一书中提出,应试只是今天中国教育的病象与症状,学历

---

① 康德.判断力批判[M].宗白华,韦卓民,译.北京:商务印书馆,1964:276-279.
② 刘世定,邱泽奇."内卷化"概念辨析[J].社会学研究,2004(5):96-110.
③ GEERTZ C. Agricultural Involution: The Processes of Ecological Change[M]. Berkeley: University of California Press, 1969:80.
④ 杜赞奇.文化、权力与国家——1900—1942年的华北农村[M].王福明,译.北京:人民出版社,2003:1-2.
⑤ 计亚萍."内卷化"理论研究综述[J].长春工业大学学报(社会科学版),2010(3):48-49.

军备竞赛才是病灶和病原。① 而学历军备竞赛在本质上正是教育内卷化的形式之一,对于家长来说,教育内卷是对当前激烈教育竞争的一种感性认知,是对竞争压力的一种直接体认。学者们则尽力通观全貌,结合不同的教育领域,对这一新兴概念作出科学客观的解释。

从教育发展的类型学视角来看,学者分别对标不同教育领域,对学前教育、基础教育、高等教育、职业教育等不同领域内存在的教育内卷现象进行了解读。在激烈的教育竞争背景下,内卷的时间线也迅速前移至学前教育阶段。所谓学前教育内卷化,是指处于学前教育阶段的个体虽然增加了教育投资,但却未获得相应的教育结果,有限的教育资源被激烈争夺,且这种争夺状态被无限重复与轮回②。基础教育内卷化在现实中主要表现为教育强度过大影响学生的身心健康;教育竞争激烈导致学生在学校教育与"影子教育"之间疲于奔命,家长为学区房与辅导费心力交瘁;教育过度导致就业市场学历贬值问题凸显等③。在高等教育领域,学者们从学生学习、论文发表、学科发展等不同角度对高校教育内卷现象进行了阐释。从学生学习角度来看,有学者提出,高校的教育内卷意味着激烈且盲目的学习竞争,其现状可概括为评价失真、竞争失格、个体失独三个方面。这三个方面的具体表现为学习模式化扮演、脱实务虚;学习竞争偏离本意、离本趋末;个体学习本心不再、舍心逐物。学习最终演变为一种假性学习,成为限制学生真正高质量发展的陷阱④。从论文发表角度来看,学者认为"量化式"教育生态使得教育内卷问题在博士培养阶段尤为突出。由于我国博士学位授予的平均要求是公开发表两篇高层次论文(SCI、SSCI、CSSCI 等),然而庞大的科研群体规模与期刊发文总量之间存在着巨大的落差,导致论文发表存在着无法弥合的缺口。因此,有学者提出,论文发表机制在推动学术繁荣的同时,也加速了学术内卷的出现,高等教育领域无序竞争甚至无良竞争的现象屡见不鲜⑤。从学科发展的角度来看,有学者以教师教育学科为例,认为该学科不仅本身就是教育学科发展内卷化的产物,而且自身也正面临着内卷化发展的现实困境,其具体

---

① 郑也夫.吾国教育病理[M].北京:中信出版社,2013:15.
② 任小艺,邓云川.基于家庭资本的视角:学前教育内卷化[J].内蒙古师范大学学报(教育科学版),2021(5):18-22.
③ 杨磊,朱德全,樊亚博.教育真的内卷了吗?——一个批判分析的视角[J].内蒙古社会科学,2022(2):179-189.
④ 苑津山,幸泰杞."入局与破局":高校学生内卷参与者的行为逻辑与身心自救[J].高教探索,2020(10):123-128.
⑤ 赵祥辉.博士生发表制度的"内卷化":表征、机理与矫治[J].高校教育管理,2021(3):104-113.

表现包括"虚假繁荣""表面强势"和"一味体量扩张"①。在职业教育领域,由于普通高等教育显而易见的压倒性优势,职业教育的社会吸引力下降,加上财政投入不足与资源支持不够,导致职业教育也面临教育内卷的困境,主要表现在办学、师资、管理、教学等各方面的行为模式趋向自我锁定而不自知,从而陷入改革不断却效能不高的表象型发展陷阱②。有学者认为职业教育已经陷入了教育内卷的漩涡,遭遇了发展停滞、突破乏术及无以为进的瓶颈③。也有学者相对乐观地认为,虽然我国职业教育在整体上还没有进入自我锁定、路径依赖的内卷状态,但在局部的确存在过密化发展的内卷迹象,从而导致了职业教育的同质化增长与低质量发展④。

从教育的城乡分野视角来看,陈坚认为,中国农村教育的改革与发展表现出极强的内卷化特征,农村教育发展缓慢滞后、城乡教育差距悬殊的根源就在于内卷化,即由于人力、物力、财力等各方面的支持不足或缺失,农村教育在改革过程中呈现出明显的自我惰性和路径依赖,呈现出一种负面意义的刚性形态,从而陷入内卷化的泥潭中无法自拔⑤。随后张天雪等人提出,在城乡二元结构背景下,教育的发展也形成了城乡割裂的思维定式,城市教育的压倒性优势造成了农村教育被结构性剥离,在师资构成、生源质量、教学研究、学校管理等各方面发展效能都极为低下,不可避免地陷入了有增长无发展的内卷化陷阱。农村教育内卷化可分为内生型内卷化和外铄型内卷化两种形态,前者主要表现为内驱力不足,是由政策惯性、内在需求和组织化低等原因导致而成,后者的主要表现是功能性失调,造成的原因包括目标复制、城市壁垒和精英寻租等⑥。乔云霞等人认为,中国农村基础教育的"内卷化"问题主要表现为三个方面:一是社会分层功能弱化,二是教育治理趋于形式化,三是城乡二元结构固化⑦。

综上可见,不管是在教育的不同阶段,还是在教育的不同领域,学界普遍都意识到了教育内卷的泛化问题。戴子涵的界定与本书的主题较为相符,即教育内卷是指在教育场域中,上至高校精英下至幼儿园学生,乃至其背后的无数家庭、整个社会,都陷于

---

① 龙宝新.学科内卷化时代的教师教育学科建设[J].华东师范大学学报(教育科学版),2021(8):83-93.
② 戴香智.高职教育发展的内卷化及其突破[J].长沙大学学报,2017(5):137-142.
③ 张健.职业教育的内卷:机理、类别与突破[J].江苏高职教育,2021(4):13-19.
④ 臧志军.从内卷到分布式发展:对职业教育资源相对过密化的思考[J].江苏高职教育,2021(4):20-25.
⑤ 陈坚.内卷化:农村教育研究的新视角[J].教育发展研究,2008(17):31-34.
⑥ 张天雪,黄丹.农村教育"内卷化"的两种形态及破解路径[J].教育发展研究,2014(11):30-35.
⑦ 乔云霞,李峻.农村基础教育"内卷化"的制度性审视[J].当代教育科学,2021(2):59-66.

围绕成绩、荣誉、资源等各种指标,以获得更好的教育资源和教育成就展开的白热化竞争①。当然,也有学者对"教育内卷"这一概念本身进行了批判性思考,认为内卷化概念被各个学科领域泛在化使用,从而衍生出了教育内卷的概念,但从本质上而言,教育内卷却是一个伪命题,其实质仍然是教育功利化取向下的全民教育焦虑。教育强度过大、教育竞争激烈、教育过度以及"影子教育"膨胀、"密集教养"等问题都是教育焦虑的表征。②

2. 教育内卷的成因研究

教育内卷由何而起？大多学者都秉持综合性视角,对教育内卷的成因展开了多维度的分析,然而,依据各人侧重点的不同,大致可以分为制度论、文化论、资本论等视角。

以制度论视角来看,刘云杉认为绩点高压的背后是学生不得不参与其中的一套制度逻辑,如教育减负制度并没有给予孩子一个快乐的童年,相反却带来了种种负面效应;公立教育体制与私立教育体制并存,形成的教育双轨制使得家长不得不更深入地卷入到子女教育中,家长主义蓬勃兴起;高考重要的筛选功能也从选拔型转化为分层型,继而转化成了规避失败不得不参与的裹挟型。这套制度逻辑使得中国教育出现了内卷化的"教育病"——深陷其中的学生斗志昂扬又极度疲倦,渴望成功又惧怕失败,既被赋予无限可能和希望,又被蛊惑着在教育军备竞赛中不断内耗,最终既没有获取经验也没有得到精神成长③。教育内卷之所以能够引起社会普遍的共鸣,是因为它并不是一个孤立存在的问题,在教育内卷表象的背后,恰恰反映了"教育评价模式""教育功利化""教育资源分配""绩效考评体系"等一系列教育制度的痛点④。

以文化论视角来看,对教育的高度重视是东亚社会的历史传统,也是教育内卷的文化根源。从宏观来看,教育的文化困惑、教育的非理性转型和教育失调导致了教育内卷⑤。从微观来看,激烈的教育竞争的背后是家长"望子成龙,望女成凤"的群体诉求与对优质教育资源的渴望,尤其是在基础教育阶段,"不能输在起跑线上"已成为一种

---

① 戴子涵.培养游戏精神:突破教育内卷重围之道[J].少年儿童研究,2022(1):66-72.
② 杨磊,朱德全,樊亚博.教育真的内卷了吗？——一个批判分析的视角[J].内蒙古社会科学,2022(2):179-189.
③ 张嘉莉.拔尖的陷阱——刘云杉教授谈教育"内卷"[EB/OL].[2021-10-12].http://yenching.pku.edu.cn/info/1039/3973.htm.
④ 徐雯恬,马丽娅.学习时代的超越:"内卷"现象的教育困境及突围[J].教学研究,2021(4):1-10.
⑤ 黄祖军.论转型期教育内卷化及其破解路径[J].华东师范大学学报(教育科学版),2012(2):37-41+47.

文化"惯习",激励着父母高度卷入饱受诟病但各方又不得不屈服的教育锦标赛体制之中①。

以资本论视角来看,又可从家庭资本和市场资本两个维度进行分析。从家庭资本这一维度来看,"年轻人在成长过程中,拥有的社会阶层地位很大程度上是由家长怎样培养孩子以及能够得到什么样的经济支持决定的"②。不同阶层的家庭所占据的资本存量差距是影响子女学业成就和形成教育内卷的重要因素。优势阶层可利用家庭资本优势实现代际传递,弱势阶层只能通过延长子女的学习时间、增加家庭教育投资以期实现阶层突破③。从市场资本这一维度来看,现代社会中教育工具理性的急速扩张与价值理性的逐渐萎缩为资本与教育的融合提供了契机,资本借机以制造焦虑的方式不断推动内卷化的教育竞争,加上互联网和信息技术的发展使得教育焦虑迅速蔓延,最终促使教育内卷倾向愈演愈烈④。

总而言之,各个视角虽然有所侧重,但是要全面洞悉社会转型期教育内卷的根源,决不能仅限于教育场域内部,局限于某一孤立的、静态的视角,而是需要以整体性、动态的视角来综合分析。既要看到教育制度自身存在的弊端与滞后性,也要从更广阔的视角俯瞰教育与经济、政治、文化、社会之间的关系,厘清其中的互构与共变逻辑。

3. 教育内卷的对策研究

对于教育内卷问题的纾解,学界既有宏观层面的谋划,也有微观层面的具体建议。从宏观层面来看,解决教育内卷问题亟待教育制度乃至社会制度的多元改革。父母教育卷入看似是一种家庭教育行为,实则是社会和多方教育主体"共谋"的结果。要摆脱这种因"起点焦虑"带来的教育内卷必须破除唯"读书论"的传统观念、唯跟风的教育竞争行为、唯结果的教育评价导向以及唯优质教育资源的追逐行为。在教育观念、教育效应、教育过程、教育资源等方面破除工具化、简单化、市场化,切实还原家庭教育、学校教育、社会教育的本来面目⑤。治理教育内卷问题需要系统性解决方案,统筹处理好拔尖人才培养、教育公平和教育内卷三者的关系。要构建有效且积极的竞争环境,避免抑制拔尖人

---

① 陈友华,苗国. 升学锦标赛、教育内卷化与学区分层[J]. 江苏行政学院学报,2021(3):55-63.
② 丹尼尔·U. 莱文,瑞伊娜·F. 莱文. 教育社会学[M]. 郭锋,等译. 北京:中国人民大学出版社,2010:189.
③ 任小艺,邓云川. 基于家庭资本的视角:学前教育内卷化[J]. 内蒙古师范大学学报(教育科学版),2021(5):18-22.
④ 段雨,孙艺宁. "双减"政策落实背景下基础教育领域内卷化的破解策略[J]. 成都师范学院学报,2022(3):8-15.
⑤ 柴颖,汪勇. 望子成龙望女成凤:基于当代"鸡娃"的分析[J]. 少年儿童研究,2022(3):35-45.

才脱颖而出;清醒认识教育内卷的形成机制,防止围堵造成人才流失。破解教育内卷,要从增加上升通道和拓宽考试内容两方面着手,尽可能打破限制,构建有效的竞争模式①。2021年7月,中共中央办公厅、国务院办公厅印发《关于进一步减轻义务教育阶段学生作业负担和校外培训负担的意见》(以下简称"双减"政策),"双减"政策的颁布彰显了国家加强教育综合治理、提升义务教育质量水平、落实立德树人根本任务的意志和决心。不少学者认为,"双减"政策是国家治理义务教育内卷化的重典。后"双减"时代防止义务教育内卷化加剧需要"破立"结合,不仅要从三个层面破除内卷,还要树立系统治理、协商共治的意识,不断完善家庭、学校、社会协调育人机制②。"双减"政策禁止教育资源在义务教育中的某个狭隘领域无限叠加;强化政府、学校、家庭的职责,推动"双减"工作联动机制形成,共同破除义务教育内卷状态下的效用假象;推动密切联系社会生活的教育改革在实践中落地,打破义务教育在实践过程中的画地为牢;用"融合"观点拓展义务教育实践边界,促进五育融合,让教育与生活融合,为儿童的人生远景奠基、为儿童校园外的生活能力奠基③。

  从微观层面来看,教师自身需从"资源型教师"向"启发型教师"转型,学生的价值认同需寻求从他证到自证的转变④。还有学者颇有新意地提出,教育本该是充满开放性的无限游戏,内卷化却使之沦为一场画地为牢的有限游戏。只有转变游戏观,培养以自由性、创生性、开放性、社会性和抗压性为主要内核的游戏精神,使个体沉浸于学习体验之中,才能积聚突破内卷重围的力量,重拾人的尊严与教育的价值。我们需要转变游戏观念,从而使教育回归到其无限游戏的定位,促进人的全面发展与健康成长⑤。将教育内卷置于当下信息社会来看,破解"教育内卷化"需要各治理主体的协同发力:对于学校而言,须破除功利主义倾向的"五唯"评价;对于教师而言,不应拿学生"大脑"与"电脑"竞争,而是要帮助学生更加智慧地学习;对于社会而言,应大力倡导"审美、创造、共情"学习策略,目标是"将孩子心灵点亮,而不是将孩子的大脑塞满";对于父母而言,不应只关注子女学习成绩,还应教导其"敬畏生命、学会生存、感恩生活"⑥。

---

① 陈诚,包雷.内卷的产生机制与教育内卷的破解[J].中国考试,2022(2):81-88.
② 崔允漷,张紫红.后"双减"时代何以防止义务教育加剧内卷化[J].上海教育科研,2022(2):5-8.
③ 王红,陈陟."内卷化"视域下"双减"政策的"破卷"逻辑与路径[J].教育与经济,2021(6):38-43.
④ 徐雯恬,马丽娅.学习时代的超越:"内卷"现象的教育困境及突围[J].教学研究,2021(4):1-10.
⑤ 戴子涵.培养游戏精神:突破教育内卷重围之道[J].少年儿童研究,2022(1):66-72.
⑥ 杨雄.AI时代"教育内卷化"的根源与破解[J].探索与争鸣,2021(5):5-8.

(二) 父母教育卷入研究

父母教育卷入(Parental Education Involvement),国内也有学者将其称为"父母教育参与",虽然从字面意义上很容易理解,但是这一概念所蕴含的内容却极为丰富。纵观学界现有研究成果,既有深中肯綮的理论建构,也有翔实细致的实证分析。为了从繁杂细琐的研究中梳理出较为相关的成果,获得更大的启迪,本书尝试从父母教育卷入的内涵研究、父母教育卷入的功能研究、父母教育卷入的影响因素研究三个维度对现有成果进行回顾。

1. 父母教育卷入的内涵研究

从概念界定来看,父母教育卷入作为一个历史漫长的学术概念,最早可以追溯到卢梭(Rousseau)和裴斯泰洛齐(Pestalozzi)的教育理念,他们都强调了母亲在促进儿童发展中的重要功能。十七世纪英国哲学家约翰·洛克(John Locke)提出了"白板说",认为孩子的心灵原本就像白板一般纯净,一切知识都源自后天的经验[①]。因此,家长需要为儿童的教育和成长提供必要的经验。关于父母教育卷入的定义,不同研究者的侧重点也有所不同。格勒尼克(Gronick)等人认为父母教育卷入是指父母在教育子女过程中的全部投入[②]。赛格纳(Seginer)认为,父母教育卷入是一系列行为的综合,既包括父母对子女的教育期待,也包括教育行动在内的日常生活中所开展的一切旨在促进子女成长的行为[③]。布洛姆(Bloom)将父母教育卷入的重点界定为父母对子女所传达的对其学习成绩的期待[④];克里斯滕松(Christenson)等人则认为,父母教育卷入的重点在于针对子女学业和学校任务开展的直接辅导、帮助和监督[⑤]。Marjoribanks 和 Keith 同样将重点放在了家庭场域,认为父母教育卷入主要是指父母在家中,对子女学习活动开展直接指导和监控[⑥];Stevenson 和 Baker 则将重点放在了学校场域,认为父母教育卷入主要指代父母对子女

[①] 洛克. 人类理解论[M]. 关文运,译. 北京:商务印书馆,1975:366.

[②] GRONICK W S, SLOWIACZEK M L. Parents' Involvement in Children's Schooling: A Multidimensional Conceptualization and Motivation Model[J]. Child Development, 1994(5):237-252.

[③] SEGINER A. Parents' Educational Involvement: A Developmental Ecology Perspective[J]. Parenting: Science and Practice, 2006(1):1-48.

[④] BLOOM B S. The New Direction in Educational Research: Alterable Variables[J]. The Journal of Negro Education, 1980(61):337-349.

[⑤] CHRISTENSON, ROUNDS, GORNEY D. Family Factors and Student Achievement: An Avenue to Increase Students' Success[J]. School Psychology Quarterly, 1992(3):178-206.

[⑥] MARJORIBANKS K. Family Background, Social and Academic Capital, and Adolescents' Aspirations: A Mediational Analysis[J]. Social Psychology of Education, 1997(2):177-197.

在学校里各项活动的直接参与[①]。Hill 等人从互动论的视角将情感支持引入父母的教育卷入,并界定了三种与子女学业成就相关的卷入方式,即以学校为本位的父母教育卷入、以家庭为本位的父母教育卷入及学术社会化(父母对子女的教育期望及将这一期望与子女交流并使其内化)[②]。

为了对丰富繁杂的内容进行归纳整合,国内外学者基于不同国家的具体情形将父母教育卷入的内容、结构与具体维度进行了较为系统的类型学梳理。20 世纪 70 年代末,霍普金斯大学的爱普斯坦教授率领社会学、教育学、心理学等多学科专家,组成研究团队,经过长期的跟踪实验与不断积累完善,归纳了幼儿园和中小学父母教育卷入的六种类型,即做好家长、沟通交流、志愿服务、在家学习、决策制定与社区协作。通过对父母参与学校教育和社区教育的具体路径的谋划,为学校设计家校合作活动提供了系统思路和多样选择。

作为对爱普斯坦分类的回应,中国香港学者何瑞珠对父母教育卷入作出了四个维度的分类,分别是家庭讨论、家庭监护、学校交流和学校参与[③]。相较于爱普斯坦的分类,何瑞珠放弃了"决策制定"及"社区协作"这两项指标,这也是基于当时具体国情作出的合理判断,因为在 20 世纪 90 年代的中国,这两项的参与基本处于空白,后来随着教育观念的不断演化,教育的主体也变得更加多元化,越来越多的社区也被吸纳成为教育的重要资源。香港学者 Lau. Y. 在前者的基础上,同样是基于父母卷入家庭教育和父母卷入学校教育两大类,将父母教育卷入的结构分为六个维度:家长指导、家长讨论、语言与认知活动、家庭作业参与、家校会议与学校参与[④]。

在心理学领域,有学者从家庭教养方式(Parental Styles)的角度对父母教育卷入的不同模式进行了分类。Diana Baumrind 对父母教养方式进行了分类,将其分为权威型、专断型、放纵型及忽视型四种。权威型父母往往对子女的成长具有较高且成熟的期待,善于采用支持与关切的方式对待子女,并鼓励子女追求自身的兴趣与理想,注意培养其

[①] STEVENSON, BAKER D P. The Family-school Relation And the Child's School Performance[J]. Child Dev. 1987(58):1348-1357.

[②] HILL N E, TYSON D F. Parental Involvement in Middle School: A Meta-analytic Assessment of the Strategies that Promote Achievement[J]. Developmental Psychology, 2009(3):740-763.

[③] 何瑞珠.家长参与子女的教育:文化资本与社会资本的阐释[J].当代华人教育学报,1997(2):46-52.

[④] LAU Y. Parental Involvement in Early Childhood Education and Children's Readiness for School: a Longitudinal Study of Chinese Parents in Hong Kong and Shenzhen[D]. Hong Kong: The University of Hong Kong, 2011:23-26.

独立性。而专制型父母虽然也对子女的成长抱有较高的要求与期待,但其在教育实践中采用的方式往往缺乏与子女的平等对话和积极沟通,而是趋向采用命令与控制的方式要求子女严格遵从父母的要求,且对于子女的不服从或反叛行为容忍度较低。放纵型父母虽然也对子女报以积极正面的情感,但缺乏必要的控制。他们对待子女较为温和,给予子女极大的空间,即便子女尚未具备自主自立的能力,也对其较为放任,对子女违反规则的行为也缺乏必要的规训。而忽视型父母的责任感则更为阙如,他们对子女的成长很少给予关注,对子女的行为缺少控制,对其情感需求也缺乏积极的回应,亲子互动少,教育参与缺失。马科布(Maccoby)和马丁(Martin)将这四种分类又进一步归纳为回应(Responsiveness)和要求(Demandingness)两个维度。回应指父母对子女在生理或心理方面需求的回应与满足程度,要求则是指父母对子女在学业、自主性、责任感等方面的要求程度。根据这两个维度,可以进一步将 Diana Baumrind 提出的教养方式进行交叉分类,从而对这四种类型进行进一步的诠释:权威型——高要求高回应、专制型——高要求低回应、放纵型——低要求高回应、忽视型——低要求低回应①。兰勃朗等将教养方式分为"家长作主""子女作主"和"共同作主"等三大类。②

在对子女教育的影响方面,他们都认为权威型教养对子女的教育和发展具有更多益处,在这样的家庭环境中成长的孩子更为独立自主,且具有更多的社会责任意识和自我成就趋向。庞雪玲等通过国际比较研究提出,权威型教养对子女教育的正面影响具有跨种族与跨文化的普适意义。心理学家尤里·布朗芬布伦纳(Urie Bronfenbrenner)从儿童成长所在系统的角度出发提出了生态系统理论(Ecological Systems Theory),认为儿童成长于一种鸟巢状的多维系统,包括家庭、学校等日常生活场所以及场所之外的更大空间。这些系统的每一面都对儿童的发展有重要影响。他强调父母教育卷入与子女成长之间具有彼此互动和互相建构的关系,父母鼓励性、支持性的教育方式对子女健康心态的养成具有积极的意义,而子女良好的学习状态也会促使父母更积极的教育参与③。布朗芬布伦纳更突出的贡献在于看到了儿童的教育与周围各个环境系统之间的关系,并

---

① MACCOBY, MARTIN J A. Socialization in the Context of the Family: Parent-child Interaction [M]// P. H. Mussen, E. M. Hetherington. Handbook of Child Psychology Formerly Carmichaels Manual of Child Psychology. New York: Wiley, 1983: 16 - 23.

② LAMBORN S D, MOUNTS N S, STEINBERG L, et al. Patterns of Competence and Adjustment among Adolescents from Authoritative, Authoritarian, Indulgent, and Neglectful Families[J]. Child Development, 1991 (5): 1049 - 1065.

③ 尤里·布朗芬布伦纳. 人类发展生态学[M]. 曾淑贤,刘凯,等译. 新北:心理出版社,2010:3 - 6.

提出儿童的成长需要与父母、老师、周围社区等各个环境系统构建良性互动的生态系统结构,这对于关注微观的心理学来说无疑是一个视野上的突破。

2. 父母教育卷入的功能研究

国外大多研究都表明,父母教育卷入是子女取得教育成功的重要影响因素。在经济学领域,考察父母教育卷入的经典理论视角即人力资本理论(Human Capital Theory)认为,从宏观经济发展层面来看,人力资本的作用要大于物质资本,提升人力资本最有效的路径是投资教育。从微观个体层面来说,个体需要通过提升自己的教育成就去积攒人力资本,才能在激烈的市场竞争中立足。父母作为主要投资者,只有积极地参与到子女教育中,才能提升子女和家庭的人力资本。在社会学领域,以威廉·塞维尔(William Sewell)为代表的威斯康星学派通过结构方程模型,构建了家庭社会经济地位、父母教育期待、子女智力水平与教育成就之间的因果路径,认为父母作为子女成长过程中的"重要他人",其对于子女的自我期待、教育获得甚至职业成就都具有重要影响[1]。这一研究成果也传递了一个重要信息,即单纯的资源论并不能完全解释教育不平等的形成原因,父母的积极参与对子女的教育发展也会产生重要的影响。

由此可见,父母对子女的学业与生活进行适度的参与有利于子女学业成绩的提高,这一结论经由各项研究佐证从而被广泛认同。具体而言,首先,父母教育卷入会将自身的教育期待、偏好和价值观传递给子女,子女在家庭中通过社会化的过程逐渐习得家长对教育的态度、观念与行为[2]。其次,父母作为"重要他人"对子女所进行的教育资源投入、教育实践参与,对子女的精神关怀与鼓励,对学校计划的支持配合等,都有助于调动子女的教育内驱力,从而自主提升学业成绩[3]。最后,父母教育卷入对子女的心理健康同样具有重要的影响,当父母表现出对子女未来发展的关注与期待时,子女容易萌发被重视的积极心理体验和对未来发展的信心;当父母在教育陪伴中给予子女足够的理解、支持与鼓励时,子女更容易形成更强的自尊心、效能感和自制力,并能够建立起积极的自我

---

[1] SEWELL W H, SHAH V P. Parents' Education and Children's Educational Aspirations and Achievements[J]. American Sociological Review, 1968(33):191-209.

[2] GARG R, KAUPPI C, LEWKO J, URAJNIK D. A structural Model of Educational Aspirations[J]. Journal of Career Development, 2002(2):87-108.

[3] SEGINER R. Parents' Educational Expectations and Children's Academic Achievements: A Literature Review[J]. Merrill-Palmer Quarterly, 1983(1):1-23.

观念①。

20世纪60年代,根据《1964年民权法案》的要求,美国政府委托社会学家詹姆斯·科尔曼(James S. Coleman)研究团队经过广泛调查,收集了美国3000余所学校中65万名学生的数据,撰写了影响深远的《科尔曼报告:教育机会公平》(*Equality of Educational Opportunity*),奠定了实证教育社会学的研究基础,大量高质量的定量与定性研究纷纷涌现。该报告以白人多数族群所获得的教育机会为参照,记录了公立学校向少数族裔提供公平教育机会的情况②。报告发现,学校质量差异与学生学习表现的相关性不大,相反,家庭背景和父母教育卷入因素要比学校因素更为重要,从而引发了一场持续至今的关于"学校功用"的论争,并成为20世纪70年代出现的新教育社会学运动的导火索。

在经历了20世纪60年代学界对父母教育卷入重要性的反复论证后,20世纪70年代,诸多社会学家开始对传统的学校教育进行系统的批判和反思,并从批判学校教育的视角重新诠释父母教育卷入的重要性。其间涌现出一系列的经典文献,如鲍尔斯(S. Bowles)与金提斯(H. Gintis)的《资本主义美国的学校教育》、威利斯(Paul Willis)的《学做工》以及布迪厄(Pierre Bourdieu)的《再生产:一种教育系统理论的要点》都对作为社会再生产机制的学校教育进行了批判和反思。他们认为在资本主义社会,学校所发挥的功能与教育初衷是完全相悖的,工薪阶层将子女送到学校接受教育,但子女从学校毕业之后却沦为生产工具,去维护既得利益者主导的阶级结构。因此,公立学校并不是惠及每位学生的教育机构,而是作为阶级再生产的工具成为控制劳苦大众的场所。由于这一论题与公众生活的强关联性,因此相关的学术研究成果也潜移默化地影响了社会大众的知识建构,对于阶级再生产的学校教育批判从一定程度上引发了公众对公共教育的信任危机。在此背景下,市场化运作的私立教育机构开始进入教育场域,成为众多父母的新选择。与此同时,父母教育卷入作为一种被广泛接受的既定认知行为也不断地向广大家庭渗透,并逐渐从个体行为演变为制度化的社会行动。

近年来的诸多实证研究也相继证实了父母教育卷入与子女学业之间的正向相关关系。Houtenville等依据NELS数据建立了教育增值模型,将父母教育卷入界定为5

---

① HANGO D. Parental Investment in Childhood and Educational Qualifications: Can Greater Parental Involvement Mediate the Effects of Socioeconomic Disadvantage? [J]. Social Science Research, 2007(4):1371-1390.

② PIKE R M. Equality of Educational Opportunity: Dilemmas and Policy Options[J]. Interchange, 1978(2): 30-39.

个操作化指标,即与子女共同讨论学校事务、与子女共同讨论学习、参与子女选课讨论、参加子女家长会及参与学校组织的志愿活动。研究发现,除了参与学校组织的志愿活动以外,其他4项指标的具体频率都对子女的学业具有积极的影响①。Topor等运用问卷调查的研究方法,从教师的角度对父母教育卷入的状况进行评估,并建立了多重中介模型。研究结果同样证实,父母积极的教育参与有助于子女认知能力和学业成绩的提高,并在师生互动中发挥了积极的中介作用②。此外,还有研究表明,父母参与时间越早,对子女成长的影响越大。Hango在研究中发现,父母教育参与能够有效减弱家庭资本的劣势对子女学业的影响,而且家长参与得越早,这种减弱功能越显著③。国内学者的实证研究还发现父母的教育干预对心智发育尚未成熟的低年级学生影响更为显著④。

爱普斯坦团队开展了家校合作的系统实证研究、培训和实践推广工作。该研究团队提出的交叠影响域理论认为,儿童身处家庭、学校和社区构成的共同环境之中,这三大环境既可以相互分离,也可以相互交叠共同影响儿童,三者之间的相对位置和关系是动态变化的,交叠区域可大可小,甚至可有可无。在三者的互动关系中,学校尤其具有选择的主动权,父母需要通过这几种类型的参与配合学校教育。爱普斯坦团队提出的交叠影响域理论及做好家长、沟通交流、志愿服务、在家学习、决策制定与社区协作等六种家校合作实践模型,不仅成为美国父母教育参与的国家标准,也作为一种可行性经验,不断被澳大利亚、英国及我国香港地区引用借鉴。2012年,爱普斯坦团队集大成之作《学校、家庭和社区合作伙伴:行动手册》(第三版)被译成中文在大陆出版,这家校合作实践模型随后被各大中小学推广实验,其中最为典型的是江西省教育科学研究所团队在江西省连续开展的三期大样本本土化实验。

当然,也有学者提出了不同的看法。李佳丽、薛海平基于CEPS两期数据的研究发现,不同内容的父母教育卷入对子女的学业表现存在的影响也不尽相同。以亲子陪伴和

---

① HOUTENVILLE A, CONWAY K. Parental Effort, School Resources and Student Achievement[J]. Journal of Human Resources, 2008(2):437-453.

② TOPOR D R, KEANE S P, SHELTON T L, et al. Parent Involvement and Student Academic Performance: A Multiple Mediational Analysis[J]. Journal of Prevention & Intervention in the Community, 2010(3):183-197.

③ HANGO D. Parental Investment in Childhood and Educational Qualifications: Can Greater Parental Involvement Mediate the Effects of Socioeconomic Disadvantage?[J]. Social Science Research, 2007(4):1371-1390.

④ 李波.父母参与对子女发展的影响:基于学业成绩和非认知能力的视角[J].教育与经济,2018(3):54-64.

亲子交流为主要内容的父母教育卷入对子女学业成绩具有显著的正向影响,但亲子活动,如带领孩子参观文化馆、博物馆、美术馆、科技馆等仅对语文成绩的提升具有正向影响,而亲子监督,如父母监督子女作业却对其学业成绩容易产生显著的负向影响①。也有学者认为,学校在推动和促进父母教育参与方面也具有不可推卸的责任。

2000年至今,随着理论研究的不断深入和实证研究的不断完善,教育环境发生了根本性变化,父母教育卷入与家校合作的制度化进程也在不断推进。部分发达国家已经通过立法,规定了父母教育卷入的形式及家校合作机制。可以说,公共教育的衰败和父母教育卷入的兴起共同构成了当今"鸡娃"式教育出现并流行的重要动因。

3. 父母教育卷入的影响因素研究

是什么因素或哪些力量的"共谋"导致了父母教育卷入的发生及决定了其卷入的程度,这是本书的核心问题,也是文献回顾的重点所在。通过梳理经济学、社会学、政治学等相关学科的研究成果,对父母教育卷入影响因素的理论研究大致可以分为社会转型论、经济环境论、社会阶层论和家庭资本论四种视角。

第一,从社会转型的视角来看,劳德(Lauder)等人认为,自现代民族国家兴起以来,教育作为一项公共事业便被纳入了国家的制度体系中。第二次世界大战之后,诸多国家奉行"凯恩斯主义",主张放弃自由放任的传统政策,由政府主导对国家进行干预。在这种"经济国家主义"的政治主张下,教育也作为一项国家掌控、专业主导的社会制度,承担起维护社会公平、推动经济增长的双重职责②。"教育机会均等化""学校综合化"等教育改革成为这一阶段的政策底色,在教育学额由国家进行强制分派的准则之下,家长的自主选择空间被极度压缩,教育平均主义盛行一时。然而,从20世纪70年代开始,信息技术革命对人类的经济与社会形态产生了巨大的冲击,直接导致了西方甚至世界的社会转型。劳德等人将这一转型概括为"全球化"和"个体化"两种趋势③。

一方面,全球化趋势使得"经济国家主义"被"竞争型国家"这一新的政府形态所取代。为了获取社会转型中的国家优势,世界各国都在努力提高教育效能,将教育改革看作实施政治、经济和社会改革的重要手段。在这一背景下,曾经一度被冷落的新自由主

---

① 李佳丽,薛海平. 父母参与、课外补习和中学生学业成绩[J]. 教育发展研究,2019(2):15-22.

② BROWN P, et al. The Transformation of Education and Society: An Introduction [M]. Oxford: Oxford University Press, 1997:223-230.

③ LAUDER H, et al. Introduction: The Prospects for Education: Individualization, Globalization and Social Change[M]. Oxford: Oxford University Press, 2006:173-181.

义、市场法则和绩效关联激励制度等重新回归主流话语,成为各国提高竞争力的政策方略。在教育改革领域同样如此,受到市场至上的新自由主义思想的影响,以英国为代表的教育领先地位国家开始对教育改革法案进行调整,主张降低政府在公共教育中的作用,强调家长对子女的教育选择与实际参与,以"家长主义"取代"能力主义",鼓吹家长对于子女教育成败具有重要作用。

另一方面,与"全球化"影响下的"竞争性国家"一脉相承的是"个体化"趋势所带来的"竞争性个体"的转型。"个体化"趋势将人们从传统工业社会的社会情境中剥离出来,嵌入全新的信息技术社会语境中,使得人们成为"竞争性个体"。知识经济的兴起使得"基于教育的社会分化"和"基于文凭的地位竞争"进一步加剧,教育的受重视程度得到了空前的增加。对"竞争性个体"而言,如果缺乏必要的知识与技能,必将在社会分化和地位竞争中处于劣势,因此,在教育市场上寻求更丰富更优质的教育机会,获得更高层次的教育资源,几乎成为赢得竞争唯一的出路。倘若教育能够提供向上流动的制度性出口,必然会导致无数家庭将投资教育从而使子女通过教育在社会竞争中获得优势地位作为必选项①。望子成龙、望女成凤,不仅使得个体家庭在教育方面的"比拼"变得格外激烈,而且也直接导致了家长在对教育回报的极高期待中产生教育焦虑。

第二,从经济环境的视角来看,耶鲁大学经济学教授法布里奇奥等的研究发现,父母教育卷入的程度受社会经济环境的影响,影响父母教育卷入的深层经济学原因包括两大因素,一是收入不平等的程度(Income Inequality),即社会贫富分化的程度。以美国和欧洲为例,20世纪二战结束以后,占据主流的家庭教育为"放羊式育儿",但随着科学技术的迅猛发展和全球化的急速推进,经济上的贫富差距也逐步增大。伴随着贫富差距的拉大,家庭在教育上的投入也不断追加,"放羊式育儿"逐渐被"直升机式育儿"所取代。另一个重要的影响因素则是教育回报率(Return on Education),也就是受教育水平将会在多大程度上影响人们的未来收入。父母教养方式的选择取决于子女的经济前景,父母参与的强度会随着教育的经济利益回报的增加而增加。如果现代社会给家长极大的不确定感和不安全感,并且预期未来的竞争会越来越激烈,他们便会加深教育参与的程度,帮助子女获得有利于未来竞争的人力资本。相较而言,教育回报率比收入不平等的程度更能够提高父母对子女的教育参与②。经济学领域的理性选择理论(Rational Choice

---

① 金一虹,杨笛.教育"拼妈":"家长主义"的盛行与母职再造[J].南京社会科学,2015(2):61-62.
② 马赛厄斯·德普克,法布里奇奥·齐利博蒂.爱、金钱和孩子:育儿经济学[M].吴娴,鲁敏儿,译.上海:格致出版社,2019:1-5.

Theory)将父母视为"理性行动者",其对子女的教育参与与投入取决于"成本-收益"的比较分析。当教育参与的预期回报高于其付出的代价时,父母便会选择进行教育投资和参与。作为理性投资者,家庭的社会经济地位、教育投资成本、子女数量等因素是影响其"预算约束"的重要变量。

第三,从社会阶层的视角来看,作为社会学重要分析工具,阶层理论在教育社会学领域同样具有很强的解释力。通常而言,在不同社会阶层的家庭,教育理念、教养方式、家庭资本也具有较大的差异,这些都将直接影响父母教育卷入的行动与成效。因此,很多学者也对教育场域中的社会阶层现象给予了充分的关注。在理论研究层面,从20世纪60年代开始,父母教育卷入的阶层研究在多个学科形成了大量理论成果,这些理论上的构建直至今天仍在被广泛运用。在社会学领域,美国社会学家布劳和邓肯堪称先驱。1967年,布劳和邓肯(Blau & Duncan)在《美国的职业结构》一书中,从社会分层和流动的视角提出了经典的"地位获得模型"(Status Attainment Model)[1],发现在对其他变量进行控制的情况下,父母的社会阶层和教育水平会在很大程度上影响子女的教育获得和未来的社会经济地位。由此,父母教育卷入与社会阶层的关系成为学界关注的议题。Boudon对社会阶层影响父母教育卷入的路径模式进行了分析,并提出了初级效应(Primary Effecct)与次级效应(Second Effect)的概念。所谓初级效应,是指社会阶层之间整体意义上的文化不平等,不同阶层的父母能够为子女提供的教育资源、文化资本和经济支持也不尽相同,从而造成不同阶层家庭子女之间学业成就的差异并进一步加剧了文化不平等;而次级效应主要是指不同社会阶层的家庭在教育选择和家长激励方面表现出来的差异,这种差异对于子女的升学、入学以及具体学习方法方面具有不同的引导效应[2]。Hickman,C. W. 等人的研究发现,家庭社会阶层越高,父母教育卷入的水平也越高[3]。

国内学者也对不同社会阶层的父母教育卷入展开了诸多研究。吴重涵的研究发现代表了很多学者的观点,他提出,父母的社会阶层越高,父母职业与生活的关联程度越

---

[1] BLAU PETER M, OTIS DUDLEY DUNCAN. The American Occupational Structure[M]. New York: Wiley, 1967:35-38.

[2] BOUDON R. Education, Opportunity and Social Inequality: Changing Prospects in Western Society[M]. New York: Wiley, 1974:132-135.

[3] HIEKMAN C W, GREENWOOD G, MILLER M D. High School Parent Involvement: Relationships with Achievement, Grade Level, SES and Gender[J]. Journal of Research and Development in Education, 1995(03): 125-134.

高、母亲的受教育水平越高、家庭社会资本越丰裕,父母参与子女教育的程度就越高①。谢孟颖的研究认为,中产阶层父母十分看重子女的学业和教育,再加上自身学历水平较高,具备了辅导子女学业的能力,因此也会采取积极的教育参与的行动。而劳动阶层父母一方面由于自身受教育程度较低,对待子女教育缺乏足够的自觉意识,另一方面由于自身工作时间长、学历水平有限等客观限制,无法为子女提供充足精准的指导,因此,劳动阶层的父母对子女的教育往往秉持"顺其自然"的态度,实际参与程度也相对较低②。姚岩从参与能力的角度揭示了不同阶层父母之间的差异:优势阶层不仅在学校场域的教育参与中享有较多话语权和自主权,而且在家庭场域的教育参与中也能够游刃有余;相较之下,弱势阶层家长却鲜有机会参与学校场域内的教育,即使有机会参与,也只能停留在浅层次和边缘化的参与,即便是在家庭场域内,弱势阶层家长也常常感到力不从心③。张建成和陈姗华认为,中产阶层父母因为受教育程度高、工作与收入稳定,通常具有充裕的资源和能力参与到子女的教育实践中,比如重视子女学习习惯的培养和作业的高质量完成等④。沈洪成进一步从参与意识、参与能力、参与行为等维度分析了不同类型的父母教育参与的不同策略,并发现中产阶层倾向于采用主动建构的策略,工薪阶层主要采用模仿依循的策略,而外来务工群体只能采用被动应对的策略⑤。

第四,从家庭资本的视角来看,早在20世纪60年代,就有学者提出,家庭背景是影响子女成长发展与教育获得的重要因素。自从"资本"这一概念被建构以来,"家庭资本"这一概念也逐渐替代了"家庭背景",成为解释家庭教育投入的重要变量。家庭资本概念最早是从社会资本理论中脱胎而来。法国社会学家皮埃尔·布迪厄在其《资本的形式》一文中提出了资本的多元性特征,并进一步将资本划分为经济资本、文化资本和社会资本(后期又补充提出了符号资本)。布迪厄认为,家庭是社会的"细胞",家庭资本能够为子女的教育活动提供各种资源,对子女成长影响深远⑥。沿袭对三种资本类型的划分,家庭资本同样可以区分为家庭经济资本、家庭文化资本及家庭社会资本。美国学者科尔曼

---

① 吴重涵,张俊.阶层差异、学校选择性抑制与家长参与[J].教育研究,2017(1):85-94.
② 谢孟颖.家长社经背景与学生学业成就关联性之研究[J].教育研究集刊,2003(2):255-287.
③ 姚岩.家长教育参与的阶层差异[J].中国教育学刊,2019(4):39-43.
④ 张建成,陈姗华.生涯管教与行为管教的阶级差异:兼论家庭与学校文化的连续性[J].教育研究集刊,2006(1):129-161.
⑤ 沈洪成.激活优势:家长主义浪潮下家长参与的群体差异[J].社会,2020(2):168-203.
⑥ 皮埃尔·布迪厄.文化资本与社会资本[M].张人杰,译.上海:华东师范大学出版社,1989:1-5.

则将家庭资本分为物质资本、人力资本和社会资本①。

在对家庭资本进行类型划分的基础上,诸多学者有所侧重地分别论证了不同类型的家庭资本对父母教育卷入的影响。如 Teachman 等人的研究则侧重强调了经济资本的重要地位,Teachman 认为,家庭收入对于子女高中教育机会的获得及其在高中阶段的学业成绩都具有重要影响②。Bradley 发现,拥有更加充裕经济资本的家庭能够为子女发展进行大量投资,而弱势家庭必须将有限的家庭资本投资于更直接的家庭需求,对于孩子教育投资相对来说较少③。然而,Heckman 等人的研究却提醒我们,家庭的经济资本并不能确保儿童的良性发展,父母的抚育质量比经济上的投入更为重要。经济上处于劣势的家庭,父母如果能为子女提供高质量的抚育,效果要优于具有丰富经济资源的家庭所提供的低质量抚育④。Davis-Kean 则侧重阐释了社会资本的重要地位,他通过实证研究发现,家庭社会资本不仅本身对子女学业成就具有重要影响,而且能够在家庭经济资本和文化资本对子女学业成就的影响中发挥重要的中介作用⑤。

国内学者的研究同样表明,家庭资本的差异直接影响了父母教育卷入的方式和结果。蒋国河、闫广芬综合科尔曼和布迪厄等人的成果,将家庭资本区分为经济资本、文化资本和社会资本三种类型⑥。刘志民、高耀将家庭资本区分为家庭经济资本、社会资本、文化资本以及政治资本,认为家庭资本之所以能够成为一种影响家庭教育行动的资本,主要是因为它能够为此提供各种有效资源,实现教育的"工具性目的"⑦。诸多学者认为,经济资本是家庭资本的基础,经济资本越丰裕,父母能为子女提供的教育机会也越多,家庭经济资本的支持不仅可以帮助子女获得更优质的正规学校教育资源(帮助子女上"名

---

① 边燕杰,吴晓刚,李路路. 社会分层与流动:国外学者对中国研究的新进展[M]. 北京:中国人民大学出版社,2008:1-30.
② TEACHMAN J D. Family Background, Educational Resources and Educational Attainment[J]. American Sociological Review, 1987(4):548-557.
③ BRADLEY R H, CORWYN R F. Socioeconomic Status and Child Development[J]. Annual Review of Psychology, 2002(3):371-399.
④ HECKMAN J J, MOON S H, PINTO R, et al. The Rate of Return to the High Scope Perry Preschool Program[J]. Journal of Public Economics, 2010(1-2):114-128.
⑤ DAVIS-KEAN P E. The Influence of Parent Education and Family Income on Child Achievement: The Indirect Role of Parental Expectations and the Home Environment[J]. J Fam Psychol, 2005(2):294-304.
⑥ 蒋国河,闫广芬. 城乡家庭资本与子女的学业成就[J]. 教育科学,2006(8):26-30.
⑦ 刘志民,高耀. 家庭资本、社会分层与高等教育获得——基于江苏省的经验研究[J]. 高等教育研究,2011(12):18-27.

校""重点学校"等),而且还能够为子女提供质量更高的校外有偿教育服务①。而家庭文化资本越充裕,父母受教育程度越高,越有能力对子女开展家庭教育,激发子女的学习动力②。

除了理论上的研究以外,大量不同视角的实证研究也纷纷涌现。对父母教育卷入影响因素的实证研究大致可以分为总体环境视角、社会阶层视角和家庭资本视角等。

首先,在总体环境的视角下,国内外学者结合本国的具体情况对影响父母教育卷入的宏观背景与微观因素进行了分析。刘保中认为,虽然学校在教育再生产中扮演了重要的角色,但是如今家庭已成为当前教育再生产的轴心。导致父母被卷入家庭教育中程度渐深的结构性因素包括市场化转型的影响、教育制度与政策的刺激、优质教育资源的稀缺、中产阶层的崛起及教育竞争的社会心态的蔓延③。吴愈晓认为,父母教育卷入的程度与教育不公平的社会环境密切相关。随着教育在社会分层和流动过程中的重要性日益攀升,家庭在教育领域也展开了激烈角逐。阶层结构的固化、社会不平等加剧等结构性因素叠加人才培养与选拔制度及相关教育政策,进一步强化了家庭资本对子女教育成就的决定性作用。④ 一些追踪调查项目也用定量研究的方式分析了社会环境、父母教育参与与子女教育产出之间的关联。其中最大规模的是依托中国人民大学中国调查与数据中心开展的全国性的大型追踪调查项目:中国教育追踪调查(China Education Panel Survey,简写为 CEPS)⑤。该调查旨在揭示家庭、学校、社区以及宏观社会结构对于个人教育产出的影响,并进一步探究教育产出在个人生命历程中发生作用的过程。CEPS 所产出的多层次追踪数据向学术界全面开放,为研究者提供基础数据资源,同时也服务于教育政策的制定者和学校管理者,为其决策提供可靠依据。晏祥兰、常宝宁基于CEPS2014 的实证研究调查数据,探讨了家庭背景及其中间机制对教育分流的影响。研

---

① 李忠路,邱泽奇.家庭背景如何影响儿童学业成就?——义务教育阶段家庭社会经济地位影响差异分析[J].社会学研究,2016(4):121-144.
② 文东茅.家庭背景对我国高等教育机会及毕业生就业的影响[J].北京大学教育评论,2005(3):58-63.
③ 刘保中.家庭教育投入:期望、投资与参与[M].北京:社会科学文献出版社,2021:23-25.
④ 吴愈晓.社会分层视野下的中国教育公平:宏观趋势与微观机制[J].南京师范大学学报(社会科学版),2020(4):18-35.
⑤ 中国教育追踪调查(CEPS)是由中国人民大学中国调查与数据中心(NSRC)设计与实施的全国性追踪调查项目,以 2013—2014 学年为基线,以初中一年级(7年级)和初中三年级(9年级)两个同期群为调查起点,以人口平均受教育水平和流动人口比例为分层变量在全国范围内随机抽取 28 个县级单位(县、区、市)作为调查点,并在此基础上随机抽取 112 所学校、438 个班级进行调查,样本规模约为 2 万名学生,调查对象包括学生、家长、教师以及校领导,一学年一次跟踪调查,至今已完成两期。

究发现,父母参与、学习成绩是家庭背景影响教育分流的中间机制,优势家庭的父母能更多地参与子女的教育过程,帮助子女提高学习成绩,最终转化为子女选择普通高中的优势①。

其次,在社会阶层的视角下,国外诸多大型追踪性调查对于研究社会阶层与父母教育卷入之间的关系提供了坚实的数据支撑基础。美国国家教育统计中心在1988年收集了"国家教育追踪研究"(National Education Longitudinal Study of 1988)调查数据。日本社会学会从1955年起实行的"社会阶层和社会移动的全国调查"(SSM调查)为分析日本社会阶层与教育之间的关联性提供了翔实数据。国内有学者基于CEPS2015数据,通过结构方程模型分析了家庭所处的社会阶层、父母卷入和影子教育参与的关系。研究发现,父母是学生参与影子教育的主要决定者,父母的教育卷入在社会阶层发挥影响时起到了部分中介作用。积极的父母教育卷入能够激活家庭的社会阶层优势,社会阶层越高,越热衷于参与影子教育,不同社会阶层的家庭在影子教育参与机会中出现了分化。② 也有学者使用2010年和2014年"中国家庭追踪调查"(CFPS)③数据,基于Tobit回归模型和二元Logistic回归模型,分析了家庭所处社会阶层对初中生参与影子教育的影响,研究发现越是来自优势阶层家庭的初中生参与影子教育的可能性越大,且在影子教育中所花费的经济资本也越多④。还有学者基于CFPS2016的实证数据,发现父母的教育期待是子女校外培训参与的重要中介解释机制,家庭所处社会阶层越高,父母的教育期望值越高,也越倾向于让子女参加校外培训,并主张同时参加学习类课程和兴趣类课程⑤。

与此同时,以此为主题的质性研究也不断涌现。诸多学者运用民族志、口述史等方法,进入家庭和学校场域,去观察微观层面父母和子女的互动。例如,社会学家安妮

---

① 晏祥兰,常宝宁.父母参与对子女教育分流的影响:基于CEPS2014的实证研究[J].教育理论与实践,2022,42(29):7-11.
② 高翔,薛海平.家庭背景、家长参与和初中生影子教育参与——来自CEPS2015数据的实证研究[J].教育学术月刊,2020(9):3-11.
③ 中国家庭追踪调查(CFPS)是由北京大学中国社会科学调查中心(ISSS)实施的全国性的社会跟踪调查项目,样本覆盖25个省、市、自治区,目标样本规模为16 000户,调查对象包含了样本的全部家庭成员,从2010年正式开始访问,两年一次跟踪调查,至今已完成五期。
④ 庞圣民.家庭背景、影子教育与"初升高":理解当代中国社会教育分层的新视角[J].社会发展研究,2017(4):105-123.
⑤ 王甫勤,邱婉婷.家庭社会阶层、教育期望与课外教育——基于CFPS2016的实证研究[J].中国青年社会科学,2021(6):87-95.

特·拉鲁采用质性研究方法,通过对科尔顿(Colton)和普雷斯科特(Prescott)两所小学的家长、老师及学生的访谈和观察,描述了美国社会不同阶层中父母参与子女教育的情境,分析了父母如何将自身阶层所具有的优势传递给子女[①]。作者认为,虽然劳工阶层和中产阶层的父母都希望能够帮助子女在学校教育中获得成功,然而,由于身处社会阶层的不同,他们能够使用的教育资源种类和数量也存在很大差异,进而导致了父母教育卷入的能力、卷入行为的广度和深度也大为不同。作者创造性地刻画了父母大量不起眼但却十分有意义的社会行动方式,极富洞察力地考察了这些细微行动的社会意义,揭示了行动背后社会分层机制的作用。拉鲁的另一本著作《不平等的童年》的影响力更为深远,作者考察了贫困家庭、工人阶级家庭、中产阶级家庭及精英阶层家庭子女在学校和家庭的生活,深入细致地描绘了不同社会阶层的父母养育子女的不同方式,并阐述了不同养育方式对子女获得更高社会地位、实现美国梦的机会所产生的巨大影响[②]。莎伦·海斯(Sharon Hays)的著作《母职的文化冲突》对家庭教育进行了全景式的描述,并揭示了父母教育卷入逐渐走向狂热的趋势[③]。相对于对中产阶层和精英阶层教养优势的强调,也有学者发出了不同的声音。中国学者安超以深描的方式著成《拉扯大的孩子》,通过对自身家族教育家谱的回溯,对乡村子弟完成阶层流动的过程与机制进行了独到解释,呈现了父母教育卷入的多面性和教养实践的复杂样态[④]。程猛的自传社会学著作《"读书的料"及其文化生产》采用深度访谈与自我民族志的方法,对改革开放之后出生并进入精英大学的农家子弟通过教育向上流动过程中的文化生产进行了深描,揭示了先赋性动力、道德化思维和学校化的心性品质在这一过程中的特殊意义,突破了"底层缺乏文化资本"这一学界默认的看法,提出了底层文化资本理论[⑤]。

最后,在家庭资本的视角下,大量实证研究表明,占据不同资本的家庭的父母教育卷入状况差异较为显著。Englund 和 Whaley 等人的定量研究结果表明,文化资本和社会资本丰富的父母更有可能高质量地参与子女的学业,并对其学业成就产生积极影响[⑥]。

[①] 安妮特·拉鲁.家庭优势[M].吴重涵、熊苏春、张俊,等译.南昌:江西教育出版社,2014:2-4.
[②] 安妮特·拉鲁.不平等的童年[M].张旭,译.北京:北京大学出版社,2010:1-8.
[③] SHARON HAYS. The Cultural Contradictions of Motherhood[M]. New Haven: Yale University Press, 1996:19-26.
[④] 安超.拉扯大的孩子:民间养育学的文化家谱[M].北京:社会科学文献出版社,2021:1-6.
[⑤] 程猛."读书的料"及其文化生产[M].北京:中国社会科学出版社,2018:1-5.
[⑥] ENGLUND M M., LUCKNER A E. Children's Achievement in Early Elementary School: Longitudinal Effects of Parental Involvement, Expectations and Quality of Assistance[J]. Journal of Educational Psychology, 2004(4):723-730.

Tansel 和 Bircan 调查了土耳其中小学生家庭的父母教育卷入对子女课外补习获得的影响,发现家庭经济资本与父母的学历层次对子女是否参加补习具有显著影响[1]。Jelani 和 Tan 对马来西亚小学生家庭的调查也佐证了这一论断,即父母的经济收入直接影响子女是否参加课外补习教育[2]。Bray 等采用 Hurdle 模型对香港中学生家庭的课外补习机会获得的影响因素进行了探究,结果发现最重要的因素包括家庭资本拥有量及母亲的受教育程度[3]。Southgate 依据"国际学生评估项目"(The Program for International Student Assessment)数据,分析了 36 个国家和地区学生家庭社会经济地位与课外补习参与率之间的关系,结果发现,在其中 21 个国家两者之间存在正相关关系[4]。McEwan 通过对智利八年级学生成绩的调查数据的分析表明,父母的受教育程度对子女的学业成绩有显著的正面影响,其中又以母亲的受教育程度影响尤甚[5]。

国内有学者依据 CEPS2014 数据,以初中生为研究对象,分析了家庭资本、影子教育与社会再生产之间的关系。其研究结果表明,家庭资本越丰富,父母对初中生子女影子教育的投资越大,子女获得影子教育的机会越多。由此造成家庭资本优势转化为教育成就的优势,而教育成就优势又进一步转化为就业机会与就业结果的优势,最终引发占据不同家庭资本的学生在社会分层阶梯上的不同等次[6]。也有学者通过定量分析,将家庭资本操作化为父母的受教育水平、家庭学习用具、家庭财富、家庭藏书四个指标,并发现这些指标对子女学业成绩具有积极的影响[7]。还有学者从历史性的视角,依据全国抽样调查数据,对不同历史阶段家庭资本与教育机会获得的变化趋势进行了系统描述和分析,并提出,在家庭经济资本、文化资本、社会资本以及政治资本中,文化资本和社会资本

---

[1] TANSEL A, BIRCAN F. Effect of Private Tutoring on University Entrance Examination Performance in Turkey[J]. IZA Discussion Paper, 2005:1-23.

[2] JELANI J, TAN A K G. Determinants of Participation and Expenditure Patterns of Private Tuition Received by Primary School Students in Penang, Malaysia: An Exploratory Study[J]. Asia Pacific Journal of Education, 2012(1):35-51.

[3] BRAY M, ZHAN S, LYKINS C, et al. Differentiated Demand for Private Supplementary Tutoring: Patterns and Implications in Hong Kong Secondary Education[J]. Economics of Education Review, 2014(1):24-37.

[4] SOUTHGATE D E. Family Capital: A Determinant of Supplementary Education in 17 Nations[M]. Bingley: Emerald Group Publishing Limited, 2013:245-258.

[5] MCEWAN P J. Peer Effects on Student Achievement: Evidence from Chile[J]. Economics of Education Review, 2003(2):131-141.

[6] 薛海平,李静. 家庭资本、影子教育与社会再生产[J]. 教育经济评论,2016(4):60-81.

[7] 庞维国,徐晓波,林立甲. 家庭社会经济地位与中学生学业成绩的关系研究[J]. 全球教育展望,2013(2):12-21.

的影响力最强。从20世纪40年代至90年代,家庭资本对教育获得影响的变化趋势呈现出先减弱后增强的态势,前30年间家庭资本的影响不断减弱,到70年代达到最低点;自80年代以来,这种影响在逐渐增强①。

(三) 既有研究评述

综观已有研究可以发现,不同的领域对父母教育卷入进行了不同维度的解读。在理论构建方面,社会学主要探讨了社会阶层、教育期待和家庭资本对子女教育的影响;心理学则主要探讨了父母教养方式对子女教育的影响及父母教育卷入与子女成长之间的互构关系;经济学领域侧重研究人力资本的重要性、父母对子女进行教育投资的理性分析及影响父母教育参与的社会经济环境因素。在实证研究方面,以定量研究为主的追踪性调查和以定性研究为主的民族志调查都颇具思想性地展示了不同的父母教育卷入行动对子女成长的不同影响,并在此基础上推动了教育领域制度化的进行。以上丰富而又深刻的成果对本书具有极大的启发,然而,现有研究的一些局限性也需进一步完善和突破。

首先,从研究方法来看,目前对于父母教育卷入的社会学研究主要以定量分析为主,缺乏对行动主体深层动机的分析和对具体实践过程的把握。其次,从研究内容来看,大多集中于个别变量与子女教育之间的相关性研究,且多数研究只是选取了父母教育卷入中的一到三个维度进行分析,如研究教育期待对子女学业的影响、家庭社会经济地位对子女教育的影响或社会阶层对子女教育的影响,缺乏多维度的整体性分析。最后,从研究思路来看,多数研究采取了单一的机制分析或结构分析的理路,或在中观层次上探讨家庭因素对子女教育的影响,或在宏观层次上分析社会结构对教育的形塑,缺乏将行动、机制和结构结合起来进行全面分析的整体框架。

因此,本书在既有的理论研究与实证研究的基础上,采用质性研究的方法,尝试将父母教育卷入行动作为分析对象进行多维度的研究。不仅对造就当今父母在教育领域高度卷入现象的结构性力量进行宏观层面的挖掘,而且对驱动该行动的社会心态进行中观层面的机制分析,同时,还对以家庭为主体的具体行动进行微观层面的研究,从而搭建起串联"结构-机制-行动"研究的整体性框架,以期对父母教育卷入的底层逻辑这一核心问题作出尽可能全面和深入的解读。

---

① 李春玲.社会政治变迁与教育机会不平等——家庭背景及制度因素对于教育获得的影响(1940-2001)[J].中国社会科学,2003(3):86-98.

三、概念界定

（一）"鸡娃"

作为一个新兴词汇，"鸡娃"既是一个动词又是一个名词，是动态与静态、过程与结果的结合体。作为名词，"鸡娃"主要是指被家长不停"打鸡血"培养出的子女。如：《真的要把孩子变成"鸡娃"吗？》（新华网，2019年12月16日）、《第一代"鸡娃"血泪史》（腾讯网，2021年8月19日）。作为动词，"鸡娃"借用了"鸡血疗法"的典故，意指给娃打鸡血，生动地形容了家庭教育投入的疯狂程度。如：《深圳的爸爸妈妈们，今天你"鸡娃"了吗？》（搜狐网，2017年11月1日）、《"鸡娃"，你"鸡"对了吗？》（澎湃新闻，2021年11月5日）。以"鸡"为核心语素构词，与汉语中司晨报晓所蕴含的"早起勤耕""持之以恒"等品质一脉相承，同时，具有励志意义的"喝鸡汤""打鸡血"等网络新词对"鸡娃"的出现也具有示范和启动效应。伴随着"鸡娃热"的扩散，其话题性也越来越丰富，并衍生出一系列的戏谑性表达，众多网民自行创作或解构的个性化词汇成为流行性的网络用语。当然，作为从网络中流行开来的新兴词汇，不可避免地会制造一些以"吸睛"为目的的新奇说法。就其本质而言，所谓"鸡娃"，既是指被家长不停"打鸡血"培养出的子女，更是指父母对子女教育与学习活动的高度卷入行动。超前培养、突出特长、挤进名校，是诸多"鸡娃"父母共同的目标导向及培养路径。

（二）教育内卷

近年来，原初是用来分析农业社会的内卷化概念被引入教育社会学领域，交叉运用形成了广为讨论的"教育内卷"概念。所谓"教育内卷"，是指由于总体收益即优质教育资源、教育机会、升学率等的有限性，主体不断追加教育投入，学生、家长、教育机构等展开激烈内部竞争，从而导致获取教育收益的门槛不断提高的情形。这种个体理性驱使下的群体非理性竞争使得大量家长陷入了"鸡娃"这一内耗的陷阱，引发了不断上演的"教育悲剧"。①

（三）阶层焦虑

焦虑（Anxiety）作为一个心理学概念，是指人们由于担忧而产生的一种紧张、不安与恐慌的情绪。本书所探讨的焦虑主要是指家长的教育焦虑，即参与子女教育活动的家长对子女的学业成绩、面临的教育竞争、未来的教育获得等方面产生的焦虑心理。有学者

---

① 陈友华,苗国.升学锦标赛、教育内卷化与学区分层[J].江苏行政学院学报,2021(3):55-63.

认为,教育焦虑是中国中产阶层所特有的一种社会心理,也有学者持不同看法,认为中国已经进入"全民焦虑"的时代,任何社会阶层都在经历焦虑①。本书认为,不同的社会阶层都存在焦虑心理,但焦虑的水平和来源则存在阶层差异。所谓阶层焦虑,是指不同社会阶层由于对未来阶层变化的不确定感,从而产生的紧张、不安与恐慌的情绪。这种情绪虽然是一种个体心理现象,但很大程度上是由制度、文化、技术等结构性因素诱发,从而使得个体的焦虑情绪演变为集体性的阶层焦虑。

(四)父母教育卷入

"父母教育卷入"概念的明确提出始于20世纪60年代,为了鼓励低收入家庭和少数种族儿童的父母积极参与孩子教育,欧美一些国家实施了一系列补偿计划,父母教育卷入作为对儿童发展的重要影响因素进入了人们的视野②。学界对父母教育卷入概念的界定主要可分为两大类:一是父母在学校教育中的卷入,如父母对学校事务和活动的参与、父母与老师之间的沟通、父母与学校之间的合作等;二是父母在家庭教育中的卷入,包括父母对子女的教育期待,父母对子女学业的辅导、监督和支持,父母与子女之间的互动与沟通,父母对子女情感的投入、对儿童利益和发展的参与等。随着相关研究的逐步深入,研究者们对这一概念的界定也逐渐趋向一致,即父母教育卷入一般是指父母为了子女生理、心理、社会性等各方面的发展,在家庭、学校及社会中所参与的各项教育活动③。相较于一般意义上的子女教育行动,"鸡娃"父母的教育卷入程度要远远超过平均水平。

四、理论基础与分析框架

在当下社会中,抚育子女为何越发脱离原本被认为是"本能"的自然原初状态,变成一项极为复杂和消耗的工程?追溯"鸡娃"式育儿模式的历史,实际上并没有很长时间,即使是执行"鸡娃"式教育的"70后""80后"父母们,也并不是在这套模式下被抚育长大的。更为吊诡的是,当父母已经拥有比自己的原生家庭更高的教育水平、更好的教育资源时,反而感到更加的迷惘和焦虑。因此,我们不得不反思,是什么样的结构性力量,透过家庭,抵达个体,最终造就了大规模的父母高度卷入的乱象?

---

① 李风华,张茜.阶层焦虑与意识形态风险[J].宁夏大学学报(人文社会科学版),2021(5):42.
② 吴弦.父母教育卷入对小学生学习成绩的影响:成长型思维的中介作用[J].当代教育论坛,2021(2):75-88.
③ 黄河清.家校合作导论[M].上海:华东师范大学出版社,2008:12.

（一）理论基础

个体行动与社会结构之间的关系历来都是社会学理论的核心主题，自社会学诞生之时起，对于两者之间关系的争论已经持续了一百多年，也由此产生了结构决定论与行动建构论之间的对立，前者强调社会结构对个体行动的决定作用，后者则强调个体行动对社会结构的建构作用。面对方法论上长期存在的"二元对立"局面，郑杭生教授领衔的学术团队创造性地提出了"社会互构论"，重新审视个体行动与社会结构之间的复杂关系，并将这种关系归纳为一种"互构共变"的关系，试图以此关系来理解和解释现代性背景下的种种社会现象。按照马克斯·韦伯对于社会行动的定义，"只要行动主体赋予其行动一种主观意义，就可称为'行动'，只要其主观意义是以他人行为为取向，并因此指向其具体实践的，这种行动即可称为'社会行动'"[①]。父母教育卷入作为一种与他人竞争为目标导向的行动，可谓是一种名副其实的社会行动。同时，在教育竞争普遍化的背景下，父母教育卷入已不仅仅是某些个体的单独行动，而是经过与社会结构之间的持续的、共变的双向互动，演变为一种社会现象。考察父母教育卷入的行动逻辑这一核心议题，实际上也是在考察个体行动与社会结构之间是如何"互构共变"的，因此，双向互构论也成为本书的重要理论基础。

作为双向互构论的主要论题，对两者之间互构过程的分析是该理论的重要组成部分。一方面，双向互构过程是宏观结构与行动主体之间互相建构与形塑的过程。行动主体在行动过程中，以一套可被理解的符号和物质手段作为媒介，形成了彼此之间互相影响的行动意义效应，也就是说，行动主体将他人的行动意义内化，并与自己所赋予的该行动的意义进行对比分析，通过不断的冲突、调整、适应、重塑等过程，形成多种意义的综合效应。在这一系列复杂的互动过程中，行动意义不是由某一行动主体单向地一次性赋予的，而是多方参与主体互相反馈、交互渗透、多次往返后形塑的结果。父母教育卷入之所以能够形成一种具有社会属性的"时尚化行动"，是制度、文化、技术等结构性因素不断形塑的结果，也是其社会意义被不断建构、反复强化的结果，是众多父母之间互相影响所形成的社会效应。

另一方面，双向互构过程也是行动主体从赋予行动主观意义向外在行动实践的转化过程。这一转化过程大致需要经历两个阶段：第一阶段是主观意义赋予阶段，即行动主体对行动的动机、目标、路径、策略、预期回报等综合性意义的主观生产阶段；第二

[①] 马克斯·韦伯.经济与社会：上卷[M].林荣远，译.北京：商务印书馆，1997：32-35.

阶段则是具体行动的实践阶段,即行动主体在对该行动意义认可的基础上,调动自身资源、选择合理手段展开行动实践的阶段。但这两个阶段并不是封闭式的行动闭环,而是一个蕴含着"反思性监控"的行动循环。在实践过程中,蕴含着行动者对行动合理性的反复审视、验证,行动者会根据自己获得的新信息不断调适、修正、完善、创新原有的行动方向与路径策略,因此,双向互构过程也是一个主观意义赋予—具体行动实践—行动意义反思—实践行动调整的连续性过程①。这一过程也是父母教育卷入得以可能的实践路径。父母在采取卷入行动之前,都经历了对教育目标、预期回报及其路径策略的主观思考,而后才会调动家庭资本,选择最佳路径去开展行动。并且,该行动的实施也不是一成不变的,而是根据行动环境的变化、他者行动样态、自身资源存量等情况不断调整的。

可见,双向互构论突破了传统方法论中整体主义与个体主义、社会唯实论与社会唯名论、理性主义与人文主义的二元对立,不再将社会与个体看作"一方凌驾于另一方"的关系,而是主张从整体关联的结构层面去理解个体行动,在分析个体行动的基础上去勾连社会结构。从本质上来说,双向互构论是一种实践性的思考方式,以该理论为基础去考察父母教育卷入的行动逻辑这一议题,意在突破是"父母教育卷入行动造就了激烈的教育竞争"还是"激烈的教育竞争促生了父母教育卷入行动"这样的本体论困境,转向从双向互构的角度去考察两者之间的共变过程和互构影响。这一研究进路植根于对现代性语境与困境的深入理解,致力于对个体与社会之间关系的本质探索,对于实现去西方化的理论建构与提升社会学的本土品格具有重要的方法论意义。

(二)分析框架:结构-机制-行动

从社会互构论这一理论基础出发,来研究父母教育卷入这一社会行动,必然离不开对影响该行动的结构性力量的考察。这里所说的"结构性力量",在传统的社会学研究中,主要指宏观层面社会结构解释。所谓结构,主要是指物质、人员、社会行动或信息在时空中的某种可被观察、描述和分析的异质性分布②。但社会结构虽然在社会学中被广泛使用,却未形成准确和统一的概念性界定,广义地讲,泛指经济、政治、社会等各个领域多方面的结构状况,它既可以指某种有形或无形的社会差异的概括(如人的贫富、建筑的空间结构、观念等方面的差异),也可以指某种国家或机构的行为所造成的结构性的影响

---

① 郑杭生,杨敏.社会互构论[M].北京:中国人民大学出版社,2010:536-537.
② 赵鼎新.什么是社会学[M].北京:生活·读书·新知三联书店,2021:9.

(比如上山下乡运动对于知青的巨大影响)①。在抽象的层次上,常常作为"能动性"的对立面,用来指代独立于具有主观能动性的个体并对个体有制约作用的外部整体环境。宏观的社会结构分析高屋建瓴,可以帮助我们俯瞰社会行动和社会事实的全貌。然而,宏观社会结构并不会直接导致特定的社会行动,或者说,生活在同样社会结构中的个体并不会采取同样的或统一的行动,从这个意义上来说,宏观的结构解释又表现出在因果解释方面的局限与欠缺。

为了弥补这一不足,20世纪60年代,美国社会学家默顿(Robert King Merton)率先提出了中层理论的概念,尝试用机制解释来代替结构解释,从中观层面探讨影响个体行为和社会行动的机制。赵鼎新认为,所谓机制,就是一组在控制条件下能被持续观察到的,同样也能通过推理获得的,因此是可以被解释的,因果链最短并且关系确定的结构性因果关系②。相对于结构解释,机制解释的核心就在于"因果关系",因此,机制解释要"从具体的经验事实出发,通过经验材料来归纳出导致某一社会现象形成背后的因果机制"③。虽然以机制解释为中心的分析方法逐渐占据了西方社会学研究的主流,然而,对于"机制"的过度强调和对于"结构"的忽视同样是不理智的。以对父母教育卷入行动的研究为例,如果只关注直接导致该行动的焦虑情绪、阶层再生产动机、市场力量的推动、大众传媒的渲染等中间变量因素,而忽略了"为什么同样的情绪、动机、网络、资源等因素在不同的社会中会产生不同的后果"这类更深刻、更本质的问题,无异于"只见树木而不见树林"的"隔靴搔痒"。

因此,本书认为,中观的机制解释和宏观的结构解释并非存在方法论上的二元对立,而是互为情境、互相印证的,只有将两者链接起来,挖掘特定机制在具体情境中的适洽性及其与宏观结构之间的关系,才能真正具备"既见树木又见树林""透过树木见树林"的解释力。此外,同样容易被忽略但是却极为重要的一点是,虽然我们强调社会机制和社会结构对人的行动的影响力,但并不意味着人是机制和结构的傀儡。正如马克思所提出的那样,"人是环境和教育的产物",同时,"环境正是由人来改变的"④。人是具有巨大能动性的社会行动者,人不但能够建构机制和结构,还能够对其进行有意识的改变和调整,而

---

① 赵鼎新.论机制解释在社会学中的地位及其局限[J].社会学研究,2020(2):2.
② 赵鼎新.什么是社会学[M].北京:生活·读书·新知三联书店,2021:25.
③ 赵鼎新.什么是社会学[M].北京:生活·读书·新知三联书店,2021:22.
④ 卡尔·马克思,弗里德里希·恩格斯.马克思恩格斯选集:第一卷[M].中共中央马克思恩格斯列宁斯大林著作编译局,编译.北京:人民出版社,2012:138.

调整后的机制和结构又反过来形塑新的社会行动,如此螺旋运动,形成双向互构的演进逻辑。

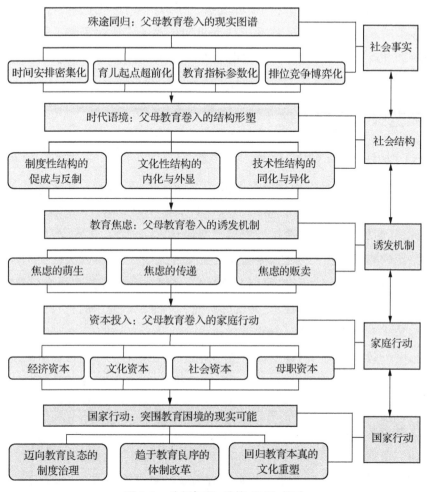

图1.1 分析框架:结构-机制-行动

因此,本书基于双向互构论和机制理论,在宏观结构和微观行动之间引入中观的机制维度,建构了一个"结构-机制-行动"整合性分析框架(如图1.1),就是将父母教育卷入这一社会现象看作是特定历史阶段中,全球与中国社会大背景下的一种社会行动,不仅对形塑该行动的结构性力量进行解读,而且对导致这一社会行动形成的因果机制进行解释,在此基础上,也说明了以国家为主体的教育治理行动对现有机制与结构的解构与重构,从而关照了行动对于结构的能动影响,以此作出尽可能全面和深入的研究。基于这一分析框架,本书的研究思路为:先从社会事实的层面,对父母教育卷入这一家庭行动所呈现的现实图谱进行描绘,而后从制度性结构、文化性结构和技术性结构三个维度对作为社会事实的父母教育卷入现象进行结构解释。在此基础上,对父母教育卷入行动的诱发机制即教育焦虑进行了详细分析,接着说明了经济资本、文化资本、社会资本、母职资本等不同类型的家庭资本的投入推动了从动机向行动的实质性跨越。最后从国家行动的角度,围绕制度治理、体制改革和文化重塑等方面,阐述了以国家为主体的教育治理对作为社会行动与作为社会事实的父母教育卷入现象的双重规制。

五、研究范式与研究方法

(一)方法论与研究范式

在社会学研究中,存在两种最基本的方法论倾向,即实证主义方法论与人文主义方法论。实证主义方法论认为,社会研究应该像自然科学研究那样,对社会现象及其相互联系进行具体、客观的观察,并通过经验概括得出科学结论①。在研究范式上,定量研究是这一方法论的典型代表。与之相对的人文主义方法论却认为,人类社会不同于自然社会,不能用研究自然科学的方法来研究人类社会,在研究社会现象和社会行动时,要考虑到人类社会的主体"人"的特殊性,充分发挥研究者本身在研究中的主观能动性。这一方法论在研究范式上主要采用的是定性研究。

本书以父母教育卷入的行动逻辑为核心问题,不管是对于作为社会行动的研究还是对作为社会事实的研究,都需要对行动主体的行动动机、行动过程、行动特征、行动意义等作出"解释性理解"②。因此,本书更倾向于遵循人文主义方法论,采用定性研究范式对这一核心问题展开研究。

定性研究范式具有深厚的哲学基础,受到现象学、诠释学、民俗学、文化人类学等诸多思想与理论的影响。这一范式认为人类行为是一种具有意义的行动,受到个体的认知、意识和情感等各种因素的影响,同时,人类行为也是具有社会取向的,每一个个体都不是封闭的自我系统,而是走向他人、走向社会的一种"存在"。因此,定性研究更加注重

---

① 风笑天.社会学研究方法[M].北京:中国人民大学出版社,2009:8.
② 韦伯在其《社会学的基本概念》一书中对社会学进行了这样的界定:社会学是旨在对社会行动作出的解释性理解以获得对这一社会行动的原因、进程和结果的解释的科学。"理解"既可表现为理智上和逻辑上的,即"合理明晰的",又可表现为情感体验的和艺术感受的,即"移情明晰的"。韦伯认为,理解和解释并不是相互排斥的,恰恰相反,他们是相互关联、相互说明的。因此,必须把理解和解释联系起来考虑,理解是解释的前提,理解是能被解释的。在某种意义上说,理解就是一种解释。反过来说也一样,解释也是一种理解。按韦伯的说法,我们把对行动意义系列的理解视为对行动实际过程的一种解释。

人类行为发展变化的具体过程,关注个体行为与社会环境之间的关系,并希望去挖掘社会环境和社会现象对于个体的意义。可以说,定性研究的主要目标是深入地"理解"和"解释"行为和现象。因此,本书采用定性研究这一范式,以研究者自身作为主要研究工具,在自然环境下围绕父母教育卷入现象,采用非量化的方式收集描述性资料,在描述性分析的基础上,以归纳法诠释资料,以对这一特定时代现象进行理论性探索。

(二)资料收集方法

在资料收集方法上,相对于定量研究强调程序的标准化、系统化和操作化,定性研究往往更加强调程序和手段上的灵活性和特殊性。实地研究是定性研究最主要的资料收集方法,观察、访谈、民族志、生活史等是实地研究的主要技术。根据研究特质,本书综合采取了观察法、访谈法和文献分析法,选取江苏省淮安市作为实地调研点,结合网络访谈方法,调研对象覆盖北京、上海、广州、深圳、成都、南京等近20个城市。淮安市位于江苏省北部,拥有崇文重教的历史传统,也是《江苏教育现代化2035》规划编制样板城市,全市现有各级各类学校986所,在校生92.63万人,教师6.65万人。淮安教育一直在全省处于领先地位,如普高录取率全省前三,淮阴中学一本率和本科率长期稳居全省前三等等。淮安市父母对子女教育普遍重视程度较高,近年来随着教育竞争的加剧,学区房价格水涨船高、校外培训日益盛行,各种父母教育卷入现象在淮安市几乎随处可见。

1. 观察法

观察法是自然科学研究和社会科学研究都离不开的一种基本方法。在社会研究中所说的观察不同于日常生活中的观察,是研究者带着明确的目的,用感官和相关辅助工具去有针对性地了解正在发生、发展和变化着的现象。它不仅要求研究者的观察活动要具备计划性和系统性,还要求观察者能够对所观察到的现象作出实质性、规律性解释[①]。按照研究者所处的位置与所扮演的角色,观察又可分为参与观察和非参与观察。参与观察是指研究者亲自进入研究对象的生活场景中,在实际参与其生活的过程中所进行的观察;而非参与观察是指研究者并不介入研究对象的活动与行为,只是以局外人或旁观者的身份进行观察。

本书在开展的过程中,根据情境的不同和研究的需要,同时采用了这两种观察手段。作为两个学龄期儿童的母亲,为了获得第一手资料,作者从2020年6月开始,在淮安市先后给儿子报了语文、数学、英语等三门文化课辅导班(其中包括英语的基础辅导班和语

---

① 风笑天.社会学研究方法[M].北京:中国人民大学出版社,2009:266.

文、数学的提优强化班),给女儿报了钢琴、舞蹈和美术培训班,加上儿子持续在学的钢琴、主持人和围棋,一年多来,作者结识了数百位高度卷入子女教育的父母,充分发挥自身的身份优势,在培训机构对研究对象进行参与式与非参与式观察。在观察进行之初,作者由于身份与研究对象的同质性,不需要为自己作为一个陌生人出现而作出特别的解释,也更容易被所研究的群体真正接纳。因此,作者很快能够融入所研究的群体,与研究对象进行充分的交流讨论,并利用现代通信工具及时快捷地记录相关信息,同时作为研究者,也需要经常"跳出来",保持敏锐而客观的态度并对研究对象的状态、态度、反应等进行细致观察。为了扩大资料收集的范围,作者运用滚雪球的方法,通过研究对象和亲友熟人的介绍,结识了北京、上海、广州、深圳、成都、南京等近20个城市的"鸡娃"家长,并加入他们所在的网络社区和微信社群,以参与者或者旁观者的身份观察其行为态度,并在收集资料的过程中逐渐形成问题的焦点和研究的假设。

2. 访谈法

在定性研究中,由于涉及人的观念、意义建构和语言表达,访谈法成为一种在系统的研究与发现过程中的重要工具。根据访谈场景和访谈对象的不同,本书采用了半结构式访谈和非结构式访谈相结合、个别访谈与集体访谈相结合、直接访谈与间接访谈相结合的方式,全面、深入地收集家长、学生、教师、校外培训机构工作人员等群体的认知、态度和行为信息。

在校外培训机构,作者通常会利用接送、等待、陪学等时间机会,与参与培训的学生及其家长,以及培训机构的工作人员进行非结构式的个别访谈,这种访谈形式自由灵活,能够根据研究的需要随时转换话题,交流的内容也相对广泛。除了通过面对面的方式进行直接访谈以外,作者也经常采用线上交流的方式与被访者沟通互动。尤其是在新冠疫情期间,与居住在其他城市的家长基本采用间接访谈的方式,通过社交软件进行文字交流或语音沟通。在传统观念看来,间接访谈相对于面对面的直接访谈具有细节获取性不够、感受共情性不足等劣势,然而,通过作者的亲身实践后发现,在现代信息技术的支持下,线上方式的间接访谈的优势远远超越其局限性。一方面,线上访谈不仅可以不受空间的限制,甚至在很大程度上可以打破时间的限制。很多家长通常是在孩子睡觉后才有空闲时间,而且大多是在夜晚,这样的时间段里家长可以不受干扰地尽情表达,而且作者发现,经过一天疲惫的工作和生活,家长反倒有较强的倾诉欲望,此时收集到的信息更加真实、鲜活。另一方面,在线上进行文字或语音访谈的同时,社交软件也同时记录和保留了交流的内容,不仅方便事后的整理和随时的查阅,而且在下次访谈前,通过回顾之前的交流内容可以进行流畅的衔接,便于访谈的层层递进、逐步深入。此外,为了更加全面地了解在整个行动系统中不同主体的感受与看法,作者还用滚雪球的方法结识了学生、学校教师、校外培训机构的招生人员和培训教师等,并分别与其进行了线上或线下的访谈。

在近一年的时间里,在广泛的非结构化访谈的基础上,作者筛选出了来自淮安、北京、上海、深圳、南京等城市的共12名"鸡娃"、44位"鸡娃"家长、10位学校教师和11位校外培训机构的工作人员,进行了更有针对性的半结构式深度访谈,收集到了大量真实而宝贵的第一手资料。其间还在淮安市组织了两次集体访谈,以读书会的形式,开展了焦点小组访谈,分别有13位和12位当地家长参与其中,围绕子女教育主题进行了广泛深入的讨论。

3. 文献研究法

传统意义上的文献,主要指各种书面材料或文字材料。随着现代信息技术的发展,信息传播的载体也越发多元。因此,广义上的文献研究是指通过收集和分析个人文献、官方文献或大众传媒等各种形式的文献资料,来探讨社会行为、社会关系和社会现象的研究方式。根据具体研究方法和研究文献类型的不同,又可将文献研究分为内容分析、二次分析和现存资料分析等类型。

由于"鸡娃"一词最早是由网络发端而起,也借由大众传媒的力量引发了诸多讨论,因此,针对新闻、采访、博客、微博、短视频等相关大众传媒信息的"内容分析"对于本书来说,是一种十分适用的研究方法。除此以外,近年来国家和相关统计部门也公布了一些与本书主题相关的统计数据,如中国家庭追踪调查(CFPS)数据和中国教育追踪调查(CEPS)数据等,由于调查实施主体权威性强,统计的覆盖面较广,调查内容全面翔实、客观准确,因此,对这些现存资料进行分析,也有助于研究信度的保障。

(三)资料分析方法

定性资料的分析,是指对从实地研究中所获取和整理得到的观察记录与访谈笔记等进行考察和解释,以发现其内在的意义和关系模式。它不仅需要对经验现象进行准确、全面、深入的描述,还要对其进行归纳整合,提出尝试性理论解释。因此,定性资料的分析需要在资料与理论之间进行持续的相互激荡。本书主要采用了以连续接近法和举例说明法为主、比较分析法为辅的资料分析方法。

1. 连续接近法(Successive Approximation)

连续接近法是指通过不断反复和循环的步骤,使得研究者从开始时比较含糊的观念以及杂乱、细碎的资料细节,形成具有概括性的综合分析的结果①。在第一阶段,首先通过大量的文献阅读和资料探查,形成初步的概念与理论观点,并分析其与资料中所发现的证据之间的契合性和解释力。而后在第二阶段,通过进一步开展更加全面深入的调查,对经验证据进行归纳、抽象,寻求新的概念进行解释,并修正原先的理论观点以使其与经验证据更好地契合。进入第三阶段,再从文献资料和经验材料中收集另外的证据,对第一阶段中未解决的问题进行分析与解释。三个阶段不断重复,每一个阶段都是经验证据与理论观点之间不断碰撞、相互塑造的过程,这一过程就被称为"连续接近"。

具体而言,在确定研究主题后,首先通过文献阅读,发现父母教育卷入的动力大多来源于焦虑,由此形成了初步的理论观点,即"焦虑心理是父母教育卷入行动的动力"。接着,在全面深入的调查后发现,对于这种焦虑心理的考察不能还原到个体的心理层次,而是需要从焦虑的萌生、传递和贩卖多个维度,并叠加阶层再生产的动机、情绪传播的效应、资本入场的影响等多个因素进行解读,在此基础上对原先的概念进行修正,将作为心理因素的焦虑替换为"社会性焦虑"这一概念,使其与经验证据更好地契合。然而,为何普遍存在的社会性焦虑使得部分家长选择了高度卷入,其他家长却没有作出同样的选择呢?这是在第一阶段所出现的尚未解决的问题,为了对这一问题进行解释,通过查阅更多的文献资料,收集更深入的经验材料发现,占有较为充裕的家庭资本并愿意将其投入子女的教育中去,是将"社会性焦虑"转化为父母教育卷入行动的必不可少的中介变量和实现机制。如此经过多次的循环反复、连续接近,使得所提出的概念更加准确,理论观点对于经验材料更有解释力。

2. 举例说明法(Illustrative Method)

举例说明法主要通过经验证据来说明理论,是定性资料分析中最被广泛运用的一种方法。本书将其与连续接近法相结合,一方面,不断用经验材料去推论理论,并依据收集到的案例证据去不断修正和完善理论;另一方面,也注重考察既有理论与经验材料之间的"偏差",从而审慎地判断经验材料的客观性和有效性。在举例说明的过程中,尽可能地列举多个不同的个案,对理论逻辑进行"平行说明",以增强理论的解释力。

本书在各个章节使用举例说明法的权重有所差别。在对父母教育卷入行动进行现实图谱描绘时,通过较为密集的举例说明,形象立体地展示行动的全景和类型化特征;在对父母教育卷入行动进行机制分析时,在理论铺陈的同时辅之以行动动机和家庭背景方

---

① 风笑天.社会学研究方法[M].北京:中国人民大学出版社,2009:331.

面的举例说明,作为理论观点的证据进行呈现;而在对深层结构性因素进行剖析和尝试提出问题解决方案时,较少运用该方法,以保证理论逻辑的连贯和递进。

3. 比较分析法(Analytic Comparison)

不管是定量分析还是定性分析,比较分析法的运用都有助于发现社会现象中的规律性。根据比较方式的不同,定性资料分析中的比较分析法可以分为一致性比较法和差异性比较法,前者注重对不同个案所具有的共同特性的比较;而后者在运用时不仅要看到不同个案之间的共同特性,还要注重从这些个案中分析两者之间的差异。

在对父母教育卷入行动的现实图谱进行描绘时,作者使用了一致性比较法,从丰富、复杂的父母教育卷入行动的具体表现中,以概括与归纳的方式提炼出不同个案所具有的共同特性。但在归纳其共性的同时,作者也在思考这样的一个问题:为什么有些家长选择了"鸡娃",而有些家长不选择"鸡娃"?导致这两个群体之间作出不同行动选择的原因是什么?因此,在对父母教育卷入行动进行机制分析时,又侧重采用了差异性比较法,将作出"鸡娃"选择的家长与未作出该选择的家长进行比较,找出导致两种不同结果的差异性原因,从而确定在存在同样焦虑情绪的家长群体中,家庭资本的组合与投入最终促成了以家庭为单位的父母教育卷入行动。

第二章 殊途同归：父母教育卷入的现实图谱

涂尔干在澄清社会事实核心内涵时曾明确指出，一种思想或一种行为，如果仅仅发生在单独的个人身上，不能算作社会事实，只有通过某种方式或过程成为多数人的共同思想和行为时才能获得社会事实的性质。不管是从历时性的角度来追溯，还是从共时性的角度来横观，父母教育卷入从来不是一种纯粹的、内生的主体性行动，而是在结构性力量的驱使下，从少数人的自主选择行动经由个体与个体、个体与社会之间的交互影响，不断演化为覆盖相当规模社会个体、具有普遍意义的社会事实。这种社会事实既来源于个体，又游离于个体意识之外，成为具有独特属性和独立地位的社会实在。这种社会实在又反过来作用于个体，很大程度上决定或影响了个体的意识和行动。因而，从更广阔和更深入的视角来看，受相似社会事实的影响，虽然各个家庭父母教育卷入的具体形式与具体内容都不尽相同，但其本质却极其相似，从而展现出殊途同归的现实图谱。

第一节 自由征用与自主剥夺：时间安排密集化

20世纪90年代，伴随着收入不平等水平的加剧和教育回报率的提高，美国中上阶层开始兴起一种新的教养模式，即密集式育儿（或直升机式育儿）。中上阶层的父母们在子女教育上投入了更多的时间和精力，取得了显而易见的成效，由此，密集式育儿模式被奉为现代科学教养模式迅速在其他阶层和其他国家蔓延开来。在这一育儿模式下，父母对子女教育的过度关注引发的过度教养，虽然提高了教育活动的效能，但也挤压了孩子大量的空余时间，儿童被迫从学习活动的主体变为客体，其学习自主性和独立性也在很大程度上被父母剥夺。

一、自由时间的征用

2018年的纪录片《起跑线》中，有一个7岁的北京女孩，名字叫汤笑嫣。她的家庭，在北京三环内有一套房,一辆车。她的父亲有着稳定高薪的工作,母亲则在家当全职妈妈。和大多数精英阶层家庭子女一样,汤笑嫣从小衣食无忧,一直接受着较好的教育。从2岁开始,汤笑嫣就已经在上钢琴班、朗诵班、声乐班、舞蹈班……每周要上十几个兴趣班,时间被妈妈安排得满满当当。周末,她就穿梭于各种兴趣班之间,光是周六一天,就要上四个:上午9点到10点,是尤克里里弹奏课;中午11点到12点,来到声乐老师家中,练习发声;下午1点到3点,到朝阳区青少年活动中心学习舞蹈;下午3点到5点,还有西班牙语课,直到下课,这一天才算是结束。

时间安排上的高密度是父母教育卷入行动最显著的外在特征。不管是以"学期"为单位的校内课程与校外课程之间的统筹设置,还是以"星期"为单位的学校教育与课外培训之间的协调规划,甚至是以"天"为单位的一日日程安排,家长都为子女"量身定制"了密集的时间表,在这张时间表上,孩子的时间被家长安排的各种教育活动和文化活动占满。①

"周一数学,周二英语,周四阅读(语文阅读理解专项提升),周五写作,周六羽毛球,周日工笔水墨……我们家安排基本上还算是比较均衡,周三给孩子一天休息和调整的时间。他们班好多孩子周一到周日都是满的……"(访谈编号:P320210317)

同时,为了保证孩子能够如期参加时间表上的各项活动并顺利衔接,家长也会将自身大量的时间与精力投入子女的教育中,并综合权衡各种因素,为自己规划好结构化的时间行程。2021年7月,南京暴发新冠肺炎疫情,官方公布的一位感染新冠的45岁妈妈的流调轨迹引起了公众的注意和热议。

确诊病例21(普通型):女,45岁,现住南京市禄口街道桑园村,在禄口机场从事保洁工作。7月10日7:20送儿子到培训班,后去上班。7月11日15:00送儿子去禅武道馆,17:10接儿子下课后回家。7月12日7:20送儿子到启智教育培训班,后去上班,23:00下班回家。……7月19日8:00骑电动车送儿子到启智教育培训班,16:00接儿子回家。7月20日上午7:20送儿子到启智教育培训班,后去上班……②

这位禄口机场的保洁工作者,是两个孩子的母亲,流调轨迹中提及的儿子,是她的第

---

① 易欢欢,程红艳.密集型家庭教育的原因剖析与利弊分析[J].北京教育(普教版),2021(8):5-12.
② 摘自江苏省卫健委7月23日通告 https://new.qq.com/omn/20210723/20210723A0AW4M00.html.

二个孩子,今年6岁多,幼儿园刚刚毕业。在7月10日到20日的11天内,每天从早到晚共17次接送。这位母亲每天的生活除了去禄口机场上班,就是送儿子去各种培训班、舞蹈学校、武道馆等学习。日复一日,马不停蹄,时间安排之密集,不管是家长还是子女,几乎都没有休息的时间。

"马不停蹄、全年无休",是大多数"鸡娃"生活状态的写照。这一群体的父母们普遍认为,现代教育应该以孩子为中心,同时孩子也是脆弱的、被动的,父母需要承担起子女教育的全部责任。因此,帮助子女规划好教育的路线、安排好各类学习的时间,成为父母的"天职"。

二、自主权利的剥夺

按照 Diana Baumrind 对于父母教养方式即权威型、专断型、放纵型及忽视型的分类,专断型育儿要求子女对家长教养方式及手段的绝对服从,权威型育儿强调通过价值目标的塑造来引导子女,而"鸡娃"家长的密集化育儿则结合了专断型育儿和权威性育儿的双重特点,既对孩子的学习生涯采取强烈的干预策略和严厉的规范约束,同时也注重用"实现梦想""追求成功"等价值目标对孩子进行目标引导与动力激励。从功能分析的角度来看,密集化育儿在孩子的知识拓展和素质完善方面发挥了积极的功能。子女在父母的积极干预下发展各种能力、培养各种特长,为将来适应社会奠定良好的基础。然而,无法避免的是,在密集型育儿的家庭教养方式下,不管是作为被教养者的子女,还是作为教养者的父母,都面临着较大压力。

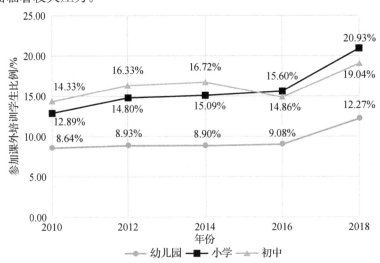

图 2.1　在非假期时间参加课外培训的学生比例

(资料来源:中国家庭追踪调查(2010—2018))

根据 CFPS 统计的非假期时间参与补习培训的数据可见(图 2.1),2010—2018 年间幼儿园、小学、初中孩子上辅导班的比例几乎是逐年攀升,而且这个比例在 2016—2018 年这两年间急剧上升。被父母高度干预的子女不仅在校期间需要完成繁重的学业,而且放学后的时间和假期也被家长安排的各种培训班和兴趣班占满。孩子既没有娱乐玩耍的时间,也没有自主支配时间的权利。孩子的独立性、创造性因为无法得到刺激和培养而逐渐减弱,同时,常年处于高度紧张的状态下,孩子的身心健康也受到了较大影响。

"我妈是给我打包报的班,三年 12 万,所有课程可以任选,都在这个机构,所以我上的课越多,钱就花得越值。我现在就连周六周日都泡在这里,完全没有自己选择的权利。因为课太多了,所以我现在也疲了,老师讲他的,我能听得进去就听,听不进去就放空、发呆……"(访谈编号:S620211112)

"我感觉我现在好像进入了一个死循环,大概每隔一个月,就会有一周的时间,情绪特别低落,干什么都提不起劲,自己跟自己内耗,自己告诉自己要赶快调整,调整一个星期左右,再来重整旗鼓,打起精神来,但是过一个月,又开始抑郁了,我不知道这在科学上有没有什么解释,我自己也没法说清楚……"(访谈编号:S820210812)

对于这些父母来说,虽然生育和养育孩子的过程给他们带来了很多积极的价值体验和幸福、快乐、满足等各种正面的情绪感受,但随着他们对子女教育越来越多的参与和干预,与之相伴的却是焦虑、担忧、紧张等不断累加的负面感受。由于父母将自己的空闲时间都投入到了子女的直接(亲自辅导、陪伴学习等)或间接(联络培训机构、与培训教师交流、接送子女等)教育活动中,缺乏自我放松、自我调节的空间和时间,直接导致了父母情绪的烦躁与焦虑;如果子女的学业成绩无法达到父母的期待,或者在进行社会比较时发现子女处于劣势时,父母更容易产生挫败感,焦虑水平也会进一步提升。

第二节　理性早启与早教启蒙:育儿起点超前化

梁漱溟先生认为,中国文化之要义,一言以蔽之,曰:"理性早启,文化早熟。"[①]"自十五世纪以后,每过五十、一百年,中国士子启蒙就学的年龄就要提前一年或两年……士人

---

① 梁漱溟.中国文化要义[M].北京:人民出版社,2011:12-26.

家庭之尤重子弟前途者,对其学识教育之肇端,总有迫不及待之感,认为捷足者卒能早登……幼蒙趋势,宋元而明清,随着科举之确立,与市场经济之活络化,愈演愈烈。"① 伴随着现代儿童价值观的转变,"以孩子为中心"成为现代家庭的生活原则,加上科学育儿话语的"加冕"和早教市场的"加持",育儿起点被大幅度地前移。

一、理性早启的育儿传统

自古以来,中国便有"理性早启"的育儿传统。传统社会以儒家思想作为社会规范主导,主张对子女的教育应自幼年起始。早在《礼记·内则》中,便已明确提出了对育儿方式的具体构想:"子能食食,教以右手。能言,男唯女俞,男盘革,女盘丝。六年,教之数与方名。七年,男女不同席,不共食。八年,出入门户及即席饮食,必后长者,始教之让。九年,教之数日。十年,出就外傅,居宿于外,学书计……"② 文中认为在儿童的婴儿时期,家长就应教导一些左右、性别之类的基本概念。从六岁开始,父母应该教授子女数字、方位、日历等生活常识和长幼有序、尊老爱幼等道德行为规范,直到十岁外出接受系统教育。宋儒提倡修养与教育价值,教育理念仍然遵循这一方向,主张幼教应及早开始。"而收放心,养性德,为教童子之急务",即将人格教育和道德培养,如应对请安、恭敬长者、谦让之礼等视为幼教重心,而读书识字、智育培养则为次要。

这一教育理想由于明清时期科举制度的确立也随之解构。读书仕进成为个体甚至整个家族阶层跨越的重要通道,是否能教育出能读书中举人宦的子弟,决定了一个家族的产业经营、家道维系甚至兴衰成败。这一人才选拔制度的确立使得明清时期的士族重新调整了对子女的教育目标和内容,专执于识字诵经等智育活动,逐渐形成了以智育为主的幼教潮流。③ 其中,以"早学""幼蒙""自课"为主要手段。"早学"的主要内容包括识字、读经和作文;"幼蒙"的内容也包括三项,一是识字,二是作对,三是口授诵读简单的韵语和经书;"自课"则是指由家中的长辈亲自教导幼儿学习。儿童一旦识字后,家长便希望子女专注于诵读经书与学习作文这类与科考相关的活动,儿童自身的兴趣甚至户外活动都不被提倡。即便是看书阅读,家长也不允许子女浏览与科考无关的"杂书",如传奇戏曲、小说歌赋,甚至史籍诗词都不准许④。这一时期父母培育子女的目的不在于子女本

---

① 熊秉真.童年忆往:中国孩子的历史[M].桂林:广西师范大学出版社,2008:83-85.
② 熊秉真.童年忆往:中国孩子的历史[M].桂林:广西师范大学出版社,2008:86-87.
③ 熊秉真.童年忆往:中国孩子的历史[M].桂林:广西师范大学出版社,2008:127-130.
④ 柯小菁.塑造新母亲[M].太原:山西教育出版社,2011:88-92.

人的发展,也不仅限于完成父母的心愿,最终意义还是在于希望子女登科入仕,使家道繁衍,以对其家族和祖先尽其福泽绵延之责①。

这种与年龄时序争先恐后的"超前化"育儿趋势,从宋元到明清,愈演愈烈。明清时期,士人子弟中多数从六岁已开始接受正式教育,甚至有的家庭在孩子四五岁时就将其送入私塾安排就学。通过梳理历史上幼教模式的变迁可以看出,中国素有理性早启的育儿传统,且父母的育儿理念与规划是在特定时空范围内文化、制度、社会互构的产物。

二、早教启蒙的现代话语

从20世纪80年代开始,"科学育儿"的主张受到越来越多中国父母的推崇,尤其是在大众传播媒体中,"如何用现代知识科学养育子女"的专业意见越来越多地渗透进子女教育的各个阶段。在科学研究领域中对于0~3岁儿童的研究发现,该阶段是儿童大脑发展最快的时期,也是形成智力、运动、情感等各方面能力的基础阶段。随之,早期教育的重要性很快被广大崇尚科学育儿的年轻父母接受。这种趋势的出现与现代儿童价值观的转变不无关系。在前现代的小农社会中,由于儿童的居住空间是以"家户"为主要单位的地缘共同体,家庭是隶属于公共领域之中的,既要承担生产性劳动,还要承担人类社会的再生产劳动,因此对儿童的照顾模式也是以成人为中心的,儿童的需求往往是被忽视的,独立的儿童观尚未出现。随着工业化的推进,家庭的经济模式开始发生转型,生产性劳动从家庭领域中剥离开去,男性负责生产性劳动、女性负责人类再生产劳动的两性分工开始在家庭内部出现,家庭的经济来源主要来源于男性的劳动报酬。家庭被划分进入私领域的范畴,家庭规模不断缩小,居住空间也从原来的地缘共同体转向与公共领域分离的血缘家庭。至此,儿童才进入成人的视野,独立的儿童观随之逐步显现。

在家庭经济模式转型的社会背景之下,社会对于儿童的价值判断标准也发生了巨大的转变。通过大量的数据、文献与法案变更分析,美国当代著名经济社会学家维维安娜·泽利泽(Viviana Zelizer)发现,直到19世纪,美国的儿童从事生产性劳动都是一种道德意义上正当的制度。不仅劳工阶级家庭的儿童劳动是家庭收入的重要来源之一,甚至中产阶级家庭也以儿童劳作、承担家庭责任为美德。在这一时期,对儿童的价值判断标准是以经济价值来衡量的,由于童工的报酬低廉,有学者将这一时期的儿童称为"经济有

---

① 熊秉真.童年忆往:中国孩子的历史[M].桂林:广西师范大学出版社,2008:198-201.

用却廉价"的儿童①。类似的,关于中国家庭子女数量与教育的研究中,有社会学者发现,在实行"家庭联产承包责任制"时期,农村家庭依旧将子女视为最合理的劳动力,为了提高家庭的经济收入,他们自然而然地希望儿童参与劳作而非学校教育②。到了20世纪,随着儿童被禁止从事生产性劳动,对儿童的价值判断标准也发生了转变。泽利泽非常细致地梳理了美国1870年到1930年间儿童的社会价值变迁,从"经济有用却廉价"向"情感有用而经济无用"的转变跃然纸上,儿童不再是19世纪那个增加家庭收入的劳动力,而是凝聚人类情感的神圣物。依据新的情感标准,"无价"成为儿童的定价,货币作为一般等价物的交换意义被其社会意义所取代。计算的价值不再是一个孩子值多少金钱,而是多少金钱才能够彰显一个孩子的神圣性。

40年前泽利泽的洞见,对于我们现在理解中国的儿童价值变迁仍然具有极大助益。子孙,一直是中国家庭传统的中心,这种传统的家族观念形塑了中国文化中对儿童所特有的情感价值。与美国在整个社会中赋予儿童个体以神圣价值不同,中国儿童生命的神圣化依附于具体家庭结构之上,儿童的情感价值与经济价值的博弈嵌入在更大的意义系统之中,如性别、出生顺序、健康、智力等。随着义务教育的推行和高等教育的扩张,儿童对成人的依赖周期也被拉长,对儿童的照顾越发从"以成人为中心向以孩子为中心"转变。在现代语境下,为了培养一个"理想"的孩子,父母们争先恐后地扛起了"科学育儿"和"早教启蒙"的教育大旗。

> "从知道怀孕的那一天起,我就开始打听家附近有没有好的早教机构,现在孩子五岁了,我们基本是按照一年启动一项技能的速度在有计划地培养他的综合素质。一岁的时候孩子开始接触蒙特梭利(知名的早期教育方法),两岁会说话以后,我和他爸爸就开始有意识地在家里用双语和他对话,我用英语,他爸爸用中文,三岁开始给他学钢琴,四岁开始学编程,今年准备再给他报个游泳班……"(访谈编号:P1420210412)

甚至有父母以网络上流传的学前"鸡娃"标配矩阵为参照系(如表2.1),对标找差,即便家长也知晓该标准远超教育部发布的《3～6岁儿童学习与发展指南》,但仍然无法控制自己在与"别人家的孩子"比较时焦虑水平的急速提升,转而早早加入"鸡娃"大军,将早

---

① 维维安娜·泽利泽.给无价的孩子定价:变迁中的儿童社会价值[M].王水雄,译.上海:华东师范大学出版社,2018:14-18.

② LU Y, TREIMAN D J. The Effect of Sibship Size on Educational Attainment in China: Period Variations [J]. American Sociological Review, 2008(5):813-834.

教启蒙大幅度提前至历史上前所未有的年龄。

表 2.1 学前"鸡娃"标配矩阵

	托班	小班上	小班下	中班上	中班下	大班上
语	• 规律亲子阅读 • 能就阅读内容进行提问、思考和讨论	• 阅读题材广泛,对科普、历史故事有所涉猎 • 识字游戏铺垫	• 阅读题材广泛,热爱阅读,主动阅读 • 五四法快速完成,识字600+	• 阅读面广,有意识地接触STEAM、大语文 • 识字1000+,自主阅读起步 • 开始背古诗	• 识字1500+,初步自主阅读 • 开始学写字(结构、笔画、笔顺正确,不要求好看) • 古诗积累	• 中文自主阅读 • 开始练习硬笔书法 • 古诗积累 • 复述故事,看图说话
数	• 会点数,报总数 • 生活中渗透多种数学概念	• 继续生活中启蒙 • 引入桌游/益智玩具,玩中学	• 通过教具、实物教学启蒙10以内加减 • 迷宫/拼图/找不同等游戏书	• 20以内加减熟练 • 人教/浙教一年级	• 100以内加减熟练 • 人教/浙教一年级 • 跨一级思维 • 数独/聪明格	• 有位数概念,会大数加减 • 人教/浙教二年级 • 一年级奥数
英	• 亲子阅读分级/绘本 • 可复述海尼曼level C • 能简单对话	• 亲子阅读牛津3或同级别 • 能简单对话,可回答5W1H • 掌握Sight words	• 亲子阅读牛津5或同级 • 能简单对话,可回答5W1H • 自读海尼曼C/RAZ A	• 亲子阅读牛津7或同级 • 可与外教交流,长句输出 • 自读牛津3/RAZ C	• 亲子阅读牛津9或同级别/裸听桥梁书 • 可与外教交流,长句输出 • 自读牛津5/RAZ E	• 裸听桥梁书 • 外教无障碍交流 • 自读牛津9/RAZG • WTE 1A-2B
素	• 每天户外2小时 • 乐高大颗粒搭建/积木/磁力片	• 适应幼儿园,养成良好作息 • 每天户外2小时	• 每天户外2小时 • 1~2个兴趣长期坚持	• 会拍球 • 每天户外2小时 • 1~2个兴趣长期坚持	• 会用筷子吃饭 • 每天户外2小时 • 1~2个兴趣长期坚持	• 学跳绳 • 骑双轮自行车 • 每天户外2小时 • 1~2个兴趣长期坚持

资料来源:腾讯新闻 https://view.inews.qq.com/a/20210426A02T8600

除了科学话语的"加冕",市场的"加持"更是以洪流之势,用"看不见的手"快速打造了如火如荼的早教市场,使得育儿起点的超前化倾向大有燎原之势。

"××英语已经在我们社区广场搞过很多次宣传了,我们也是因为它的宣传报名的。第一次去看的时候,就看见舞台上一个二三岁的小女孩,用英语和外教对话,当时在下面看的家长都很羡慕。我婆婆也说:我们家贝贝中国话还说不清楚呢,人家小孩都会说外国话了。别说是我婆婆,其实我听了也是挺受刺激的。当时他们在现场也发宣传单嘛,上面就写了'Hold住0～3岁双语黄金启蒙期',还有个扫码咨询的微信。回来之后我就加了这个微信,对方也是说0～3岁是宝宝语言敏感期,这个时期学英语是最好的时机……虽然价格不便宜,平均要200元一节课,想想为了孩子,最后还是报了。"(访谈编号:P720210325)

事实上,除了英语启蒙外,超前化育儿的内容还包含语言开发、思维培训、音乐舞蹈、运动体能、绘画乐器等,这些课程普遍价格不菲,但在教育竞争的背景下仍有不少家长趋之若鹜。还有很多家长会购买儿童启蒙读物,如中英文绘本、儿童唐诗、语音挂画等,亲自在家给子女进行早期教育。点读笔、早教笔、儿童平板等电子产品也成为近年来家长热衷的消费品。

第三节 年龄设定与成就量化:教育指标参数化

社会批判理论家哈特穆特·罗萨(Hartmut Rosa)在其研究中提出"现代化的进程就是加速的进程",加速是现代社会的核心症候。加速社会表现为三个面向,即科技加速、社会变迁加速和生活步调加速[1]。而加速社会又造就了"提升逻辑"和"增长社会逻辑"。简单来说,"提升逻辑"和"增长社会逻辑"就是指由于社会发展的速度不断加快,人们也随之出现了一种"不进则退"的思维方式,而衡量是否进步的标准则是各种参数的"量"。数量更多、速度更快、时间更短……这些参数的加速是衡量社会和个体进步的关键指标。同样诞生于现代社会的父母们为了能帮助子女进步,也身体力行地实践着"参数化育儿"的现代法则。

---

① 哈特穆特·罗萨.新异化的诞生[M].郑作彧,译.上海:上海人民出版社,2018:13.

一、基于年龄的参数设定

"幼儿园大班的小朋友掌握1500个英文单词够了吗?答案是:在美国是够了;但在上海准备考小学,肯定是不够的。"

无论是从网络流行的"段子"中,还是通过对现实生活的观察,都可以发现,家长们总是习惯用具体而明确的参数化指标作为育儿规划及衡量行动效能的重要标准。

"我家女儿是四岁开始学古筝的,十三岁考到了中央音乐学院的古筝八级。这和我们预期的年龄还是比较吻合的。"(访谈编号:P920210328)

"小学前三年,每个周末我都送儿子去学'华罗庚数学',因为都说'华数'是'奥数'的必经之路,'奥数'相对比较难,四年级以上才能学,所以前三年我们就先让他学'华数',后来到了四年级,我们也就毫不犹豫地给他报了'奥数'班。"(访谈编号:P920210508)

按照年龄给孩子确立阶段性目标,是参数化育儿的表征之一。多数家长会为子女设定一个总目标,然后将总目标细化成逐个的子目标,嵌套进不同时限的年龄段中。

"孩子从大班开始学钢琴,现在是四年级,刚刚考过钢琴七级,我们给钢琴老师提的要求就是上初中之前一定要考完十级,因为上初中以后,孩子的重心肯定都在学习上了,没有时间再来学琴练琴了。"(访谈编号:P120210315)

"之前带孩子去韩国玩,碰到一个也是学钢琴的孩子家长,我就问他孩子钢琴考了几级了,他说他们不考级,在韩国竞争性的学习和特长培训是被严格禁止的。但是在我们国家就不一样啦!只有你过了十级才能证明你弹得好。况且不考级我怎么知道你学得怎么样?我怎么知道老师教得怎么样?就像学习一样,如果不考试,不看到你的分数,我怎么知道你学得怎么样?这是同样的道理。"(访谈编号:P1020210402)

在对子女才艺特长的培养方面,参数化特征表现得尤为突出。为了不影响初中后日益紧张的学业,大部分家长会选择在幼儿园和小学阶段完成所学才艺的各项考级。幼儿园和小学阶段的学业相对轻松,尤其是很多学校明文规定不允许在小学一年级和二年级布置笔头作业,孩子的空余时间相对较多,因此很多家长选择充分利用这一阶段给子女培养1~2项稳定的特长和才艺,一方面是为了提升孩子的综合素质,另一方面也希望为将来的小升初、中考和高考增加一些择校的筹码,在教育资源的竞争中实现跨赛道抢跑。

"他们班有两个孩子在学冰球,另一个孩子已经达到专业级别,参加过职业级的比赛了。我们就更着急了,因为基本上国际学校的孩子去参加职业比赛就是奔着拿名次去的。因为在写申请时,你不能只写擅长冰球,仅仅擅长是不能加分的,只有在职业比赛中拿到名次才有加分的可能。为了让孩子将来能申请到国外好一点的学校,必须把简历弄得漂漂亮亮的,既然选择了国际学校这条路,作为家长,就没有资格躺平了。"(访谈编号:P1920210517)

通过查阅部分美国大学本科申请条件发现,除了要考察 GPA(高中平均成绩)、托福成绩、SAT(包括推理测验和专项测验等)外,还需要对个人综合素质进行考量。申请的学生需要向所申请的大学证明自己具有清晰的职业目标与规划、较强的团队协作能力及参与社会服务和公益活动的经历。在这种考核体系下,从小便开始培养一两项"拿得出手"的兴趣爱好,就成了在国际学校读书的孩子的必选项。

二、成就体系的参数量化

乐器要考级、奥数要拿一等奖、剑桥英语要从入门水平的 KET 证书拿到熟练应用水平的 CPE 证书……将所学项目进行成就体系量化,并尽可能地达到该体系的最高层级,成为参数化育儿的另一表征。

"只考高分是远远不够的,因为能考高分的人太多了,综评等级也要高!初中生一学期完成 24 小时的义工时长可以拿到 4 分,这就要求孩子平均每周至少要做 2 小时的义工!你看每到周末在车站、机场、书店都有穿红背心的孩子在做义工,这些机会都是家长刷了多少次手机抢来的!"(访谈编号:P1520210417)

随着中共中央、国务院《关于深化教育改革全面推进素质教育的决定》和教育部《关于积极推进中小学评价与考试制度改革的通知》《关于加强和改进普通高中学生综合素质评价的意见》等文的下发,我国普教评价理论与实践的研究开始迈入"全面推进素质教育"的崭新历史发展阶段。各省市积极探索,纷纷出台各项学生素质评价方案。以深圳市为例,2018 年,深圳市教育局印发《深圳市初中学生综合素质表现评价方案(试行)》(简称《综评方案》)。《综评方案》的内容包括思想品德、学业水平、身心健康、艺术素养和实践创新五个方面,为了满足《综评方案》要求,中学生需要积极参加公益活动、志愿者活动、社区活动及国际交流活动。同时,《综评方案》对海内外研学旅行和社会调研也有一定要求。从政策制定的出发点来说,其目的在于全面提高学生的综合素质,提升学生对社会的参与度,从而避免"高分低能"的人才培养弊端。毋庸置疑,这是出于实质理性的顶层设计考量,然而,其评估体系的指标化设计又使得家长不得不针对性地对子女进行参数化培养,从而又陷入了从实质理性走向形式理性的窠臼。为了获得较高的综评等级,家长忙于刷手机报名各种公益项目,或者动用自身社会资本寻找各类活动资源和参与机会。更有甚者,投入大量经济资本参与市场机构量身定制的香港或澳门地区的研学一日游。

"刚开始,我以为我们上了个假的国际学校,因为在我印象里,国际学校的孩子都是放养的,初中之前不用怎么抓学习。真的进来之后才发现,这里的竞争比公立学校激烈多了。因为在公立学校,都是走传统高考这条路,主要考核的是学习成绩。但在国际学校,除了学习成绩外,还需要评测个体综合素质。但综合素质的考核没有固定的量化标准,为了提高综合素质,只能尽可能地给孩子多报些兴趣班,我们周围没有不报班的。"(访谈编号:P2020210518)

由此可见,不管是公立学校还是国际学校,无论是校外的学习与培训,还是体制内的素质化考评,都出现了显著的"KPI化"的趋势。KPI本是企业绩效管理的指标,其最大的特点就是能量化、能考核。这一考核方式被移植进入教育中,必然会出现学校的优劣用升学率来衡量、教师的优劣用孩子的成绩来衡量、孩子的优劣用分数来衡量,最终,所有的压力都集聚在孩子身上,孩子成为"淹没在作业中的孤儿"。校内学业指标体系呈现出"KPI化"的量化趋势,依据这些量化指标进行有针对性的参数化育儿既是育儿行动的路径依赖及家长衡量育儿行动效能的重要依据,也体现了在高风险和高不确定性的现代社会中,家长为了抵御不可控风险,努力想要攫取可规划、可丈量、可实现的确定性因素的自保心理。

第四节　群体压力与朋辈比较:排位竞争博弈化

英国沃里克大学经济学教授赫什(Fred Hirsch)在其名著《增长的社会极限》(*Social Limits on Growth*)中讲道:"我的教育对于我的价值,也就是我从教育中所能得到的成就感,取决于和我竞争同一份工作但排位在我之前的那些人受教育的程度。"由此可见,从经济学的角度来看,教育是一种特殊的"排位商品"(Positional Good),个体最终的教育成就需要从"排位"上超越其他人才能实现。这对于家长来说,无疑构成了群体压力和比较焦虑。

一、参考群体的隐形压力

大多数父母教育卷入行动的开始都是源于焦虑,而大多数的焦虑都源自比较。正如默顿所说,很多时候从绝对利益的角度来看,人们不应该感到不满,然而经过与同一群体中的其他人比较后,则很容易产生相对不满的情绪,这就是"参考群体"效应。①

"最早让我体会到'鸡娃'与'普娃'之间差距的,是因为疫情防控期间在家上课,老师要求提交一份学生作品,我家孩子没什么特长,我就让她唱了一首儿歌,稍微编辑了一下就传到群里了,后来发现其他的孩子传的作品,有的是拉了一首完整的小提琴曲子,有的把几千字的《少年中国说》从头到尾一字不漏地背了下来,还有写书法的、画国画的……才幼儿园而已,没想到几乎每个孩子都有至少一项能拿得出手的特长,这时候我才慌了,原来我家孩子已经落后了那么多,从那时候起,我才赶紧开始研究各种'鸡娃'的方法。"(访谈编号:P1520210417)

大多数父母的焦虑都不是因为教育资源的匮乏或教育机会的缺失,而是来源于与"别人家的孩子"的比较。传统信息时代家长之间的比较范围相对有限,大多局限于同班、同年级,彼此之间的差距也不会过于显著。但在现代信息技术的支持下,比较的范围无限扩大,自己的孩子不仅可以和同校、同年级、同班的孩子比较,还可以和其他学校、其他城市甚至其他国家的孩子进行比较。作为"鸡娃"教育的制高点,"海淀妈妈""顺义妈妈""魔都妈妈"成为全国各地家长比较的"参考群体"。

"在'鸡娃'群里待久了,最大的一个感受就是山外有山、人外有人。以前觉得海淀妈妈已经很厉害了,她们大多是名校毕业的高知,家庭经济条件优越,事业成功,她们培养孩子走的路线基本是从重点小学到重点中学,再到清北这样的顶级985大学。对于我们普通妈妈来说,海淀妈妈已经是我们可望而不可即的灯塔了,但后来才发现,还有比海淀妈妈更厉害的顺义妈妈。当海淀父母还在为了清北而奋斗的时候,顺义妈妈已经把目标投向了世界。她们所走的教育路线是从国际双语幼儿园到国际小学、国际中学,最后上常青藤大学。从顺义妈妈那里,你可以知道每所常青藤大学的入学法门,每年在不同国家举办的各类国际比赛,甚至可以了解到全球最小众的考试。网上不是有这么一句话嘛,真正的顺义妈妈,她们的战斗永远都是世界大战。"(访谈编号:P920210328)

---

① 罗伯特·默顿.社会理论和社会结构[M].唐少杰,齐心,等译.南京:译林出版社,2006:387-399.

将这些"顶配妈妈"作为参考群体,普通妈妈的焦虑水平自然迅速提升。现代信息技术的全球性与即时性在不断抬升参考群体标准的同时,也在不断前移孩子学习的起点。由生理年龄天然生成的同位起跑线由于部分人的"抢跑"被人为地向前位移了,"不能输在起跑线上"的竞争意识使得"落后"家长借助外力奋力追赶,而先行"抢跑"的家长为了守住愈发微弱的领先优势,只能不断拓宽教育卷入的广度或者精进教育卷入的深度。

"现在文化课几乎已经成为每个家庭的标配了,我们每年在女儿兴趣班上的花费不少于10万,之前除了文化课,还有舞蹈和小提琴。后来发现她们班几乎90%以上的女孩子都在学舞蹈和乐器,我们又给她追加了一项花样滑冰,就是想让她的简历上能有一点别人没有的亮点。"(访谈编号:P400210910)

"除了文化课程,你还得在学校多参加各种各样的社团和活动,最重要的是要在比赛中获奖,特别是全国性的比赛,比赛的层次越高,获奖的含金量就越高,所以大家都争先恐后地去报名。你会发现,不管在哪个领域、哪个项目上,都有无数人和你竞争,只拼学习肯定是拼不过的。"(访谈编号:P1320210411)

虽然中国的应试教育长期以来一直遭遇各种诟病,但在上海、北京这样的一线城市,素质教育也已进入了白热化竞争阶段。学生要想进入名校,不仅成绩要名列前茅,更要身怀多项才艺。为了避开热门才艺、赢得错位竞争,马术、击剑、冰球、花样滑冰等冷门兴趣班的兴起也由此应运而生。

二、争取排位的比较心理

除了参考群体的压力,如何在受教育队列中争取一个优势排位,成为博弈化育儿的另一源头。从经济学的角度来看,"教育"作为消费品有一种特殊属性,即外部性(Externality)。所谓外部性,是指该消费品的价值不仅仅取决于其内在属性,而且与其外部属性,即他人对该商品的消费有关。如开车出行这一消费品便具有典型的外部性特征。越多的人选择开车出行,道路就越拥堵,在路上耗费的时间就越长,开车出行的便利性就越低,因此开车出行这一消费品对个人而言,其价值就越低。换而言之,开车出行对个体的价值不仅与个体自身的需求、车辆本身的性能、道路的拥堵状况等有关,更重要的是与他人是否也选择开车出行密切相关①。而教育作为消费品,具有比开车出行更加突出的外部属性。通过教育获得的回报,不仅取决于你掌握的知识、技能,更加取决于你在

---

① 阿瑟·赛西尔·庇古.福利经济学[M].金镝,译.北京:华夏出版社,2017:136-140.

受教育队列中的排位。同理,对于个体来说,父母教育卷入的目标必须通过在"学历军备竞赛"中获得较好的排位方能实现,这也是博弈化育儿的经济学原理所在。

所谓"知己知彼,百战不殆",为了获知自身的排位,并在队列中争取较好的位置,朋辈比较成为父母群体中普遍存在的社会心理现象。美国社会心理学家利昂·费斯廷格(Leon Festinger)在 1954 年最早对此现象进行了系统的阐述,并提出了经典的社会比较理论。费斯廷格认为,人人都有意识或者下意识地希望了解自己的能力如何、地位如何、水平如何。而个体只有在社会的脉络中与他人进行比较,才能准确认识自身能力和价值,从而作出客观的自我评价。通过社会比较,人们可以明确自身与他人之间的差距,并据此明确应如何思考和感受,从而激发自身的行动内驱力[①]。

随着社会心理学家研究的不断深入,近年来的社会比较研究相较于费斯廷格的经典比较理论,取得了不少观点上的突破,对于博弈化育儿这一论题的解释力也更加充分。经典的社会比较理论认为,如果存在能够评价自身能力与价值的客观、具体的标准,人们便会对照这一标准作出自我评价,如果找不到这种标准,就会通过与他人比较的方式来评判自己的能力与价值。然而,近年研究则表明,社会比较的产生并不是完全因为客观标准的缺乏[②]。即使存在自我评价的客观标准,个体也会围绕特定内容进行比较性评估,尤其是通过与朋辈进行比较来获得对自我的真实或理想化定位[③]。在儿童教育领域,无论是在国外,还是在国内,都有官方发布的各个年龄阶段的儿童成长发展标准,而多数"鸡娃"早已达到甚至远超该标准,然而,父母们仍然会通过与周围或者更大范围内的他人进行比较的方式获得"相对性排位",并采纳作为子女教育成就评估的比较性评价标准。简单来说,父母评价子女的标准不是绝对的分数,而是相对的排名,即使子女取得了高分,如果在朋辈群体中的排名并非名列前茅,同样会造成父母的焦虑,引发父母教育卷入行动的内驱力。

此外,经典的社会比较理论认为,社会比较是个体为了实现全面客观的自我评价,主动选择某一个或某一类对象进行比较,从而促进自我提升或自我完善的过程。然而,近年研究却发现,社会比较不一定是个体主动选择或主动发起的具有明确动机性的行为,

---

① LEON F. A Theory of Social Comparison Processes[J]. Human Relations,1954(7):117-140.
② KRUGLANSKI A W, MAYSELESS O. Classic and Current Social Comparison Research: Expanding the Perspective[J]. Psychological Bulletin, 1990(2):195-208.
③ KLEIN W M. Objective Standards Are Not Enough: Affective, Self-evaluative and Behavioral Responses to Social Comparison Information[J]. Journal of Personality and Social Psychology, 1997(4):763-774.

只要他人的信息呈现在人们面前,即便个体并无主动比较的动机,社会比较仍会自动发生①。甚至当社会环境中呈现相关的社会性信息时,尽管个体并未注意到该信息或者没有意识到该信息与自身的关联,社会比较也仍然会发生,并对个体对自身的评价产生影响②。更加值得注意的是,随着信息技术的发展,各类社交网络对人们日常生活的侵入也日益深入,虽然人们使用社交网络的目的是了解更多他人信息,但是在获取信息的过程中,社会比较也会无意识地自动发生③。更有研究表明,在社交网络中花费时间越长的用户越容易进行社会比较④。也就是说,即便有些家长并无将子女与其他子女比较的主观动机,但当社会环境中呈现其他家长积极投入、其他孩子努力学习、校外培训机构灯火通明等各种日常场景时,朋辈比较也随之发生,而比较的结果也会影响家长对自身及其子女的评价,从而成为家长增加子女教育参与与投入的助推力。

本章小结

虽然在不同的城市、不同的家庭中父母教育卷入行动的内容各不相同,然而,若是对这些内容进行鸟瞰式纵览的话,便会发现在教育内卷的背景下,差异性的行动内容背后其实蕴藏了诸多的共性特征。第一,时间安排的密集化成为父母教育卷入行动的首要特征。孩子的时间被各种教育活动和文化活动占满,家长也将自己的空闲时间几乎全部投入到了子女的直接或间接的课外活动中。密集化育儿不仅过度征用了家长与子女的自由时间,也剥夺了家长和子女自主发展的权利。第二,在源远流长的"理性早启"育儿传统的影响及现代早教科学的"加冕"与早教市场的"加持"下,育儿起点的超前化成为父母教育卷入行动的第二个特征,低龄儿童的家长也早早加入了"鸡娃"大军。第三,按照年

---

① GILBERT D T, GIESLER R B, MORRIS K A. When Comparisons Arise[J]. Journal of Personality and Social Psychology, 1995(2):227-236; Mussweiler, T., & Rüter, K. What Friends Are For? The Use of Routine Standards in Social Comparison[J]. Journal of Personality and Social Psychology, 2003(3):467-481.

② COYNE S M, MCDANIEL B T, STOCKDALE L A. Do You Dare to Compare? Associations between Maternal Social Comparisons on Social Networking Sites and Parenting, Mental Health and Romantic Relationship Outcomes[J]. Computers in Human Behavior, 2017(70):335-340.

③ ELLISON N B, STEINFIELD C, LAMPE C. The Benefits of Facebook "Friends": Social Capital and College Students' Use of Online Social Network Sites[J]. Journal of Computer-mediated Communication, 2007(4):1143-1168.

④ SANG Y L. How Do People Compare Themselves with Others on Social Network Sites? The Case of Facebook[J]. Computers in Human Behavior, 2014(32):253-260.

龄给孩子确立阶段性目标，并将所学项目进行成就体系量化，竭力达到该体系的最高层级构成了父母教育卷入行动的第三个特征——教育指标的参数化，企业绩效管理中的"KPI化"被家长们移植到了家庭教育管理中，这在以培养孩子才艺为主的"特长型鸡娃"中尤为常见。第四，将"别人家孩子"作为参考群体所产生的隐形压力，使得家长们为了在"学历军备竞赛"中争取更好的排位从而进行朋辈比较，造就了父母教育卷入现象的又一特征，即排位竞争的博弈化，其背后的逻辑在于，优质教育资源作为一种"排位商品"，必须在其中获得较好的排位方能获得。殊途同归的现实图谱的背后，是教育内卷背景下千万家庭父母对子女教育的深度卷入。

第三章 时代语境：父母教育卷入的结构形塑

在对父母教育卷入行动的现实图谱进行深描式绘制与透视后，前文所提到的本书的第一个核心议题也呼之欲出，即父母教育卷入现象作为一种社会事实是何以在当下中国出现的？是哪些时代情境造就了今日之"鸡娃"乱象？父母教育卷入现象背后的结构性因素有哪些？在社会学的视野中，意欲发现某一社会事实产生的真正缘由，不仅要分析水面之上一眼可见的表层原因，更要注意挖掘水面之下隐秘的力量。正如布尔迪厄所言，"一个研究社会的科学，就不可避免地要发掘隐秘"①。父母教育卷入作为一种社会事实，它产生的背后还有着更深刻、更隐蔽的结构性力量。从社会学意义来看，结构是关于经济、文化或观念等诸多社会条件的分布，具有让人难以察觉却又难以摆脱的影响力。我们对父母教育卷入这一新近社会事实进行结构性解释，就意味着要做出一种去表象化、去个别化、去偶然性的深度思考，从而移开海面的冰山一角，穿过眼前的狭小世界，看到社会与历史对眼前社会现象的巨大塑造力量。父母教育卷入作为一种以高期待高回报为目标导向的行动，与全球性制度转型有关，也与中国特有的语境相关。它不仅是国际视野下"全球化"和"个体化"的产物，也是中国从古至今的制度性、文化性和技术性结构的产物。

第一节 制度性结构的激励与规制

所有愈演愈烈、屡禁不止的社会问题，都有其确切的制度性原因。制度作为一种权力话语的体现，对于行动具有较强的支配效用。依据默顿的功能分析范式，任何一项制度既有对于社会运行和发展起促进作用的正功能，也有起削弱和阻碍作用的反功能；既有能够被人们认识到和预料到的显功能，也有未被人们预期到的潜功能②。就形

---

① 皮埃尔·布尔迪厄,汉斯·哈克.自由交流[M].桂裕芳,译.北京:生活·读书·新知三联书店,1996:53.
② 罗伯特·默顿.社会理论和社会结构[M].唐少杰,齐心,等译.南京:译林出版社,2006:152-170.

塑父母教育卷入行动的制度性结构而言，一方面，制度的显功能激发了父母教育卷入的动机，另一方面，并非制度制定本意的潜功能与反功能也从反面规制了家长的教育选择。

一、选拔型考试激励与文凭通胀的规制

考试作为一种知识水平鉴定方法，在我国有着悠久的历史。中国是考试的发祥地。作为一个文化早熟型的国家，考试制度的最早渊源可以追溯到夏商周时期。到了隋唐时期，科举制度逐渐成熟。作为一项我国历史上选拔人才的最为重要的方式，这项制度延续了一千四百多年，直到清末才被废除。考试的类型，我们大体可以分为两种：达标型考试和选拔型考试。达标型考试是为了验证考试对象是否掌握了基础知识，达到了合格的标准，而选拔型考试是为了通过考试的手段将考试对象分为不同的档次，将拥有更优学习效果的学习者遴选出来。

那么，在义务教育阶段，应该实行哪一种考试类型？众所周知，义务教育是基础教育阶段，这一阶段的教育重点是帮助学生掌握基础学科的基础知识，培养良好的学习习惯，训练科学的学习思维，并在道德、体育、美育和劳育方面综合施力，保障学生的全面发展和健康成长。因此，这一阶段的考试应采用达标型考试，也就是说，能够达到这一教育要求的学生都算作合格的学生。这一阶段虽然也存在竞争，比如有些学生知识掌握得更熟练、思维能力更强、综合发展水平更高等等，但这种竞争只是在个体差异性基础上存在的必然现象和适度竞争。但现实却是，在义务教育阶段便已经开始实行选拔型考试，通过不断加大考试的内容和难度，将学生的层次拉开，从而在小升初和中考中遴选出学生进入重点学校。这样的选拔型考试成为一根指挥棒，具有极大的方向引导作用。家长们为了帮助孩子能够在选拔中胜出，除了平等地学习课内知识以外，还需要额外施力，如给孩子报班补习、强化、提优等。需求造就市场，各种奥数、英语等校外培训机构也随之应运而生。

即便是通过选拔型考试考入了大学，能够获得相应的文凭，但是随着越来越多的人获得越来越高的学位，工作职位对于教育水平的要求自然也水涨船高，从而形成了文凭的通货膨胀现象。与"理性早启"育儿传统产生的历史一脉相承，中国在汉朝便出现了世界上最早的教育官僚系统，宋朝已经出现了文凭通货膨胀的萌芽，到了明清时期更甚。为了成为官僚系统中的政治精英，父母不断前移子女的受教育年龄，力争在科举制度的选拔中脱颖而出。新中国成立后，特别是改革开放以来，中学和大学的数

量都大为增长,高中生和大学生的比例也大幅提高,为了在优质工作职位竞争中占据优先选择权,只能在"学历军备竞赛"中不断深造,争取获得更高的教育学位。柯林斯认为,工作职位可以分为两种,一种是从事财富生产实业的生产职位,如种地农民、制造业工人等;另一种是不直接创造价值而是负责分配财富的政治职位,如投行咨询师、企业管理者等①。对于绝大多数家庭来说,都希望子女能够通过更高的教育学位的取得在未来的政治职位竞争中获得一席之地,最终获取社会地位更高的政治职位。而教育学位的获得不是仅凭某场竞赛的单次胜利就可以实现的,而是需要在漫长的教育生涯中不断积攒筹码,累积学历、证书等各项制度化文化资本才能得以实现。因此,为了赢得这场持久战,各个阶层的家庭都得全身心投入这场"不参与就出局"的多轮教育博弈中,父母通过尽早地、持续地教育卷入,尽力撬动子女教育上的文化杠杆,来换取作为敲门砖的文化通货。从这个意义上来说,选拔型考试制度促成了父母教育卷入行动的生成。

除了选拔型考试制度的激励作用,文凭的贬值又从反面刺激了父母教育卷入现象的生成。随着教育大众化时代的到来,文凭的获取越来越容易,普通大学的文凭出现了整体性贬值的现象。根据教育部发布的《2020年全国教育事业统计主要结果》,我国的高等教育毛入学率已达到54.4%,获得本科教育学位的人口规模也越来越大。作为一种通货,教育学位本可以用来交换获得工作职位的机会,然而,在拥有教育学位的人越来越多,但工作职位却相对有限的情况下,学位的价值也会越来越低,从而导致文凭通货膨胀的现象。文凭的通货膨胀导致了教育学位作为通货的泡沫破碎,对于每一个希望通过学位获取较好工作职位的个体来说,能够作出的回应性行动非常有限,要么提高文凭的含金量、要么提高文凭的层次。

首先,为了提高文凭的含金量,"进名校"成为唯一的保值渠道。国际上的"常青藤"及国内的双一流、985、211等名校标签成为文凭价值的标志,从而成为父母教育卷入行动的重要目标导向。父母们必须不断通过教育的投入提高子女的成绩,才能战胜同过独木桥的千军万马,最终挤进名校,获得有价值的文凭。

其次,为了提高文凭的层次,只能是不断争取更高的教育学位,这也是父母教育卷入力度不断增强、跨度不断延展的重要原因。大量的本科毕业生由于无法获得理想的工作职位,只能延后毕业时间,继续投入经济资本和人力资本去攻读硕士或博

---

① 兰德尔·柯林斯.文凭社会:教育与分层的历史社会学[M].刘冉,译.北京:北京大学出版社,2018:89-95.

士学位。

最后，同样是由于文凭的通货膨胀，文凭以外的其他各种"文化通货"也成为家长竞相争取的对象。如考级证书、各类比赛获奖证书、跨国公司实习经历等等，都成为帮助子女未来换取经济资本和社会地位的重要筹码，而这些资格证明的取得，无一不是以长期密集的教育投入为代价的。

二、优质教育资源激励与配置失衡的规制

有一种普遍的观点认为，家长们争相争夺优势教育资源，其根本原因在于教育资源的供给不足，因此，对这一问题的解决之道不是抑制父母教育卷入的需求，而是要增加教育资源的供给。然而，这种简单的供求关系逻辑却经不住进一步的推敲，也无法解释在教育资源更为短缺的20世纪90年代，义务教育阶段的竞争并不激烈的事实。正如改革开放40多年以来，我国经济持续高速发展，将社会财富的蛋糕不断做大，但居民之间的收入差距仍然较大一样，社会财富的增长与增长的财富如何分配，是两个完全不同的过程，如果没有导向公平的制度安排，教育资源供给的增加并不会自然地导向教育公平[①]。几乎所有国家在发展普及性教育之初，都存在资源短缺的困境。但并非每个国家都会因为资源短缺而造成如此激烈的教育竞争和教育内卷。几乎所有的父母并不是因为孩子"没学上"而"鸡娃"，而是为了让孩子"上好学"才"鸡娃"。由此可见，当今教育乱象的原因并非在于"蛋糕还不够大"，而是在于制度安排的导向性偏差，具体到中国语境中，父母教育卷入现象正反映了家长对优质教育资源的诉求与教育失衡之间的矛盾。

教育资源的失衡最早可追溯到20世纪50年代开始实行的教育资源差别化配置，其指导思想在于"效率优先、兼顾公平"的发展观。新中国成立之后，国家亟须尽快培养出一批国家建设需要的工业化人才，为了解决教育资源短缺的问题，1953年，按照毛泽东"办重点中学"的指示，194所全国首批重点中学确立。相较于非重点中学，重点中学的师资力量更强、教育经费更多、教育配置更高，因此对学生学业成就的获得具有重要的支持功能。同时，新中国成立后，经过一系列调整，初步建构起新中国高等教育体系，同样确定了以重点带动全局的高教发展战略。1954年，国家决定将北京大学、清华大学、中国人民大学、哈尔滨工业大学、北京农业大学、北京医学院等六校作为全国性重点高等学校，

---

① 阿玛蒂亚·森.伦理学与经济学[M].王宇,王文玉,译.北京:商务印书馆,2000:178-182.

并要求其在贯彻中央所规定的方针政策、学习外国先进经验、进行教学改革、加强行政领导等各方面能够先行一步,教育行政部门再将其取得的经验进行总结推广,以带动其余学校共同前进。这是在高等教育领域实行教育资源差别化配置的初衷,此后,又在该思路的影响下,推出了各种形式的学校等级评定,从而在高等教育领域也开辟了重点学校与普通学校的分野。

除了重点学校制度以外,伴随着改革开放以来现代化进程的加快,为了满足迅速扩张的工业化需求,国家也逐渐建立了一套包括初等、中等和高等职业学校的完整的职业教育体系,从而形成了学术教育和职业教育分化的学轨制,即职业教育和学术教育的分流则意味着学生进入了不同的学制轨道,接受不同类型、不同层次和不同性质的教育。①而由于职业教育的办学条件和办学方向所限,职业教育在未来的职业定位上往往不及学术教育,从而形成了"职业教育二流化"的社会共识。

不管是重点学校制度,还是学术教育和职业教育分化的学轨制,两种制度安排都对教育公平提出了挑战。为了"不让孩子输在起跑线上",就必须为孩子争取到优质教育资源,努力进入重点学校和学术教育轨道。由此可见,对优质教育资源的高诉求和资源失衡之间的冲突成为父母教育卷入行动的又一制度性根源。

三、教育市场化激励与教育资本化的规制

在政策引导机制和马太效应的影响下,体制内的教育差别化配置导致了教育质量的严重分化,不同等级的学校在师资力量、教育质量、教学条件等方面的差距日益显著,不同社会阶层的家庭为了争夺优质资源拼尽全力,却终究因为"僧多粥少",很多学生无法进入各阶段的重点学校。因此,在体制以外,一种新兴的力量迅速崛起,开始重新定义教育资源配置的规则,那就是教育的市场化②。

20世纪80年代以来,随着计划经济向市场经济转轨,市场机制也越来越多地嵌入教育体系这一原本封闭的领域之中,揭开了教育市场化的大幕。1992年,中共中央、国务院颁发《关于加快发展第三产业的决定》,将教育列入第三产业范畴,并提出要发动社会各界力量,秉承谁投资、谁所有、谁受益的原则,齐力将教育办成"对国民经济发展具有全局性、先导性影响的基础行业"。1995年颁布的《中华人民共和国教育法》也指出:"国家鼓

---

① 刘精明.教育选择方式及其后果[J].中国人民大学学报,2004(1):64-71.
② 庞圣民.市场转型、教育分流与中国城乡高等教育机会不平等(1977—2008)——兼论重点中学制度是否应该为城乡高等教育机会不平等买单[J].社会,2016(5):155-174.

励企业事业组织、社会团体、其他社会组织以及公民个人依法举办学校及其他教育机构。"1999年召开的第三次全国教育工作会议提出了"扩大教育消费,拉动经济发展"的教育改革思路和方向,进一步明确了教育的经济功能。此次会议被视为国家对教育市场化的政策性认可,"经济主义路线"的教育改革由此展开,经济话语成为教育改革的主流。

在教育市场化进程中,私立学校异军突起,以市场化的方式更有效率地吸纳了包括优秀教师在内的各类优质教育资源。而相较之下,公立学校由于受到多种因素的制约,却隐有衰退的趋势。如在淮安市,公立初中S中与私立初中X中曾是升学率相当的两所初中,近年来公立初中S中的升学率与私立初中X中差距越来越大,究其原因,一方面是因为公立初中S中受到属地管理的限制,只能招收学区范围内的学生,生源之间成绩差异较大,而私立初中X中由于可以跨区招生,范围甚至可以覆盖至淮安市下设的各个县区,"掐尖式"招生使得整个淮安市的优质生源都在该校集聚,首先在源头上占据了生源高地。另一方面,公立初中S中受到教育行政规定的制约,学生不得在校晚自习,周末也实行双休日放假,学生的学习时长相对较短。而私立初中X中除了每周日下午放半天假以外,其余时间都被上课、自习、辅导、答疑、考试等安排得十分紧凑,学生的时间利用率也更高。为了保障教学质量,吸引优质师资加入,X中付出了高昂的引进费用与薪酬成本,自然,学生也要缴纳不菲的各种费用。私立学校通过市场化的方式一方面挤占了众多公立教育资源,另一方面也导致了家庭教育压力的不断增加。由于该校的生源质量普遍较高,"尖子生"遍地都是,教育竞争也更为激烈。家长和子女共同发力,力争在这场学习竞赛中抢占领先位次。

更有甚者,有些私立学校在升学考核中实行的是所谓的"推荐制",其本质上考验的不再是学生的学习成绩或素质能力,而是学生的家庭资本。拥有丰裕经济资本与社会资本的家庭无疑成为这一制度的受益者。而经济资本和社会资本处于弱势地位的家庭只能在子女教育上投入更多的人力资本才能弥补自身的先天不足。原本旨在保障教育公平,使学生站在同一起跑线上的公共基础教育,私立学校却通过资本运作的手段,使其变成了家庭资本之间的比拼。"条条大路通罗马,而有些人就生在罗马",不能不说反映了市场化所带来的教育不公。

"以增长和效率作为主要追求,将教育作为一项产业来经营,利用市场化手段扩充教育资源,运用市场机制经营教育产业"逐渐成为一种新的教育发展理念,客观上也加速了教育资本化的进程。各方资本瞄准时机、即时入场,在各个领域进行快速、全面的渗透:各个学校纷纷采用多渠道筹措办学经费;高校实行"成本分担"政策,教育收费也大幅提高;公办大学竞相设立民营的"独立学院",学校自身开办科技企业、服务公司等积极创收,办集团、开公司等各种形式的商业化运作层出不穷;各种类型的民办学校拔地而起;还有部分公办学校直接转制为收费高昂的民办学校,开辟"名校办民校"的先河……

这种教育资本化所导致的结果最突出地呈现在三个领域,第一是"小升初"的择校竞争及其衍生的"学区房热",第二是"名校办民校"的集团化办学,第三则是校外教育培训机构的异军突起,并在十年后成为体量超越公办学校的另一个教育系统。自20世纪90年代北京出现第一批教育辅导机构开始,校外培训机构的发展便进入了一个迅速扩张期,连锁化培训机构与散点式培训作坊遍地开花。这些机构覆盖了幼儿教育、初级教育、中等教育和高等教育,在体制内的重点学校之外,提供了一种新的可供选择的优质教育资源获取路径。"课外教培市场"用货币构建起师资与学生之间的在学校外的场域中的新联系,使得优质师资成为可以用货币购买的服务,从而重新定义了教育资源的配置规则,甚至重塑了教育分层格局①。

市场和资本的触角伸向了各个年龄段的孩子,家长们也竞相寻求"市场化"的渠道提高子女在教育竞争中的"排位"。这也导致了各种教育异化现象的出现。各类早教机构的遍地开花和屡屡见诸报端的"天价幼儿园""国际幼儿园""双语幼儿园"等反映了学前教育严重的资本化倾向,即便是在义务教育阶段,同样也受到资本的渗透。虽然学校按照规定免除了学费和学杂费,但家庭教育成本的支出并未减少,而是以更隐蔽的方式转嫁到了校外,昂贵的学区房、择校费、课外辅导费等无一不在教育资本化的反制下水涨船高。家庭所拥有的经济资本比以往更有机会转化为子女差别化的教育获得。

回顾历史,"教育市场化"是在国家财政性教育经费匮乏的背景下,发挥市场的力量扩大教育资源、快速发展教育所采取的"财政视角下的教育改革",其初衷是取消教育资源的垄断和管制,通过市场手段来增加供给,但在实践过程中却被一些人钻了制度的空隙,滋生了出卖学额盈利(如择校费,条子生)的钱学交易、权学交易等腐败现象,并在资本的积极介入下,逐步形成了学区房持续火热、择校竞争愈演愈烈、课外培训业井喷式增长的教育乱象。北京大学钱理群教授认为:"整个中国教育病症已不是观念、方法问题,而是利益问题。现在中国的整个改革都进入了深水区,教育改革尤其如此,不彻底斩断

---

① 庞圣民.市场转型、教育分流与中国城乡高等教育机会不平等(1977—2008)——兼论重点中学制度是否应该为城乡高等教育机会不平等买单[J].社会,2016(5):155-174.

围绕应试教育建立起来的利益链条,中国教育改革和教育毫无希望。"[1]

四、独生子女政策激励与"减负"政策的规制

按照常识性逻辑,随着人口出生队列的大幅下降(1990年我国的出生人口为2 400万,而2021年我国出生人口仅为956万,降幅高达60%)和优质教育资源的不断扩充,原本"千军万马过独木桥"的教育竞争应得到很大程度的缓解。然而,现实却与该逻辑背道而驰。教育竞争不仅未有缓解,反而愈加激烈化和隐形化,其中一个重要的原因就在于人口学意义上的"结构性冲击"。

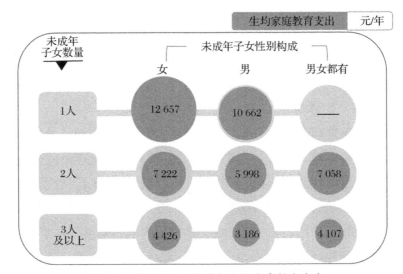

图3.1 未成年子女数量与生均家庭教育支出

(资料来源:《中国教育财政家庭调查报告(2019)》)

从20世纪80年代开始,我国开始实行独生子女生育政策。在此之前,我国经历了漫长的多子女时代。在家庭资源有限的情况下,出于预算约束的考虑,子女数量越多,每一个子女所享受到的资源数量就越少。这也是资源稀释理论的主要论点,该理论最初由Blake于1981年正式提出[2],2001年Downey对此进行了理论拓展,详细阐述了资源稀释理论的三大核心主张。第一,在家庭中,资源的数量是有限的,其种类主要包括场景资源(如居住质量、生活质量和文化物品等)、心理资源(如父母的关怀、教

---

[1] 钱理群.中国教育病症已不是观念问题,而是利益问题.腾讯网,2021年8月28日。见https://new.qq.com/rain/a/20210828A06UD700.

[2] BLAKE J. Family Size and the Quality of Children[J]. Demography, 1981(4):421-442.

导、鼓励、干预等)及机会资源(如子女与外部环境接触的机会);第二,在一个家庭中,同胞数量越多,每个子女所分配到的家庭资源就越少;第三,父母对子女的资源投入对于子女的学业发展和教育成就具有重要的影响,子女数量与教育获得之间存在的负相关关系是确凿无疑的[①]。根据这一理论,在多子女的家庭环境中,无论是家庭的教育投入,还是父母的参与干预,都在一定程度上被稀释了。这一理论在实证调研中也获得了数据的佐证(如图3.1)。

从未成年子女的数量和性别来看,随着家庭子女数量的增加,生均家庭教育支出呈递减趋势。其中,独生女家庭的生均教育支出最高。二孩及以上家庭父母在各项教育投入行为的频率上,要低于一孩家庭,尤为明显的是在情感沟通和休闲课外活动的参与方面,在一孩家庭中,父母拥有更多的时间去陪伴自己的孩子(如图3.2)。

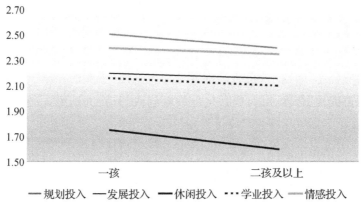

图3.2 未成年子女数量与父母投入

注:父母对孩子各项教育的投入程度,满分4分代表"总是",0分代表"从不"。

(资料来源:《2021年中国家庭教育白皮书》)

在多子女的传统家庭中,存在着一个值得关注的民间教育取向,即天然分流机制。父母会根据家庭生计和子女的特质,对子女进行教育选择。如体格强健、活泼好动的送去当兵,踏实内向、忠厚老实的种地谋生,头脑变通、机灵狡黠的适合经商,而安静沉稳、喜爱读书的则送去上学。这是一种不受社会制度支配、依靠家庭长期的观察和评估进行选择的自然分流机制,这不仅有利于降低家庭教育投入成本,能够根据子女的资质和兴趣因材施教,而且客观上也压缩了应试教育的规模,限制了教育竞争的力度,从而有助于

---

① DOWNEY D B. Number of Siblings and Intellectual Development: The Resource Dilution Explanation[J]. American Psychologist, 2001(6/7): 497-504.

保持良好的教育生态。随着独生子女政策的实行,家庭人口的多样化生态被改变,传统的家庭自然分流机制也随之消弭。"80后"是中国第一代独生子女,如今他们的子女——第二代独生子女也进入了学校,他们在享受更多的教育资源投入的同时,也承担了更多的期待和压力。独生子女政策所带来的家庭情感重心化,即家庭成员所有的情感都集中在子女一人身上,不仅在家庭层面催生了父母对子女学业成就"只能成功、不能失败"的高期待和"学历军备竞赛"中的高投入,而且客观上也造就了现代剧烈的教育竞争和异化的教育生态。

此外,传统的多子女家庭天然具有积极的风险分担功能,父母在子女的情感投入上也具有潜在的分散化倾向。然而独生子女政策瓦解了传统社会中的风险分担机制,滋生了独生子女家庭强烈的风险规避意识,即所谓"唯一的鸡蛋要放在最安全的篮子里"的观念,因此在情感的投入上也采取了用质量替代数量的策略,体现了"孤注一掷"的心理。对于独生子女家庭来说,子女的命运已不仅仅是其个体的命运,而是整个家族的运势。教育也不再仅仅是子女的个体投入,而是依赖于整个家族的积累和投入。这也是布尔迪厄提出的"社会炼金术"的核心,它通过将出身的先赋性(子女的家庭资本)与后天的自致性(子女的勤耕苦读)结合在一起,通过父母教育卷入行动,共同投入教育竞争中,开展隐秘又多元的博弈。

除了独生子女政策的激励,"减负"政策也出乎意料地反推了父母教育卷入行动的生成。从1988年到2013年,为了解决校内学习存在的超时、超量和超标等问题,减轻学生的学业压力,释放更多的自由发展空间,国家在顶层设计层面不断进行减负调整,多次下达"减负令",出台了包括《国家教委关于减轻小学生课业负担过重问题的若干规定》《国家教委关于减轻义务教育阶段学生过重课业负担、全面提高教育质量的指示》等在内的一系列相关政策文件。这一系列的政策在学习时间、教学内容、作业布置、课外活动、竞赛考试等方面对学校提出了较为严格的限定性要求,一方面,确实发挥了减轻学生校内负担的正功能:学生在校学习时间大幅度减少,课后时间显著增多;校内补课被禁止,考试次数被限制;教学内容和考试内容也越来越简单。但另一方面,"减负"作为一项社会政策,其潜功能也随着时间的推移慢慢浮现出来,呈现出"明减暗增""校内减校外增"的怪相。①

为何看似"正确"的"减负"改革,却在现实实践中一再陷入"摁下葫芦浮起瓢"的困

---

① 马健生,吴佳妮.为什么学生减负政策难以见成效?——论学业负担的时间分配本质与机制[J].北京师范大学学报(社会科学版),2014(2):5-14.

境？这实际上是一个"制度堕距"问题。任何一种社会制度都存在着三种不同状态：一是制度的当然状态，是指制度在当下具象化的内容，也就是制定出的各项制度文本；二是制度的实然状态，是指制度的执行状况，也就是当然状态的制度在执行过程中所呈现的实际状况；三是制度的应然状态，是指制度完善和改进的目标，也就是未来理想化的制度应具备的要义和内容。在理想状态下，三种状态应保持一致和统一，但现实状态中，三种状态之间总是存在着难以抹平的差距，这种状态即为"制度堕距"，其中应然状态与当然状态之间的差距被称为"上向堕距"，当然状态与实然状态之间的差距被称为"下向堕距"①。"减负"制度下的实践偏差即是"下向堕距"的表现。

帕森斯(Talcott Parsons)认为，学校承担着社会化功能和选择功能。社会化功能是指将成人社会中胜任工作的能力内化于学生；选择功能则提供了在成人社会的角色结构中分配人力资源的一种方法。在现代社会中，这两种功能缺一不可②。"减负"政策的实施弱化了学校对学生的选拔功能，学校职能的"缩水"无形中也削弱了学校作为教育供给方的主体性地位，让渡给了校外培训市场，刺激了家长寻求课外教育的需求。多数家长都认为，在选拔型考试制度仍然存在的前提条件下，学生仅仅学习"减负"后的教学内容是难以应对激烈的升学竞争的，当遵守"减负"规则会对学业成绩和升学竞争力造成损失时，多数家长仍然会"理性"地选择在课堂之外给子女"增负"，这就是在优质教育资源仍然稀缺与高考竞争仍然激烈的现实背景下，家长群体集体陷入的"囚徒的困境"③。为了能让孩子补上课堂"减负"造成的"缺口"，保证孩子"吃得饱"，家长们争相转战市场，投入更多的教育成本为子女购买更多的教育产品和更优的教育资源，以期帮助子女获得教育竞争的优势。嗅觉灵敏的市场敏锐地发觉了其中蕴含的巨大商机，成为满足教育与选拔功能的"功能替代物"。正如默顿所说，在同一个社会系统中，要满足同样的功能，有很多可替代的选择。"减负"政策撤回了学校补课的合法性，而教育产业化又为资本与校外培训的联合提供了合法化基础，使得课外辅导成为能够在市场上进行交换的商品。这一推拉效应使得市场性质的校外培训机构成为取代学校实现选拔功能的"替代物"，也成为父母教育卷入的新战场。

---

① 辛秋水.制度堕距与制度改进——对安徽省五县十二村村民自治问卷调查的研究报告[J].福建论坛(人文社会科学版),2004(9):107-110.

② 塔尔科特·帕森斯.作为一种社会体系的班级:它在美国社会中的某些功能[M]//张人杰.国外教育社会学基本书选(修订版).上海:华东师范大学出版社,2008:419.

③ 马健生,吴佳妮.为什么学生减负政策难以见成效?——论学业负担的时间分配本质与机制[J].北京师范大学学报(社会科学版),2014(2):5-14.

第二节　文化性结构的内化与外显

作为一种"内在于行动中的知识"(Action-inherent Knowledge)①,文化以一种潜移默化的方式影响着人们的教育行动。"教育犹如一条大河,而文化就是河的源头和不断注入河中的活水,研究教育,不研究文化,就只知道这条河的表面形态,摸不着它的本质特征,只有彻底把握住它的源头和流淌了五千年的活水,才能彻底地认识中国教育的精髓和本质。"②一切教育行动都是在特定文化背景下的产物,个体所处的文化场域不仅会影响人们的态度和心理,也会影响个体与他人之间的互动,从而间接影响人们的行动。

一、出人头地：世俗化的成功学

19世纪英国社会学家斯宾塞(Herbert Spencer)提出"What knowledge is of most worth?",开启了对于教育价值问题的讨论,随后,美国学者杜威(John Dewey)对传统教育提出了批判。"传统教育的计划实质上是来自上面的和外部的灌输。他把成人的标准、教材和方法强加给只是在逐渐成长而趋于成熟的儿童。"为此,杜威主张要将教育的重心转移,提出了"儿童中心论",倡导用科学的方法培育儿童,认为"这是哥白尼把天文学的中心从地球转到太阳一样的那种革命。这里,儿童变成了太阳,而教育的一切措施则围绕着他们转动;儿童是中心,教育措施便围绕着他们而组织起来"③。在此影响下,西方教育观对于教育价值的看法愈发趋向实用主义,这种思潮叠加市场经济的影响,对国内教育也产生了一定的负面功能。

2012年4月,教育学家、武汉大学前校长刘道玉先生的教育基金会主办了一场名为"理想大学"的教育研讨会,会上,北京大学中文系教授钱理群先生写的一封信引起了全社会的热议,信的标题是《我们正在培养一批绝对的、精致的利己主义者》。这封信首次提出了"绝对的精致的利己主义者"的概念,并随后被学界和媒体广泛频繁引用。钱先生写道,所谓"绝对",是指一己利益成为他们言行的唯一的、绝对的直接驱动力,为他人做事全部是一种投资。所谓"精致"是指他们有很高的智商、很高的教养,所做的一切都合

---

① MICHAEL P. Personal Knowledge[M]. London:Routledge,1958:91.
② 顾明远.中国教育的文化基础[M].太原:山西教育出版社,2018:3.
③ 杜威.学校与社会·明日之学校[M].赵祥麟,译.北京:人民教育出版社,2004:41.

理合法、无可挑剔。这番犀利的言论不仅引发了对于当今高等教育的广泛讨论,更是引起了对教育价值的反思。

"万般皆下品,唯有读书高",中国儒家思想向来具有尊崇教育的历史传统。然而,"劳心者治人,劳力者治于人""学而优则仕""吃得苦中苦,方为人上人"的古训却又透露出功利主义读书论的狭隘与偏激,读书仅仅是被当作通向社会上层阶级之路的工具性手段。在家庭场域,家长们习惯于用经济学的"成本—收益"理论来指导教育活动,期望子女通过接受优质的教育,获得收益丰厚的工作,教育变成了各种学历、证书符号,变成了用来换取财富、地位和声望的工具。在学校场域,功利主义文化也渗透在教育管理和教育过程中。以利益驱动提高效率为核心的泰罗制管理模式被应用到学校管理中,将教师的收入与绩效直接挂钩,但对获取绩效的手段和过程却不予考察,从而导致了教师急功近利、追求短期成绩提升的现象,学生在这种教育管理模式下,变成了知识的容器、学习的工具和考试的机器,在分数和升学的指挥棒下压抑了个性与潜能,牺牲了兴趣与自我。

读书是为了功名,学习是为了成功。而何为成功?伴随着现代性的发生,工具理性的行为准则越发被人们接受甚至推崇,出人头地作为"成功"的唯一标准,在现代社会中不断膨胀。彻底世俗化的成功学不仅成为家庭教育的结果导向,更成为万千家长焦虑心态的价值推手。在市场经济深入人心的今天,"成功人士"的形象在大众传媒的运作下,被刻画得极为具象。"今天,一种叫做'成功人士'的新的形象,正在广告和传媒上频繁出现。它通常是男性,中年,肚子微凸,衣冠笔挺。他很有钱,开着簇新的宝马车去自己的办公室;他也可能在美国留过学,养成了西式的习惯,在怀揣即将与外商签订的商业合同、匆匆跨出家门之前,不会忘记与美丽的太太吻别;他还很讲究生活的情趣,周末打几杆高尔夫球,晚上还要去听交响音乐会……"[1]"成功"这一本该富有多样性面孔的概念被粗暴地置换为"赚大钱""当大官",而成功人士的标准也变成了"住别墅""开豪车"。被标准化了的"成功人士"形象成为人们表达人生欲望的终极文化符号,不管是对于成人,还是对于还在学校读书的学生们来说,"成功人士"不仅是新的人生偶像,也是新的生活理想,甚至成为一种新的意识形态[2]。

根据香港大学岳晓东博士对内地十余个城市大学生偶像的调查显示,大学生最崇拜的偶像首推政治家,其次为商界精英。这种将本应具有丰富内涵的"成功"替换成单一化、标准化的"出人头地",体现了一种化约主义逻辑。所谓的化约主义逻辑,简单来讲,

---

① 王晓明.半张脸的神话[J].上海文学,1999(4):70-74.
② 王晓明.在新意识形态的笼罩下[M].北京:人民出版社,2000:16.

就是把一件比较复杂的事情简化为一件简单的事情,这两者看似相同,但却在实质上扭曲了事物本身的面目。采取高度教育卷入行动的家长的化约主义就是将子女学习的目的简化为"一个名牌大学的文凭"或是"一份高薪的工作",虽然看似目标明确,但却抹杀了学习丰富的内涵与意义。"宁可在宝马车里哭,也不在自行车后面笑"成为轰动一时的"金句",诱人的成功奶酪在引发了人们无限憧憬的同时,也建构出"唯恐自己不成功"和"即便自己不成功,孩子也一定要成功"的社会性焦虑。

二、望子成龙:内化的精英教育观

新中国成立之初,各项事业百废待兴,其中最为突出的则是社会主义建设人才的匮乏和短缺。为了尽快培养人才,国家采取了一系列的教育改革措施。1977年,国家恢复高等教育入学考试制度,并对大学毕业生采用统包统分的方式,为其安排就业岗位,其中大多是国家机关或国有企业内的"铁饭碗"。这一制度使得大学成为"精英教育"的摇篮,进入大学实质上等于提前获取了国家干部的社会地位和政治身份。大学生也成为"天之骄子"的代名词,从而牢固确立了高考和精英教育在当时教育秩序中的轴心地位。

然而,随着高等教育发展思路的调整,"精英教育秩序"也开始松动。1997年,国家颁布《普通高等学校毕业生就业工作暂行规定》,将以往的"统包统分"就业分配政策调整为"双向选择"的自主择业政策。1999年,紧接着又出台了《面向21世纪教育振兴行动计划》,施行高校扩招政策,从此大学入学人数一路激增,完全实现了从"精英教育"向"大众教育"的转变。然而,虽然伴随新中国教育事业发展近二十年的"精英教育"在正式制度体系中退出了舞台,但作为一种观念符号,却依然存留在社会成员的意识体系之中。美国社会学家奥格本(William Fielding Ogburn)认为,在社会变迁的过程中,文化中的各个部分变迁的速度不尽相同,从而造成各个部分之间的不平衡、差距和错位,这就是"文化堕距"现象[①]。一般来说,物质文化变迁的速度快于非物质文化变迁的速度,正式制度变迁的速度也明显快于非正式制度变迁的速度。虽然精英教育制度已落下了历史的帷幕,但精英教育的观念却已然成为一种内化的观念,难以在短期内消弭。

自古以来,"望子成龙""望女成凤"是中国民间父母对子女最大的期望。期望子女在学业上取得更高的成就、在社会中获得更高的地位,成为中国社会各个阶层父母对子女

---

① 黄杰.文化堕距视角中的江湖文化批判[J].江苏社会科学,2013(6):147-150.

最普遍的期望[①]。在大众教育制度的背景下,这种"望子成龙"的教育期待则演化为对于精英教育秩序的追逐与留念和对顶尖名校的迷信与执念。既然一般的大学教育已无法保障学生毕业后的社会身份和地位,那么要增加未来"高人一等"和"先人一步"的确定性,进入"物以稀为贵"的顶尖名校则成为实现精英教育理想的不二选择。

图 3.3　国家高校重点建设工程

在任何一个国家,高等学校都是呈梯次分布的。新中国成立以来,为了率先建设一批高水平大学,国家先后实施了全国重点大学建设工程、"211 工程"、"985 工程"和"双一流"战略(如图 3.3)。根据教育部公布的名单,全国首批双一流大学名单共计 137 所,其中世界一流大学建设高校 42 所,世界一流学科建设高校 95 所。按照全国高等学校共计 3005 所(截至 2020 年 6 月 30 日)这一总数来计算,双一流高校的所占比例都不足 5%。然而,"望子成龙"的家长们大多将子女未来的目标瞄准了这 5%的机会,要获得这样稀缺的机会,无疑是名副其实的"千军万马过独木桥"。如何让子女在这"千军万马"中跑在第一梯队,成为名副其实的精英,父母教育卷入便成了唯一选择。

三、阶层区隔:外显的身份符码

从消费社会学的视角来看,父母为子女选择兴趣班、报名辅导班等具体实践,除了意

---

① 李佳丽,胡咏梅."望子成龙"何以实现?——基于父母与子女教育期望异同的分析[J].社会学研究,2021(3):204-224.

在通过消费购买课外服务以外,也是在购买一种外化的象征身份的符号。课外辅导与培训作为一种"有闲阶级"才能享受的文化产品,不仅具有其显而易见的使用价值,还包含着身份认同、阶层区隔、高级趣味等符号价值。这也是很多高端兴趣班和辅导班价格昂贵的隐性根源。

法国社会学家鲍德里亚(Jean Baudrillard)认为,消费社会中,作为一种主动与物、人和社会建立联系的行为模式,个体的消费行动总是与证明自己的社会地位和身份联系在一起①。消费不仅是为了获取消费品的使用价值,而且也代表了一种编码语言,人们依托这一语言系统进行身份识别和社会交往。从这个意义上来说,消费行动的逻辑已不仅仅是个人欲望和需求的满足逻辑,还体现了一种自我认同或自我归类的社会逻辑。或者可以说,消费的目标包含了一个重要的诉求,那就是对欲望隐喻的表达,这种隐喻往往和消费的社会意义与符号意义联系在一起。由于父母教育卷入行动的一个重要表征就是价值不菲的消费行动,如购买学区房、入学国际学校、支付辅导班费用等,能够负担这类消费本身就从一个侧面反映了家庭的社会位置,从这个意义上来说,父母教育卷入行动还具有社会地位的符号象征意义。

同时,父母教育卷入行动也是一种符号再生产的过程,其高额的符号溢价设置了作为行动主体的家庭所需资本的门槛,筛选出了不仅重视子女教育,而且具有一定家庭资本的阶层群体,而这一群体内部的彼此认同和对底层群体的隔离排斥,又进一步维持和巩固了父母教育卷入行动所表征的家庭资本符号,并通过父母参与教育的实践对这种阶层区隔体系进行再生产。一方面,对于超越生存必须性的增值性文化产品的消费,父母教育卷入行动本身就带有一定的"奢侈品性",这对于选择此类消费品的主体来说,已经体现出了"底层排斥"的社会区隔功能;另一方面,通过同质性的消费行动,可以将相同阶层的社会成员集聚起来,形成同侪群体及其内部的身份认同,从而进一步确认自身的阶层优越感。

"趣味(也就是表现出来的偏好)是一种不可避免的差别的实践证明。"②从符号消费的意义上来说,父母教育卷入也是一种追求趣味彰显的分类实践行动。通过参与同样的课外活动,一方面可以辨识出具有相似家庭背景的"自己人",从而引导子女与这些具有相似惯习的孩子聚集在一起;另一方面也区别出非本阶层的"他者",尽量避免子女与这些孩子的亲密接触。因为在父母看来,除了学校教育的影响以外,子女的阶层惯习对其

---

① 让·鲍德里亚.消费社会[M].刘成富,全志钢,译.南京:南京大学出版社,2001:1-6.
② 皮埃尔·布尔迪厄.区分:判断力的社会批判[M].刘晖,译.北京:商务印书馆,2015:93.

学业成就也具有重要影响,因此,寻找同等阶层的同伴群体并与之建立连接,也是符号消费的重要附加值。采取父母教育卷入行动的家庭通过制造阶层边界的"廓清策略",彰显了阶层区隔的符号文化。

第三节　技术性结构的异化与同化

在最近的十余年里,信息技术发生了历史性的变革,传统四大媒体即报纸、杂志、广播和电视的影响力大幅减弱,在新技术支持下出现的媒体形态,如数字杂志、数字报纸、数字广播、数字电视、手机、互联网、触摸媒体等被形象地称为"第五媒体",在受众群体尤其是年轻群体中影响力急速攀升。在这一背景下,技术性结构的重塑催化了父母教育卷入从小众行动迅速蔓延,进而成为一种带有普遍意义并对个体形成相当强制力的社会事实。根据调查发现,高度卷入的父母的教育主张与行动在很大程度上受到教育类微信公众号、班级群、微博、短视频等新媒体的影响,传统的教育类书籍、报刊的影响力正在大幅减弱,而代际经验的影响更是日渐式微。新媒体利用数字技术和网络技术在向用户提供各类信息与服务的同时,也潜移默化地影响了人们的认知与行动。

一、交互性技术与家校关系异化

传统媒体的传播方式集中表现为在特定时间内由信息发布者向受众传播信息,继而受众被动接受的过程。它是单向、线性且不可选择的,而新媒体的传播方式不仅具有双向性,而且可以进行实时交互。信息发布者和受众的角色随时可以互换,且彼此之间还能进行互动。随着网络技术的快速发展与智能手机的飞速普及,家校之间的沟通也越来越便捷,通过一对多、多人互动式的各种"群"实现随时、即时、共时的沟通,成为家校沟通的常态化。显然,便捷化、交互性的技术特质一方面极大地节约了家校沟通的时间成本,提高了沟通效率,但另一方面,也造成了学校场域与家庭场域之间边界的模糊,容易导致教师与家长的双重越位,成为父母过度教育参与的触发器。由于学校与家长之间可以通过现代信息技术的桥梁实现"无缝对接",作为受教育主体的学生地位被架空,学生的自主学习权利被剥夺,学生能做的只是在学校和家长的安排、要求和督促下完成各种类型的任务。更有甚者,教师将家长当成了"助教",将检查作业、批改签字、完成各类社会活动、班级管理等原本应由教师和学校承担的职责也转嫁给家长来承担,导致家长不得不全面、深度参与到子女教育过程中,家校之间的边界愈加模糊,家校关系也随之异化。

在传统信息技术的环境下,家校之间的沟通具有一定的周期性和滞后性。家长了解子女学习情况的主要渠道是家长会,由于家长会通常采取"一对多"的轮状沟通模式,教师传达的大多是集体性事务或群体性问题。家长很少能够收到直接且针对性的反馈,因此也不易产生强烈的情绪反应。即便是与教师进行单独沟通时被提出批判性意见,家长也会因此在子女教育上采取一些积极性行动,然而,由于这种刺激是"一过性"的,缺乏持续性和一贯性,因此家长在行动强度上也会逐渐减弱,不易形成父母教育卷入的长效机制。然而,在交互性技术的支持下,各类家校互动软件成为教师随时随地进行展演与规训的工具。如老师在家校互动群里表扬个别或部分学生、用相对隐晦的手段公布学生成绩或排名等,一方面是为了通过"优秀展演"来营造示范效应,另一方面也是通过"明褒暗贬"的方式对"后进生"及其家长进行惩戒与规训。当家长看到子女一直未出现在"优秀展演"的名单中,或者看到子女被表扬的频率不及其他学生时,或者被暗示不够努力,甚至被公开批评时,都会产生不同程度的焦虑情绪。同时,由于信息传达的即时性与直通性,教师可以随时随地公布各种碎片化的信息,甚至是一次课文背诵、单词听写、课前口算,都可以被作为展演的内容即时公布在家校互动软件中,从而形成对家长的持续的、不间断的刺激,强制性地将家长卷入到无休止的焦虑情绪中,从而间接促成父母全方位参与的教育行动。

二、交融性技术与教育认知同化

相对于传统信息技术的单向度、扁平化,现代信息技术不仅在传播内容方面更加丰富,传播形式也越发多元,呈现出显著的交融性特征。现代电子信息技术极大丰富了信息内容的表现形式,文字、图片、视频、动画、实时互动等都可以通过数字技术轻而易举地在短时间内实现立体化传播。在信息技术的终端方面,智能手机的出现使得技术的进步极大地具象化,并直接传导至个体手中。智能手机在高速应用处理器、高性能的媒体播放器、高像素的数码相机及各种传感器等技术硬件的支持下,为使用者提供了全方位的整合式服务,如视频观看与下载、网上数字商店、在线视频游戏、社交网络和移动应用商店等。同时,技术的交融性也打破了地域的界限,极大程度上消解了信息发送者与接收者之间的边界,并通过文字、图像、声音等多种媒介的综合运用给使用者带来了一种沉浸式感官体验,从而在极大程度上达到感同身受的共情式体验。

20世纪80年代,美国传播学家梅罗维茨(Joshua Meyrowitz)将加拿大传播学家麦克卢汉(Marshall McLuhan)"媒介即讯息"的观点和美国社会学家戈夫曼(Erving Goffman)的"情境理论"相结合,提出了"媒介情境理论(Media Context)"①。他认为,情境本质上是信息系统,人接触不同的情境将会影响自身的行为;而媒介形式的变化将会建构出新的信息系统,相应也会形成新的情境,媒介因此成为决定情境界限的关键因素。梅罗维茨认为,电子媒介尤其是电视的普及带来了一系列新的情境变化,突出表现在将公共情境展现在了个体生活情境之中。20世纪后期,随着网络技术的兴起,梅罗维茨又重新完善了媒介情境理论,认为移动电话和网络社交媒介的兴起是这一信息系统的显著特征之一。移动电话的普及和各类网络社交媒介的兴起彻底瓦解了物理空间对社会交往的限制,使得不同私人情境之间的互动和交融成为可能。

随着信息技术的发展,变革仍在持续。进入21世纪以来,微博、微信、短视频等自媒体的遍地开花,使得私人情境向公共情境的转化成为可能。这一媒介的发展不仅导致传统的信息编辑以及发布方式发生了巨大变化,更使得公共信息发布的垄断权被消解,个体也可以成为信息的发布者。在这一变革的影响下,以前拘囿于家庭这一私人领域的父母教育行动被家长们通过微博、公众号、短视频等自媒体平台发布到公共场域中,由于其题材来源于家长极为熟悉的生活世界,更容易引起家长的同理与共鸣。同时,在资本的介入下,为了吸引"流量",其内容在生活真实样态的基础上往往还会进行一定的艺术处理,加入一些夸张、渲染甚至耸人听闻的传播技巧,以此来提高自媒体的关注度和影响力。如"鸡娃路上,不怕慢,就怕站""深圳,有500万家长在鸡娃""你鸡娃,我鸡娃,我们一起考清华"……各种极具情绪煽动性的标题吸引着家长们打开链接的同时,也使家长们进入"沉浸式鸡娃"的情境之中,在虚实结合的"鸡娃"行动展演中产生移情,甚至通过观演互动将自身的情感和思想都投入特定情境中,从而产生强烈的代入感和角色感,自身的教育认知在不断重复的情境中不知不觉地被他人同化。

此外,在传统信息社会中,由于信息渠道的有限和信息的不对称性,公众了解信息的途径大多通过官方公共媒体,这些媒体常常表现出强烈的专业主义和专家主义视角,让公众产生距离感,从而很难产生直接的行动驱动影响。而随着现代信息技术的发展,官方公共媒体的地位受到了极大的挑战,尤其是自媒体的出现极大地解构了专业主义与专家主义,信息的来源和发布的平台更加多样,信息的发布者与接收者之间的关系也更为平等。梅罗维茨认为,社会现实并不仅仅存在于人们行为的总和之中,而是存在于所有

---

① 约书亚·梅罗维茨.消失的地域:电子媒介对社会行为的影响[M].肖志军,译.北京:清华大学出版社,2002:10-16.

情境行为模式的总体之中。因此当私人情境和公共情境之间的壁垒消解之后,社会现实也会发生相应变化。很多信息和观点的第一发布者不再是特定领域的专家或专业媒体人,而是微博、微信、抖音……的普通使用者。尤其值得一提的是,当家长在网络上看到年龄相仿的孩子已经取得了远远超过自己子女的教育成就,而这些孩子的父母并非名流显贵,而是与自己同样甚至更低的社会阶层时,这种"相对剥夺感"和"自我落差感"会更加强烈,更容易引发家长的教育卷入内驱力。从这个意义上来说,媒介不仅是一种传播手段,而且是人们获取信息、组织行为的方式。电子媒介正是通过改变不同情境之间的界限,带来了更大范围的情境适应行为的变化,使人们在认识了新事件的同时,也不自觉地改变了自身的认知。

三、大数据技术与信息茧房窄化

在理想状态下,我们通常会认为随着信息技术的发达,在各类信息量剧增的同时,人们的视野也会越来越开阔,知识结构也会越来越开放。人们可以自主选择获取相关信息,并依据自身的需求、兴趣、偏好等进行信息定制,从而打造自身专属的既包罗万象又独具个性的信息仓库与思想空间。然而,"我们塑造了工具,工具又反过来塑造了我们"①,日新月异的信息技术虽然为生活提供了诸多便利,却未必能够为个体提供宽阔无垠的信息空间。在大数据技术的加持下,大量信息平台正在通过精密算法,为身处其中的使用者"投喂"大量同质化的内容,让人们在不知不觉中受困于不断收窄的"信息茧房"。"信息茧房"又称"信息茧室",是由美国哈佛大学教授凯斯·桑斯坦在其著作《信息乌托邦:众人如何生产知识》中提出的概念。他用"个人日报"来形容互联网用户在海量信息中以个人喜好选择接触自身感兴趣的信息,并对其他信息进行屏蔽或排斥,从而形成了个体信息资源的封闭式结构,个体如同陷入蚕茧一般被同质化信息层层包裹于其中而不自知。

"信息茧房"的形成与技术结构的重构相伴而生。大数据、5G技术、人工智能算法的出现孕育了迎合用户个体信息需求的个性化推送机制,该机制通过对用户兴趣爱好、搜索习惯等以往行为数据的综合研判,精准描绘用户画像,并借鉴与用户有相似画像人群的个性特征,进行信息推送。由于算法的相对固化,用户只接触他们选择和感兴趣的内容,从而导致接收的信息呈现单向度与同质化倾向,如抖音、快手、今日头条、一点资讯等

---

① 麦克卢汉.理解媒介——论人的延伸[M].何道宽,译.北京:商务印书馆,2000:2-4.

移动平台均采用此种方式进行信息推送。尽管这一机制充分彰显了现代技术的"智能化",但其反功能与潜功能也逐步浮出水面。

就父母教育卷入这一行动而言,从个体层面来看,作为学龄儿童的家长,子女教育是多数父母关注的重点问题,因此,在信息的选择上会呈现较为显著的兴趣偏好。而一份份让人叹为观止的"鸡娃"简历、一篇篇跌宕起伏的"鸡娃血泪史"本身在视觉上就会给学龄儿童家长带来直接的冲击,吸引其停留关注。与此同时,各个平台在大数据算法的支持下将会根据其浏览频次、停留时间、互动程度等进行精确识别,随之进行精准营销,不断推送同类信息。久而久之,"鸡娃"行动从各个面向的展现逐步勾勒起一幅立体化的行动图景,明确清晰地呈现在家长面前,对家长的选择形成直接、持续的刺激。当家长被禁锢在这一自我建构的信息茧房中,每天频繁接受各种"鸡娃"信息,网络社会甚至现实社会的其他类别的信息被屏蔽,容易形成"全世界都在鸡娃"的错觉,出现"回声室效应"①,在此影响下,家长极易失去反思性,形成父母教育卷入的路径依赖②。"鸡娃"也由此成为一种应然性选择的暗示,潜移默化地影响其行动倾向。

从群体层面而言,人们通常会选择加入与自身意见一致的次级群体,而群体意见的一致性也会对个体的认知给予进一步的合理性解释,从而形成对个体行为的强化。家长在对子女教育关注这一偏好的驱使下筛选信息,并据此与具有相似背景、经历和观点的个体或群体形成连接,从而构建起自身的信息网络。在同质性的群体中,信息的扩散与情绪的传染互相影响,群体观点在一次次的互动中不断演化,并在社交平台中发酵,形成越发明确的倾向性,尤其是在关键意见领袖的渲染下,焦虑的情绪会加速蔓延,从而进一步刺激家长的卷入动力。随着人们对现代信息技术依赖程度的加深,基于血缘和地缘形成的初级群体对人们在教育场域的行动选择影响力较为有限,而社交网络由于其观点的同质性倾向,不仅影响了群体成员异质化信息的获取,还极有可能给个体带来群体压力。正如身处其中的家长很容易受到作为积极行动者的"鸡娃"父母的影响,从而作出类似的选择。例如,当群体成员都在讨论子女各种考级考证相关信息时,即便是以前没有过此类想法的家长也会开始考虑给孩子报名;抑或当其他家长在讨论择校升学的难度时,言语中的焦虑与紧张也很容易引起自身的同频共振。

信息茧房中的家长们在信息洪流和群体压力的双重裹挟下,渐渐失去了自主批判意识和否定理性,成为马尔库塞笔下的"单向度的人"。高度教育卷入的家长们在已形成共

---

① 胡泳.新词探讨:回声室效应[J].新闻与传播研究,2015(6):109-115.
② 耿羽.莫比乌斯环:"鸡娃群"与教育焦虑[J].中国青年研究,2021(11):80-87.

识的群体中将不再需要面对不同观点之间的对抗与博弈,甚至能够感受到情感上的共鸣和心理的归属,日益窄化的"信息茧房"成为这一亚文化群体的避风港。

本章小结

父母教育卷入作为一种以高期待高回报为目标导向的行动,既是国际视野下"全球化"和"个体化"的产物,也是中国从古至今的制度、文化和技术结构的产物。首先,从制度性结构来看,一方面,制度的显功能直接促成了父母教育卷入的动机,另一方面,并非制度制定本意的潜功能与反功能也规制了家长的教育选择。选拔型考试制度是父母教育卷入的直接指挥棒,而文凭的通货膨胀带来的学历贬值,又使得家长必须通过高度教育卷入来获得更有价值的文凭;现实中教育资源的失衡,倒逼家长们争相卷入以争夺相对稀缺的优质教育资源;教育市场化的兴起给家长们提供了一种学校之外、新的优质教育资源获取路径,造就了父母教育卷入的新场域,而资本的入场又反向推动了学区房持续火热、择校竞争愈演愈烈、课外培训业井喷式增长的教育乱象;独生子女的生育政策使得家长对子女的教育投入与干预程度更为集聚,而"减负"政策的实施弱化了学校的教育职能,让渡给了校外培训市场,更加刺激了家长寻求课外教育的需求。其次,从文化性结构来看,功利主义文化培养出了一批"绝对的、精致的利己主义者",世俗化的成功学将学习的目的简化为"出人头地",抹杀了学习丰富的内涵与意义;被内化的精英教育观如今演化为对顶尖名校的迷信与执念,为了让子女在过"独木桥"的"千军万马"中跑在第一梯队,"望子成龙"的家长们不得不卷入;作为一种超越生存必须性的增值性文化产品消费,父母教育卷入行动除了意在通过消费购买课外服务以外,也是在购买一种身份认同、阶层区隔、高级趣味的外显象征符号。最后,从技术性结构来看,父母的教育主张与行动在很大程度上受到现代新媒体的影响。在交互性技术的支持下,学校场域与家庭场域之间的边界变得模糊,导致家校关系的异化,成为父母过度教育参与的触发器;在交融性技术的影响下,家长被带入了各种"沉浸式鸡娃"的情境之中,从而产生强烈的代入感和角色感,自身的教育认知被同化,进一步催化了自身的教育卷入行动;在大数据技术的过滤下,人们被困于同质性信息构筑的日益窄化的"信息茧房"之中,渐渐失去了自主批判意识和否定理性,越来越多的家庭随波逐流地加入"鸡娃"大潮。

第四章　教育焦虑:父母教育卷入的诱发机制

在社会系统中,上至国家的法规政策,下至一个单位的规章制度,所产生的种种机会、限制和漏洞不仅形塑了相关群体和个体的行动,更值得注意的是,它们对不同的群体和个体会产生完全不同的影响①。虽然身处同样的社会环境之中,受到类似的制度性结构、文化性结构和技术性结构的影响,但为何有些父母作出了教育卷入的选择,而其他父母选择了放弃？由此可见,宏观结构与具体的经验解释之间仍然存在着一定的距离,具体来说就是一个宏观结构往往能促发多个,有时甚至是作用方向完全不一致的社会学机制。② 因此,为了回答本书的第二个核心问题,即父母为何要选择高度教育卷入？是什么驱动了他们的卷入行动？卷入行动的动力机制是什么？我们需要在分析宏观结构的基础上,对与父母教育卷入行动构成直接因果关系的具体机制进行解释。按照涂尔干提出的社会学方法论原则,社会事实能够而且只能够用其他社会事实来加以解释。而社会事实又分为物质性社会事实和非物质性社会事实即集体意识。那么,引发父母教育卷入行动的社会事实是什么样的集体意识或社会情绪呢？本书认为,导致现代父母教育卷入行动的最强大也是最直接的动力来源于特定阶层家长的教育焦虑。所谓教育焦虑,是指参与教育活动的家长体验到的不同程度和不同方式的焦虑情绪。2018年发布的《中国家长教育焦虑指数调查报告》显示,在孩子成长过程中,中国家长教育综合焦虑指数达到67点,整体处于比较焦虑状态。尤其在孩子幼儿阶段和小学阶段,家长的焦虑程度最高。针对家长教育焦虑的内容与形式,国内学者也进行了分类与梳理,如陈华仔和肖维将家长教育焦虑分为教育落后的恐慌、教育重负的压力和教育无用的担忧③;刁生富和李香玲将家长教育焦虑分为压迫式教育焦虑、茫然式教育焦虑和想象式教育焦虑④;单家银等认

---

① 赵鼎新.论机制解释在社会学中的地位及其局限[J].社会学研究,2020(2):1-24.
② 赵鼎新.论机制解释在社会学中的地位及其局限[J].社会学研究,2020(2):1-24.
③ 陈华仔,肖维.中国家长"教育焦虑症"现象解读[J].国家教育行政学院学报,2014(2):18-23.
④ 刁生富,李香玲.基础教育焦虑探讨[J].佛山科学技术学院学报(社会科学版),2016(6):57-61.

为,家长教育焦虑表现在诸多方面,如高昂的课外补习费用让家长在经济方面感到焦虑、接送孩子到校外培训机构方面时间的紧张与高频次让家长在精力方面感到焦虑、自身知识储备的不足与教育方法的欠缺让家长在能力方面感到焦虑①。然而,不管家长的教育焦虑有何表现,从本质上来说,这都是焦虑的形式,真正能够将教育焦虑转化为父母教育卷入行动的深层动力机制不仅在于不同阶层焦虑情绪的萌生,还与剧场效应下的焦虑传递、市场推手下的焦虑贩卖息息相关。三者共同形成社会性焦虑的蔓延,成为父母教育卷入行动生成的诱发机制。

第一节 焦虑的萌生:不同阶层的代际期待

随着家庭、私有制与阶级的出现,抚育子女的阶层分化也日益浮现。学术界开始关注教育、阶层与文化再生产之间的关系,并逐渐形成了以布尔迪厄、拉鲁、帕特南、伯恩斯坦为代表的阶层教育学派。父母的社会阶层何以形塑对子女的教养方式,又如何影响子女的教育获得与成就,成为社会学家关注的热点问题。对此,布尔迪厄最先提出了较为明确的解释框架,在《区隔:判断力的社会批判》《继承人:大学生与文化》《再生产:一种教育系统理论的要点》等一系列著作中,布尔迪厄用不同的实证数据,阐释了教养方式阶层差异的根源在于阶层再生产与家庭资本、惯习的代际传递。伯恩斯坦的《社会阶层、语言与社会化》、拉鲁的《不平等的童年》、三浦展的《阶层是会遗传的》、帕特南的《我们的孩子》、泰洛特的《父贵子荣:社会地位和家庭出身》等众多研究都沿袭了布尔迪厄的解释框架,从不同视角阐释了教养方式与社会阶层之间斩不断的联系。

法国哲学家萨特(Jean-Paul Sartre)认为,人的自由是焦虑的根源。正是由于人具有自由意志、具备自由行动的权利,因此也被赋予了自由选择的权利。这种自由选择不可避免地将人们又引向了巨大的焦虑,因为自由选择是没有固定标准的,这就意味着个体必须为自己的选择负责,承担选择所带来的后果。因此,怎样选择才是理性乃至正确的,自己是否能够承担选择的后果,成为人们焦虑的根源。也就是说,焦虑的产生不仅是因为危机,更是因为存在通过努力克服危机的可能。危机与努力之间的张力,才是焦虑的滋生空间②。为了聚焦核心问题,本书无意去深究各个阶层的精准划分标准,只是遵循多数学者的共识,依照财富、职业、社会地位、受教育程度等主要标准,按照其所处社会阶层

---

① 单家银,胡亚飞,康凯.中小学生家长教育焦虑的质性研究[J].健康教育与健康促进,2016(6):403-406.
② 周晓虹.焦虑:迅疾变迁背景下的时代症候[J].江苏行政学院学报,2014(6):54-57.

的相对位置,由上至下划分出精英阶层、中产阶层、工薪阶层、社会底层四类。多数学者认为,当下的父母教育卷入的主力军,是中国的中产阶层,其向上流动的急切愿望和自身资本、能力等综合实力的有限性之间存在的巨大张力促成了该阶层的教育卷入行动,这一现象折射的是这一新兴阶层的集体焦虑。这一观点在某种程度上阐释了焦虑心态与家庭资本拥有量之间的关联,具有一定的合理性。然而,本书通过调查发现,除了社会底层,由于能够为子女教育提供的资源极为有限,他们更多感受到的是痛苦而不是焦虑,精英阶层和工薪阶层在子女的教育问题上同样深感焦虑而不敢懈怠,中国整体呈现出较大范围内的社会性焦虑状态。而在这样的整体性焦虑背景下,中产阶层的焦虑更为显著。同时,也正是由于上有精英阶层的抢跑,下有工薪阶层的追赶,才更加提升了中产阶层的焦虑水平,增强了其教育卷入动机。

一、代际复制与精英阶层抢跑

精英阶层主要是指受过良好高等教育,财富水平、社会地位都处于社会顶层的群体,如资产丰裕的企业家、收入丰厚的企业高管、国家机关的高级官员等。由于义务教育的实行目标旨在建构一种均等化教育制度,即"让所有的学生站在同一起跑线上",而应试教育的改革、"减负"政策的实行又致力于形塑"素质教育""快乐教育"的教育环境,这对于希望以教育筛选的手段实现代际复制的精英阶层来说,获取和别人不一样的、更优质的教育资源和教育环境是一个必需的选择。与公立教育领域的"减负"同步出现的,是私立学校教育质量的不断提升。因此,在推拉作用的双重影响下,出现了北京大学教授王蓉所说的"教育的拉丁美洲化"[①],即"减负"政策使得大量精英阶层家庭选择了逃离公共教育体系,转向私立部门寻求更具个性化、贵族化的教育服务。与此同时,实行选拔机制的校外教育机构逐渐流行,小班制、定制化教育完全迎合了精英阶层的教育需求,成为精英阶层新的选择偏好。

"'鸡娃'圈里也是有鄙视链的,在国内,顺义妈妈可以说是站在了鄙视链的顶端,在普通家长考虑孩子学哪门乐器的时候,她们已经考虑到了孩子到底应该学什么流派,要让孩子师承哪位名家;在普通家长还在考虑冰球体验课的时候,他们已经嫌弃冰球过于大众化,没有竞争力,现在懂行的'素鸡'家长,都让孩子学马球了。"(访谈编号:P620210322)

---

① 王蓉,田志磊.迎接教育财政 3.0 时代[J].教育经济评论,2018(1):26-46.

在"鸡娃圈"里,和"海淀妈妈"是"学霸父母"的代名词一样,"顺义妈妈"也已经作为一个极具象征意义的代号,成为精英阶层的代表群体。顺义后沙峪,被称作中国"财富浓度"最高的地方之一。这里的父母大多财力雄厚,子女就读的大多为每年学费在二十万以上的私立学校。父母教育卷入的目标也更高,基本以哈佛、耶鲁、牛津和剑桥等常青藤名校作为未来标的。

>"学费、校服费啊这些都是最基本的,兴趣班和出国比赛才是真正烧钱的无底洞。就我们家花在冰球这一个项目上的钱,包括场地费、教练等等,一年不会低于20万。在北京,打冰球也算是个圈子了,家里年入百万应该是最基本的门槛吧。"(访谈编号:P3720210819)

尽管从全世界范围来看,高等教育在过去的几十年中迅速扩张,"人人皆可上大学"作为越来越多国家的主流话语逐渐流行,然而,高收入家庭的孩子仍然占据了高校生源的主体。在美国,高等教育已经成为社会分层的最重要工具。在收入位于全国前25%的家庭中,大约80%的孩子能够获得学士学位,相反,收入位于全国最后25%的家庭中,仅有10%的孩子能够获得学士学位。在选拔性高校中,家庭的经济资本与子女入学率之间的关系更为显著,在研究生教育阶段,顶级商学院和法学院的学生超过半数均来自收入位列全国前10%的家庭[①]。在精英阶层的家庭中,经济资本、社会资本和文化资本高度叠加,收入丰厚且受过高等教育的父母会充分利用自身的多重资本优势,帮助子女在获得学业成功和高校入学竞争中占据绝对优势。而且,精英再生产的故事并没有在他们穿上学位服、领取学位证的那一刻停止,在毕业后的就业中,精英阶层家庭中父母的社会经济地位继续对子女的职业和薪水产生着持续的、巨大的影响力[②]。即便是同样大学毕业的学生,家庭出身背景的不同也会导致职业与收入的不同。使孩子在教育体制中占据绝对优势的精英阶层家庭中的各项资本,尤其是社会资本,能够帮助其子女获得更好的工作和更高的收入,从而实现精英阶层的代际复制。这也是精英阶层提前抢跑的主要动机。

---

① 劳伦·A.里韦拉.出身:不平等的选拔与精英的自我复制[M].江涛,李敏,译.桂林:广西师范大学出版社,2019:5.
② 劳伦·A.里韦拉.出身:不平等的选拔与精英的自我复制[M].江涛,李敏,译.桂林:广西师范大学出版社,2019:16.

二、地位恐慌与中产阶层急追

中产阶层构成父母教育卷入的主力军,几乎成为近年来学界普遍的共识。中产阶层译自英文"Middle Class",对于这一概念,学界有很多不同的表述,如中等收入群体、中间阶层、中产阶级、中间等级等等。对于中国中产阶层的认定,不同的学者有不同的看法。李强曾依据三种标准来界定中产阶层:第一,在经济上,该阶层的收入、财产状况以及消费和生活状况不低于小康水平;第二,在职业上,居于职业地位的中间层次,更具体来说,类似于白领阶层;第三,在知识方面,受过较好的教育,一般达到中等以上的教育水平或者受过13年及以上的教育①。李春玲则将拥有一定教育水平(教育标准)和中等收入水平(收入标准)的白领职业从业者(职业标准)归类为中产阶层②。虽然不同学者对中产阶层划分的标准不一,但大多还是认同从财富、职业、受教育水平等这些显性的外在因素对其进行界定。在我国,中产阶层主要是指国家机关和企事业单位的中层管理者、通过提供知识和脑力劳动来获取收入的技术人才、通过经营小规模生产资料来获利的私营企业主等。从阶层认同的层面来看,更多的学者认为,中产阶层作为一个阶级其社会态度还并没有那么清晰,内部的异质性仍较为突出,也没有形成一种区隔于其他阶层的生活方式。就其整体而言,中产阶层缺乏稳定的价值观念、政治态度、行为规范和阶层认同,因此,作为一个整体展开集体行动的可能性很小③。阶层的区隔主要体现在外在的资本维度,而在内在的惯习层面,一致的阶层态度和阶层认同等藩篱尚处于建构过程当中,并无凝固的痕迹。④

然而,从诸多经验研究的结果来看,在对待子女的教养方式上,中产阶层却形成了高度一致的集体意识,普遍采用了超前型教育理念与密集型教育投入。"地位市场每隔一段时间都会'重新洗牌'……精英阶层的社会经济地位足够高,即便在向下传递时打个七折八折,下一代的地位依然稳固;底层民众盼望着'洗牌',好让自己换换手气。只有中产阶层,一方面这山望着那山高,另一方面又担心到手的鸭子飞走了……中产阶层焦虑的严重程度远超国际平均水平,最直接的一个指标就是'鸡娃'"⑤。因此,中产阶层的子女

---

① 李强.中产过渡层与中产边缘层[J].江苏社会科学,2017(2):1-11.
② 李春玲.如何定义中国中产阶级:划分中国中产阶级的三个标准[J].学海,2013(3):62-71.
③ 朱斌.当代中国的中产阶级研究[J].社会学评论,2017(1):9-22.
④ 洪岩璧,赵延东.从资本到惯习:中国城市家庭教育模式的阶层分化[J].社会学研究,2014(4):73-93.
⑤ 熊易寒.精细分层社会与中产焦虑症[J].文化纵横,2020(5):112-120.

成为中国学业压力最大的一群孩子,对于他们来说,不管天资如何,读书都是一个必需的选择。

"我俩是高中同学,我们属于别人所说的典型的凤凰男、凤凰女。我们高考那一年是1999年,正赶上第一年国家实行大学扩招,所以我俩一起从江西老家考到南京上大学,毕业后找了一份不错的工作,前几年买了房,然后结婚生小孩,心理上终于觉得脱离了以前的阶层。但我们的孩子就没这么幸运了,他们现在从初中升高中的比例只有50%,也就是说,班上有一半的孩子都没有机会参加高考,但你如果等到初中再发力,别人早就把你甩得很远很远了,到那时候,你不读技校谁读技校呢?"(访谈编号:P420210319)

20世纪90年代后期,教育部出台《面向21世纪教育振兴行动计划》。文件提出到2010年,高等教育毛入学率需达到适龄青年的15%。于是从1999年起,国家开始实施高等教育扩大招生人数的教育改革。这也标志着中国的高等教育体系开始从精英教育向大众教育转向。根据国家统计局公布的数据,适龄人口中受过高等教育的比重也在不断增加,每年的大学生毕业人数从2000年的107万人增至2020年的874万人,2021年,具有大学文化程度的人口数量达到了21 836万人。随着扩招政策的不断推行,受教育程度高的中产阶层家长的比例也大幅提升,他们大多通过后天的教育赢得了较为充裕的文化资本和经济资本,实现了阶层的跃升,但由于没有丰厚无虞的世袭财产可供子女继承,而文化资本又无法通过直接继承的方式进行代际传递,因此对于子女能否实现阶层复制甚至进一步跃升心有担忧。受到对教育成就在社会分层中重要性的明确认知、文化资本的不可继承、阶层下滑的恐慌等诸多因素的共同影响,中产阶层相较于其他阶层的家长而言,具有更加明确的焦虑心理,同时,受到路径依赖的影响,中产阶层父母相信子女也唯有沿袭自身曾经走过的教育这一通道,才能实现向上的社会流动和阶层的跃升。因此,选择亲自参与子女教育并进行密集型投入,也成为中产阶层家长信任与推崇的不二选择。美国经济学家德普克(Matthias Doepke)和齐利博蒂(Fabrizio Zilibotti)在《爱、金钱和孩子:育儿经济学》一书中提出,孩子数目少、对子女教育高度重视是典型的中产阶层家庭模式①。生育被"冷遇",教育被"热捧",折射的是一个新兴阶层慢慢崛起后,正陷入的集体困境。中国的中产阶层正处于物质主义价值观与后物质主义价值观的交锋和

---

① 马赛厄斯·德普克,法布里奇奥·齐利博蒂. 爱、金钱和孩子:育儿经济学[M]. 吴娴,鲁敏儿,译. 上海:格致出版社,2019:246-257.

更迭地带,他们既有崇尚竞争与世俗意义上的成功的一面,也有追求个性和解放的一面,渴望从无休止的社会比较和同侪竞赛中解脱出来①。也正是如此,造就了中产阶层对阶层复制与跃升的强烈需求和对子女教育成就的高度期待,同时也引发了中产阶层更深刻的地位恐慌和教育焦虑。

"我和孩子妈妈前一阵子看了一套学区房,正准备定下来的时候又犹豫了,因为听说将来学区房制度可能要取消,这房子对我们来说不便宜,如果要买的话几乎要花光我俩这些年来所有的积蓄,后面还有几十年的还贷压力。其实最焦虑的就是我们这种,说有钱又没多少钱,说没钱又有一点,加上周围的同事朋友,好多已经买了学区房了,这对我们来说也是一种无形的压力。人生最难的就是选择,选公办还是选民办,选居住质量还是选学区地段,真的是患得患失、左右为难……"(访谈编号:P520210320)

对于家庭来说,任何的教育选择都需要相应的家庭资本作为支撑。因此,一方面,当家庭拥有数量相当可观的资本时,如精英阶层家庭,其选择的空间十分富余,焦虑水平也较低。因为他们不仅可以为任何自由选择支付相应资本,而且即使选择错误,也可以凭借丰裕的家庭资本对结果进行纠偏或者重新选择。另一方面,焦虑也是一种特权和权力表达,拥有稀少资本量的底层家庭,甚至连焦虑的机会都没有,因为他们几乎没有选择的空间和表达的权利。因此,焦虑感最强的是家庭资本量处于中等水平的中产阶层家庭,他们虽享有一定的资源,可以拥有一定的选择自由,但由于其拥有的资源量又是有限的,一旦选择错误,将很难进行重新选择或为自己的失误"买单"。所以,纵观所有社会阶层,中产阶层家庭的父母焦虑水平是最高的。精英阶层可以基于血统、资产和权力来彰显自己的身份,相较之下,中产阶层大多没有显赫的出身和巨额的财富,因此,其身份认同大多是通过其消费水平和生活方式来建构的。中产阶层是消费主义主要的拥趸,而在中产阶层内部,不管是买房、买车还是买教育都存在着心照不宣的"鄙视链",而在这种人为建构的鄙视链之下,中产阶层更加焦虑,为了实现阶层跃升,必须奋起直追。

三、跃升期待与工薪阶层自救

中国是否已经形成明确的社会分层,包括中国的社会阶层是否固化,目前还没有形成统一的定论。很多学者认为,虽然在居住空间、社会交往、自我认同方面开始出现了结

---

① 熊易寒.精细分层社会与中产焦虑症[J].文化纵横,2020(5):112-120.

构化的倾向,但在文化性情和教养方式层面尚未形成稳定的阶层区隔。也正是由于阶层成员尚未稳定、阶层流动仍在发生,每个社会阶层都在通过各种途径争取向上流动,而教育作为子代阶层跃升的主要途径,成为每个阶层家庭的投入重心。

相对于普遍受过高等教育、具有相对稳定的高收入职业、能够稳定维持较高家庭资本的精英阶层和中产阶层来说,工薪阶层主要是指国家机关和企事业单位的普通员工、普通个体户等群体,他们大多受教育程度不高、家庭文化资本和社会资本储备不足。但由于工薪阶层的消费水平相对较低,且财富储蓄的意识相对较强,因此,不少工薪阶层家庭通过长年的积累,也拥有了一定数量的经济资本。在这些家庭看来,对子女的教育是"把钱花在刀刃上",是最值得的消费。从经济学的角度来看,决定家庭育儿理念的重要影响因素之一是教育回报率,也就是受教育水平能在多大程度上影响个体的未来收入[①]。家庭对教育回报率的预期越高,越能够激发父母的斗志。

> "我们自己虽然没有什么文化,但还是希望孩子将来能上个好大学,所以我们也尽量给他多一点文化上的熏陶。我经常在抖音上刷到讲孩子教育的,有一些名人会推荐什么什么书适合孩子读,也不贵,一套也就几十块钱,我一般都会买。家里书架上基本上都是我买的书,有历史的啊、名著啊、《十万个为什么》啊、《唐诗三百首》啊……买书花不了多少钱,孩子没事翻翻也是好的。上次看抖音上一个主持人说要给孩子买地球仪,我也买了一个,放在他书桌上呢。"(访谈编号:P1220210410)

工薪阶层不仅对子女未来有着强烈的代际期待,而且也有意识地运用自身积累的经济资本去弥补家庭文化资本的不足,体现了较为明显的文化补偿心理。但由于自身文化水平的限制,从家庭的文化用品购买来看,在内容选择上缺乏对文化的独立思考和成熟的文化鉴别,带有盲目的文化杂食主义特征[②]。从教育方式来看,尽管在子女教育上投入较多,但在文化习性的输入上,缺乏言传身教的惯习浸润,因此,工薪阶层的"鸡娃"行动主要采取了寻找教育代理人的方式,将文化补偿的职能让渡给校外培训机构,希望借助外界的专业力量弥补子女在文化习性上的天然缺失。

此外,由于现代社会的诸多不确定因素,工薪阶层普遍认为,自身积累的经济资本无

---

① 马赛厄斯·德普克,法布里奇奥·齐利博蒂. 爱、金钱和孩子:育儿经济学[M]. 吴娴,鲁敏儿,译. 上海:格致出版社,2019:246-257.
② 安超. 拉扯大的孩子:民间养育学的文化家谱[M]. 北京:社会科学文献出版社,2021:167-168.

法得到维持长期稳定的保证,起落风险较高。这种不确定状态增加了工薪阶层的不安全感,使得该阶层也成为焦虑密集群体。为了纾解自身阶层下坠的恐慌,为下一代寻找阶层跃升的机会,在子女教育上追加更多的经济投入,尽力争取有限的优质教育资源,成为工薪阶层的自救路径。

> "现在疫情说来就来,关门的店太多太多了。我们有时候一起聚聚,大家都在聊这个事。现在这个时代,变数太大,这几年电商火起来了,很多店都干不下去了,他们前两年还羡慕我,说我餐饮不受影响,因为啥都能在网上买,但吃饭总还得自己吃啊!可谁想到,现在又来个疫情,店关了好几个月,基本在吃老本,如果哪天再生个病,那就真的一朝回到解放前了。所以,还是得读书,在孩子身上花钱才是正经买卖,只要是孩子学习要花的钱,我眉头都不带皱一下的。将来靠知识吃饭,才是真本事。"(访谈编号:P1620210424)

在现实社会中,收入越高、声望越好的职位对教育程度的要求越高,很多职位不仅对学历提出了明确要求,甚至对大学的层次(如双一流、985、211等)也提出了明确的要求,这对于文化资本欠缺的工薪阶层来说,构成了巨大的竞争压力。为了使下一代更有能力抵御现代社会的风险,获得相对稳定和体面的职业,工薪阶层不惜全力投入家庭经济资本,选择了自身未曾经历过的"鸡娃"式教育法则。

第二节 焦虑的传递:主动选择与被动裹挟

精英阶层为了能否顺利实现代际复制而焦虑,中产阶层出于地位恐慌而焦虑,工薪阶层由于较高的代际期待而焦虑——不同阶层的焦虑心态在教育内卷的背景下不断传递、发酵、传染、蔓延,有些父母选择了主动出击,率先卷入,更多的父母身不由己地被裹挟其中,不得不加入了被动卷入的集体行动之中。看似个体理性的选择最终演变成了集体非理性的困厄,席卷了越来越多的家庭陷身其中。

一、剧场效应:教育内卷的集体行动

风靡一时的讲述"小升初"故事的电视剧《小舍得》,运用很多白描手法,展现了"剧场效应"在教育中泛滥的情景:在同一个剧场里看戏,如果前面有一个人不遵守规则站起来看,后面的人为了能看清楚,必须也站起来看,于是,整个剧场的人都站起来看了。几乎每一个焦虑的家长都将问题归咎于第一个"站起来"的那个人,然而,个体的力量又无法

对抗大多数站起来的人,不得不做出"站起来"的选择,身不由己地被裹挟进入这场集体游戏。

> "刚放暑假的时候,我带着孩子去书店买书,你知道我看到了什么?我竟然看到了针对幼儿园小朋友的奥数书,当时我就感觉这就是一个怪圈,大家都在提前学,你不跟着学,只能落后得越来越多。"(访谈编号:P1720210505)

> "如果人人都奉行快乐教育,那没问题。关键是有些人已经在'鸡娃'了,你关起门来快乐教育,结果只有一个,长大就变成韭菜,被别人收割。你是想被人收割还是收割别人?如果不想被人收割,你只能和别人一样'鸡娃',你如果想收割别人,还必须比别人给娃打更多鸡血。"(访谈编号:P2820210722)

> "孩子出生前,我就开始看各种育儿书籍,上各大育儿论坛,当时也看到不少家长在抱怨,现在的孩子太辛苦,太累了,那会儿我就想,等我的孩子出生了,我就不会给他那么大的压力,孩子健健康康快快乐乐就行。幼儿园阶段我们确实没怎么管,上了小学以后,也没给孩子报什么辅导班。有一次,开家长会的时候,我看到同桌的爸爸一直在手机上各种打卡,我问了才知道人家已经报了四五个补习班了。当时我就慌了,一回来就和他爸爸商量,一口气给他报了三个线上的提优课。"(访谈编号:P3820210822)

几乎所有受访的家长都认为如此疯狂地"鸡娃"是不正常的,而且相当一部分家长也做过不同形式的抵抗,比如不再给孩子额外布置课外作业,不再打卡老师布置的额外任务,放弃争抢稀缺的辅导班名额等等,但最后往往是以妥协告终。出于对教育竞争中"输掉孩子"的担忧,家长作为个体力量难以与庞大的教育生态和市场体系相抗衡,最终不得不与压迫自己的这个结构"共谋",被迫陷入教育内卷的集体行动之中。有家长用一个浅显的例子说明了教育内卷发生的大致过程:

> "内卷是怎么卷起来的,打个比方吧,比如说,班上所有同学放学后都用一个小时写完了作业,出去玩了,唯独班长写完后,又用了一小时复习学过的内容。老师第二天在班上表扬了班长,于是其他同学也开始写完作业再追加一个小时的复习时间。可是呢,班长又继续加码,复习完了之后又预习了一个小时,其他人只好也开始预习……这就是内卷——过度的内部竞争,导致标准被迫提升。有人想抢跑,就要首先加码,后面的人想跟上,也得不断加码。"(访谈编号:P3120210726)

正如前文所述,所谓"教育内卷",是指由于总体收益即优质教育资源、教育机会、升学率等的有限性,主体不断追加教育投入,学生、家长、教育机构等展开激烈内部竞争,从而导致获取收益的门槛不断提高的情形。这种教育内卷又可分为"主动内卷"与"被动内卷",结合剧场效应,主动内卷的人就是剧场里首先站起来的人,在现实中通常是具有阶层复制和阶层跃升的自主愿望的部分精英阶层和中产阶层家庭;而被动内卷的人是为了能看到演出不得不跟着站起来的人,也就是迫于压力被迫卷入的父母。根据本书调查发现,在大多数情况下,父母都是下意识地被裹挟陷入了内卷浪潮之中,即使有些家长意识到自己陷入内卷,并想要从中摆脱出来,却又因为子女在竞争中逐渐落后处于劣势的现实再次妥协。在另外一些情况下,家长由于受到"他者"目光的注视或舆论的影响,只能选择顺着内卷的浪潮"随波逐流",被推挤着加入这场集体行动之中。内卷浪潮之下,教育被扭曲成了父母们博弈的赌场,赌资是子女的成绩和成就,为了在这场赌局中获胜,需要家庭的投入、父母的经营甚至整个家族的社会资源。

与有质量有创新的发展式增长不同,教育内卷是一种只有"量"的积累而没有"质"的提升的"无发展的增长"。然而这种与主流发展模式相悖的亚文化却在当代社会得到了广泛"认同",这种认同并不是家长主动追求的教育范式,而恰恰反映了现实的无奈,成为教育场域中社会性焦虑的群体性表达。一方面,家长焦虑自己无法在白热化的教育竞争中胜出,成为被内卷化浪潮淘汰的"前浪",因此,为了确保结果的可控性,只能不断增加对子女的教育投入,以获得暂时性的心理安全感;另一方面,即便是在某一阶段教育优势的争夺中胜出了,家长仍然会为下一阶段的残酷竞争继续焦虑,只要资源的有限性这一前提不发生改变,这种焦虑便会一直延续下去。这种悖反逻辑无限循环,制造着一轮又一轮的社会性焦虑,而一旦在教育竞争中失败,缺乏健康的退出机制和备选路径也是众多家长"被动内卷化"的重要动因。

二、循环反应:"鸡娃"潮流的社会传染

在素质教育的场域中,有一个数字曾经引起了很多人的关注,那就是中国学钢琴孩子的数量。在中国,有超过4000万的孩子在学钢琴,占全球学琴儿童总数的80%。这一惊人的数字背后并不能说明中国具有深厚的钢琴文化传统,而是因为在众多因素的影响下,学钢琴已经成为一种"大众时尚"。与学钢琴类似的还有奥数、英语等科目,在中国也成为众多家长追随的一种潮流。

"其实我们也没有认真想过这个问题,但我们知道现在这种形势,你不报也

不行。其他孩子都报了,你能不报吗?我平时工作也比较忙,没有时间做很多功课,他们班有几个家长是全职妈妈,对这方面研究得也比较多,所以我们基本上就跟着她们走。她们家孩子报什么我们就报什么,这样总没有错的。"(访谈编号:P3920210903)

有人用从众效应(Conformity)来解释这种现象,当个体受到群体的引导或施加的压力,会放弃自己的观点、判断和行为,采取与群体大多数人一致的行动。当同等阶层的父母都参与高度教育卷入时,能够镇定保持自主节奏几乎是一件不可能的事。似乎父母已经无法自主选择教育卷入的多寡和深浅,而是被社会性焦虑裹挟进了"鸡娃"潮流,只有和大家一样,"随大流""顺风转"才能拥有一种"没有错"的安全感。

这样的解释虽然乍看之下,存在一定的解释力,但是仅仅为了从众而采取需要付出巨大经济资本、时间成本和精神代价的父母教育卷入行动,似乎又有些不合逻辑。作为追随者的父母的教育卷入行动虽然不符合韦伯所归纳的两种理性行动(即目的合理性行动和价值合理性行动)的典型特质,但也不能完全被归类为没有行动根据、无意识的非理性行动,它是一种遵循一定的传统,基于对社会环境一定的认知,并带有一定模仿和从众色彩的"感性选择行动"。有别于对目标与实现路径都经过深思熟虑的理性选择行动,感性选择行动是一种在"模糊的、被动的、尚未进入逻辑思维层面的感性意识活动支配下开展的选择行动"①。它的行动并非完全以充分的计算和细致的比较为理性依据,而是在对"不言而喻"的社会环境的自我判断、"不言自明"的社会传统的路径依赖和"不可言喻"的生活经验的自我认知的基础上,在普遍的父母教育卷入教育情境的刺激下所采取的一种感性选择。

虽然父母教育卷入行动已经成为一种较为普遍的教育行动,但这种行动并非源于国家层面的制度设计,而是通过部分社会成员的意识和行动"自发"建构生产而成,通过日常场景中人与人之间的社会互动,最终生产出具有一定范围影响力的群体规范并引发的社会行动。美国社会学家布鲁默将这一社会互动过程称为"循环反应"②(如图 4.1)。

---

① 刘少杰.中国经济转型中的理性选择与感性选择[J].天津社会科学,2004(6):45-50.
② 转引自赵鼎新.社会与政治运动讲义[M].北京:社会科学文献出版社,2006:63.

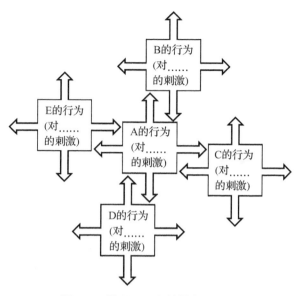

图 4.1 微观层面上的"循环反应"

从微观层面来看,个体 A 的教育卷入行动作为一种刺激,引起了个体 B 的模仿,而 B 对 A 的模仿,反过来又作为一种新的刺激进一步强化了 A 的行动。而 A 和 B 之间的这种相互刺激又不断地扩散至周围的个体 C、D、E 等,从而影响范围越来越大,受到刺激并采取行动的人也越来越多。从社会整体的宏观层面来看,这一"循环反应"的过程又可分为三个阶段:集体磨合、集体兴奋和社会传染。在第一阶段,在个别成员主动行动的刺激下,群体中的个体开始不安,并越来越敏感,对其他个体的行动也会更加紧张,正式的社会制度和规范渐渐被忽视;第二阶段,随着越来越多个体不安定感的增强,彼此之间的磨合程度也在不断加剧,群体情绪阈值持续升高,人们更加容易受到感情和情绪的驱动,当集体兴奋升至一定的高度,人们的情绪也将被快速释放,进而进入第三阶段;在社会传染的影响下,群体成员竞相采取社会行动,处于群体边缘甚至群体之外的人也被吸引进来,从而扩大集体行动的规模,加剧行动的激烈程度。

在个别父母的教育卷入行动演化为具有一定普遍性的社会事实的过程中,也同样经历了集体磨合、集体兴奋和社会传染三个阶段,这三个阶段之间蝉联递进,最终促成了父母教育卷入集体行动的发生。首先,在第一阶段,部分家长开始不安于按部就班的学校教育,通过参加课外补习、超前培养、才艺学习、购房择校等多种方式"提前抢跑"或"跨道超越",以此获取子女成绩或教育资源上的额外收益;其他家长在看到父母教育卷入行动带来的"实际获益"时,也开始蠢蠢欲动,对家长的行动与收益状况也更为关注;随着这种关注的持续，部分家长也开始效仿，作出行动上的尝试，这种效仿也成为引发集体兴奋的直接导火索，焦虑与兴奋交杂的社会情绪迅速蔓延开来，越来越多的家长选择加入这一群体中，父母教育卷入行动得到的正向性肯定也越来越多。当越来越多的家长看到父母教育卷入行动带来学习成绩的提升、优质教育资源的优先获得、稀缺教育机会的攫取等实际收益时，即便是原本无意卷入的父母也会因为"恐为人后"的焦虑情绪被吸入这一集体行动中，在社会传染的作用下，最终生产出大规模的父母教育卷入行动。

三、病毒效应：媒介渲染的情绪弥散

在新媒体时代，焦虑不再只是个体体验的产物，而是被现代传播媒介催化的群体性情绪。尤其是在诸如微博、微信、抖音这样的新媒体迅速占领人们日常生活的语境下，社会交流模式已经开始面临质的嬗变，群体性情绪的传播规律已出现了新的特征。育儿焦虑已经从分布在少数父母中的、可调整的短期心理状态，如病毒传播般迅速逐渐泛化为弥散在不同社会阶层家庭中、被大量父母深切感知到的社会情绪。在这一泛化的过程中，媒介环境对于现代家庭成员的关系以及家庭整体的发展理念和价值取向的影响不容忽视。在更快捷、更多元的新媒体时代，媒体对个体价值观念和行动的影响更是不可小觑。当代的新媒体的形式主要包括网络媒体、手机媒体和数字化的传统媒体等，其中教育类门户网站、教育类 App、教育类公众号，尤其是自媒体对于人们的教育观念和行动的影响最深。自媒体（We Media）是普通公众经由数字科技强化，与全球知识体系相连之后，与他人分享自身的事实、新闻的途径[①]。简而言之，自媒体就是普通民众用来发布自身所见、所闻事件和思想观点的载体，如微博、微信、论坛、抖音、快手等。

新媒体是如何传递情感、引发社会情绪的？其中最有解释力的视角是从数字技术本身的属性出发，即媒介的可供性。可供性概念最初是由心理学家吉布森提出，意指环境为行动者提供的可能性，它既不单指环境，也不单指行动者，而是反映环境对行动者的影响及其互动关系。近年来，可供性理论被广泛应用于媒介环境学研究领域，以强调媒介技术及个体之间的互动关系：一方面，媒介技术具有功能性，其属性赋予个体采取各种行动的可能性；另一方面，媒介技术又具有关联性，其功能的实现需要个体与技术产生真正的关联。作为当下最受关注的媒介技术，其可供性反映了新媒体对个体行动者情感和行动的影响及其双向互动关系。概括而言，新媒体的可供性可分为两种类型：一是自我中

---

① 2003年7月美国新闻学会媒体中心发布的 We Media 研究报告。

心的,即从自身出发进行自我展示、生活分享、情感表达、言论表说等等;二是多重中心的,即涉及到相关情境中的多方个体,如群的构建与交流、论坛的互动、在线直播、留言回复等等,具有社交性和交互性的特征。无论是自我中心的展示还是多重中心的互动,新媒体都展现出了与社会公众及其日常生活之间天然的亲和性,因此往往对人们的认知、态度、情绪甚至行动产生极强的影响力。

根据认知心理学的研究,个体的焦虑情绪主要来源于对未知事物的不确定感、低控制感、负面性自我评价及对未来可能发生的危机和风险的担忧[1]。这种负面感受有可能来自自身遭遇的真实情境,但在很大程度上也取决于媒介环境对类似情境的催化和建构。新媒体给人们提供了正面自我展示的可供性,让人们可以足不出户地与看上去比自己优越的个体进行比较,并将比较对象视为潜在的竞争者,来衡量双方之间的差距。

首先,新媒体环境中充斥着大量"别人家的孩子"和"虎妈狼爸",无限拓展了父母们的社交范围,给社会比较提供了不再拘泥于个体生活圈的丰富锚点。其内容包含着多种形式的积极自我呈现,从文字表述、图片展示到链接分享等等,技术的丰富性使得社会比较的参照物变得更加具体、多元,人们也从中更加能够感同身受地体会参照客体的优越性。在与比自己优越的他人进行上行社会比较时,人们总是倾向于高估他人的正面素质,低估甚至忽略他人的负面特质,从而产生情感压力。尤其是在与自己家庭背景相似或子女学龄接近的群体进行交流时,更容易找到比较的锚点,也会更为直接地引发自我否定的负面情感和追赶压力带来的焦虑情绪。

"有一次,我在抖音上看到一个妈妈拍他儿子的房间,有一个书架上放的全是英文绘本。当时那个文案是写'已经半年了,这一书架的绘本才读了一半,钱是不是白花了',我还特地暂停了一下,粗略估计一下,这一书架起码得有两百本绘本,也就是说人家半年读了有一百本英文绘本,再看看我家,一学期老师要求读的四本都没读完呢,你说这怎么比?我怎么能不焦虑?我也知道她其实是在炫耀,但是这并不能阻挡我的焦虑。我发给孩子爸爸看,孩子爸爸心情也很沉重。"(访谈编号:P3320210804)

其次,新媒体环境中的信息过载与知识过量也是引发焦虑情绪传播的重要诱因。当大量的育儿知识和科学话语不再是由高高在上的专家发表,而是从同为孩子父母这样的

---

[1] LADOUCEUR R, GOSSELIN P. Experimental Manipulation Uncertainty: A Study Theoretical Model Worry[J]. Behaviour Research and Therapy, 2000(9):933-941.

普通人口中说出的时候,人们更加切实地感受到了"他人优于自己"的压力。大量的自媒体以个体经验的方式,将自身心得以科学化、系统化的方式进行二次传播,并通过新媒体特殊的回应与互动方式进行 N 次转发传播后,个体的焦虑情绪也随之以几何式增长的方式被加倍扩散开来,这就是媒介渲染的病毒效应。主体焦虑嵌入在各类日志、短视频中,通过技术的传播得以不断强化,进而形成一种社会情绪,引发父母之间的情感共振,最终感染上习得性焦虑,促成群体焦虑的形成和固化。社会情绪是指一定社会环境下群体共享的情绪体验,是由个人情绪与情感氛围共情生成的产物①。情感氛围是社会成员共同建构的结果,在新媒体传播的场景下,个体的焦虑情绪可迅速地复制和传递给他者和公共领域,并使得群体内的个体情绪迅速趋同,从而建立起群体焦虑的情感基调②。

最后,关系亲密的虚拟社群对于焦虑的传递与扩散具有更直接的催化作用。新媒体技术的便捷性使得每一个学生的父母都加入或被"拉入"了多个虚拟社群当中,几乎孩子每多一个角色,每加入一个培训机构,父母的社交软件中便会多出一个甚至多个虚拟社群,其中,微信群作为当下最深刻嵌入个体生活的虚拟社群形态,成为群体性心态建构和传播中不可忽视的技术力量。微信群为家长们的自我展示和情绪传递提供了开放性空间,实现了成员对个体经验和个人感受的自由表达,尤其是当某些较为极端的新闻事件发生时,成员通过相关链接的转发并辅之以感情充沛、个性鲜明的日常化解读时,很容易形成低成本的情感扩散。成员不需要严格意义上的文学书写,只需用表情包或"+1"等极为简化的表达方式即可完成情感站队。成员具有明确情感倾向的自我称呼通过其他成员的附议成为微信群中共享的身份标识,并在持续互动的情境中不断成为情绪唤醒的文本标签,这实际上也成为群体情绪固化的一个重要标志。

> "我们班群名以前是'某某小学三(19)班级群',后来被改成了'焦虑的父亲母亲们',起因就是因为有一次,一位学生妈妈在群里求助,自称为焦虑的老母亲,后来就形成一种风气,每位家长都自称焦虑的老母亲或者焦虑的老父亲,后来干脆连群名也改了。"(访谈编号:P4220210917)

由此可见,群体情绪是主体体验与外在环境共构的结果,它既体现了个体的情绪体验和主观感受,也具备超越个体性的集体意识属性。同时,由于焦虑情绪具象地嵌入生

---

① 王俊秀.社会情绪的结构和动力机制:社会心态的视角[J].云南师范大学学报(哲学社会科学版),2013(5):55-63.

② RIVERA J D, PÁEZ D. Emotional Climate, Human Security and Cultures of Peace[J]. Journal of Social Issues,2010(2):233-253.

活日常场景中,因而情绪的感染力更为强烈,成员很容易从中提取自己熟悉的情境,潜在的焦虑情绪也极易随之启动。

> "现在不仅是面对孩子的时候才焦虑,而且是经常都有可能因为群里的一句话、一件事而焦虑。即便是在上班的时候,看见群里家长在讨论哪个辅导班好、哪个辅导班的老师是以前某某学校的教学名师等等,心里立即就烦躁起来。晚上躺床上看电视,瞄一眼手机,家长们又在讨论给孩子报名英文演讲大赛的事情,虽然我本来也没打算让孩子参加,但是看了还是会影响自己的心情。只要一天不退群,这种焦虑就永远摆脱不了。"(访谈编号:P2420210629)

微信群中的对话多以情感化的个体叙事为主,即便是处于"身体不在场"的状况,微信群也可以使得个体的焦虑情绪在一幕幕熟悉的场景中被逐渐累加,成为社会情绪的精准传手。在微信群中也存在对公共事件和宏观政策的讨论,但往往会被进行个体化、微观化的二次转述。群成员总是习惯于将话题转向个体本身,并加入一定的立场与情感建构。如在讨论"高考状元"话题时,会将这一公共议题转化为"咱们群谁最有希望成为未来的高考状元"这类与群成员密切相关的二级话题,并引发集体互动,随之而来的焦虑感染也再次得到强化。微信群的个体叙事特质、低成本的情感扩散性及其对日常生活的深度嵌入,使得群成员的情绪启动随时处于预备状态,心理学大师罗洛·梅(Rollo May)通过研究发现,处理焦虑的能力无法轻易习得,但焦虑体验和焦虑表达却很容易在群体中习得[①]。微信群的媒介可供性为社会情绪的酝酿和发酵提供了绝佳的虚拟场景。

媒介可供性为我们理解互联网文化提供了一个十分重要的视角,它促使我们从技术自身的属性出发,达成对社会情绪病毒式传播机理的现代性解读。在当前语境下,技术的突进在很大程度上成为群体非理性的直接动因。新媒体的传播技术也正在成为社会情绪建构和弥散的强动因。其丰富的可供性放大了育儿焦虑情绪,引导个体在具象的互动场景中形成负面的自我体验,并在群体共享情感的场域中逐渐加深,最终在暗示性的情感氛围中形成焦虑的传递和群体性扩散。焦虑由此从个体体验弥散为社会情绪。

第三节 焦虑的贩卖:资本入场与市场推手

教育焦虑来源于残酷的市场竞争,而竞争的残酷性在很大程度上是由市场操控的。

---

① 罗洛·梅.焦虑的意义[M].朱侃如,译.桂林:广西师范大学出版社,2010:182.

北京海淀黄庄曾被称作"宇宙补课中心",在海淀黄庄还有一座鼎鼎大名的楼,也是除了家和单位,家长们曾出入最频繁的一栋楼——银网中心大厦。这栋大厦坐落于寸土寸金的中关村,周围名校林立,既有北京大学、清华大学、中国人民大学这些国内一流的高校,也有中关村第一小学、中关村第三小学、人大附属实验小学这样的顶尖小学,还有人大附中、北大附中、八一中学等顶尖中学。正是由于这得天独厚的地理位置,这座本来志在成为金融公司和互联网公司大本营的银网中心大厦,在教培行业的"鼎盛"时期入驻的80%都是教育机构,从小学、初中、高中到出国留学、特长提优,几乎囊括了学生整个学涯的培训与补习。诸如新东方、高思、学而思、优胜等教培行业的领头企业都曾在此安营扎寨,也带动了诸多小规模的作坊式的培训机构,在周围的豪景大厦、理想大厦、知春大厦等里聚集。作为北京乃至全国教培行业的集中营,市场的力量在此得到了充分的彰显。

一、校外培训机构的惯用套路:"硬广"与"软文"

"名师出高徒,网课选×××""2到8岁学什么?学思维,学英语……""名师直播课就上×××""上网课,用××"……无论是在地铁上还是在电梯里,小到街边的广告页、大到商场的宣传屏幕,从请明星代言到1元促销课程,类似的培训机构广告铺天盖地。在各大综艺和影视节目里,在线教育的广告也是"花式霸屏"。"都两岁了,还没有开始学英语,您快要错过敏感期了。""三岁再不学编程,孩子就被时代抛弃了。""您来,我们培养您的孩子。您不来,我们培养您孩子的竞争对手。"……各种渠道的"硬广",通过营造恐惧氛围,刻意营造焦虑,成为培训机构获取客户的制胜法宝,同时,也让"恐慌式抢跑"与"集体性焦虑"进一步弥漫开来。

2020年初,突如其来的新冠肺炎疫情的暴发给教育行业带来了前所未有的冲击,在线教育呈现井喷式爆发。各大公司纷纷入场争相瓜分这块"新鲜的蛋糕",校外培训机构也争相转型,在线教育培训的"版图"得到极大扩张。来自中国互联网络信息中心(CNNIC)的数据显示,截至2020年12月,我国在线教育用户规模达3.42亿,占网民整体的34.6%。[①] 卓越集团在其2020年年报中提及,集团的销售开支总额由2019年的1.63亿元增加至1.95亿元。成实外教育集团亦在其2020年年报中表示,销售及分销开支主要包括广告开支、招生开支及业务招待开支。其中,由于所有近年新开办的机构都增加了招生推广的广告费用,导致销售及分销开支由2019年的640万元,增加至2020年

---

① 第47次《中国互联网络发展状况统计报告》,2021年2月3日。见http://www.cac.gov.cn/2021-02/03/c_1613923423079314.htm。

的 2190 万元,同比增长 242.2%,新增 1550 万元。思考乐教育集团也在年报中披露,疫情后该集团为推广其品牌而举办的家长研讨会、讲座及相关广告、展览开支在整体销售开支中的占比,从 2019 年的 48.10%,增至 2020 年的 57.56%。即使在该集团 2020 年年内溢利同比 2019 年大幅度减少的情况下,其广告及展览开支却只增不减,充分说明了各大教育集团对宣传的重视。

除了显性的"硬广"以外,利用"鸡娃群"、朋友圈、自媒体等各种手段进行"软文"推广也成为校外培训机构普遍采用的"套路"。校外培训机构利用"鸡娃群"和朋友圈引流是被广泛采用的"低成本高流量"营销策略。首先以免费获取学习资料或者加群送礼品作为诱饵吸引家长的加入,或者加大诱饵的成本,提高入群门槛,如要求转发朋友圈数天或分享给几位学生家长等,实现裂变式吸纳。

由于资本的大量进入,教培领域也吸引了大批自媒体入场,滋养了大量的"鸡娃号",这些自媒体通过与培训机构合作,通过软广告的形式引导家长购买正价课程,达成较好的导流效果。某 K12[①] 培训机构的前市场推广负责人曾经向《中国经济周刊》的记者展示了一份《自媒体合作报价单》,显示不同的自媒体运营者依据其不同的粉丝数量和影响力对于广告有不同的报价。一个超过百万粉丝的大 V,对一条合作视频的报价约 20 万～40 万元;在教育领域拥有较大影响力的 KOL[②],报价则高达百万。还有一些比较中尾部的小号,会有 MCN 机构[③]统一接单再分发,俨然已经形成一条完整的产业链。以"鸡娃"为关键词在抖音、快手、微信公众号、微博、小红书等社交媒体和短视频平台中进行搜索会发现,"鸡娃号"的数量不胜枚举。作者关注了 30 余个相关自媒体"鸡娃号",并对其发表的内容进行对比研究后发现,此类自媒体有诸多共性特征。

首先,从开设主体来看,账号主体大多是"鸡娃"父母,其共同特征包括:教育背景优越,大多毕业于国内外名校;职业以律师、教师、企业高管等高级知识分子为主,其 ID 风格也较为类似,大多为清华北大爸爸、耶鲁哈佛妈妈、海淀 XX 妈妈、顺义 XX 爸爸之类。其次,从自媒体风格来看,大多是幽默风趣,而又言辞犀利,很容易引起读者的兴趣与共

---

① Kindergarten Through Twelfth Grade,指幼儿园到高三年级的学习阶段,是国际上对基础教育的统称,而在中国,狭义上的 K12 教育指小学 6 年、初中 3 年和高中 3 年共计 12 年的基础教育,涵盖课外辅导、培训以及学校信息化,是整个教培行业下的一个分支。

② Key Opinion Leader,即意见领袖,是指在某个领域发表观点并且有一定影响力的人,如各类网红、教育博主、主播、明星艺人等。

③ Multi-Channel Network,即一种多频道网络的产品形态,是一种新的网红经济运作模式,类似于网红孵化基地或网红经纪公司。

鸣。再次,从发布的内容来看,呈现出雷同的"话术":先是对自身学历背景的介绍和子女教育成果的展示,以塑造"自家子女就是大家口中的别人家孩子"的印象;而后"安利""鸡娃"成功秘籍,介绍自身"鸡娃"的经历、经验及方法等,并在其中隐藏着各类教育培训机构、线上网课和智能学习产品的推荐;随着受众的不断增加和影响力的不断扩大,会增加一些包装成"给粉丝送福利"的课程团购链接,甚至会与相关企业、机构合作拍摄广告视频,进行直接的产品销售。最后,从"鸡娃"的引导逻辑来看,一是贩卖焦虑——用自身孩子的超前学习成就去刺激公众的"鸡娃"动机。如微博账号"XX 妈"多次提及"孩子在 6 岁前已经学完了小学数学",另一账号"XX 爸育娃笔记"也称自己的儿子读大班时,在一个月之内,先后通过了 KET 考试和小学托福一阶考试,半年之后,又通过了 PET 考试和小学托福二阶考试……二是道德绑架——传递诸如"不舍得给孩子花钱的父母不配做父母"的偏激价值观,有些"鸡娃"号还会引用一些名人的话作为激励,如"我很爱我的孩子,但我不能照顾他一辈子,更不能在 20 年后帮他去竞争!我唯一能做的是不断给孩子争取学习的机会,让他拥有竞争的能力,更好地去创造机会和财富";三是成功学"毒鸡汤":用一些极具煽动性的口号鼓动读者的情绪,如"只有鸡娃才能使青蛙变牛娃""娃不鸡不成器"等。

"我家今年九月份就要上一年级了,也不知道是被哪个幼儿园同学的家长拉进了一个小学入学群,因为这个小学还没建好,说好是九月份正常开学的,所以刚入群的时候大家都是在讨论学校什么时候建好,用的材料环保不环保,要不要代伙等等这些信息,大家聊得也都挺热闹的。后来人拉人,群里的人越来越多,就发现有人开始在里面讲他家孩子暑假学了什么,然后就有人问在哪里学的,学的效果怎么样,能不能推送一个微信名片啥的……我就看这些家长发的内容,有的是报了英语的,有的是练字,最多的是幼小衔接,我也开始在想,要不要也给孩子报点啥,不然一个暑假下来,和别的孩子的差距就拉开了。谁承想,越报越多,把一个暑假安排得满满的。后来才知道,好多家长其实都是辅导班的人冒充的,下面跟风的那些也都是他们的托,哎,真是聊着聊着就被套路了。不过现在已经报了,也只能安慰自己,至少能学点东西,不然暑假玩也是玩了。"(访谈编号:P3420210805)

利用家长的攀比心理制造教育需求,将家长引进培训机构的大门,是培训机构贩卖焦虑的第一步。为此,培训机构会利用各种微信群圈定目标受众,打着分享升学信息、提供升学指导的旗号,甚至不惜伪装身份进入家长群进行隐性宣传,用情境营造、对话设计等隐性宣传手段,制造焦虑气氛,给家长"吹风"。现在多数培训机构会设置一个面试或者试听的环节,在这一环节中的设计对于家长决定报班与否,具有重要的推波助澜作用。"要专挑孩子不会的问题问""一定要让家长感觉自己孩子真的不太行""要让家长感觉到如果再不报的话就迟了,就赶不上其他孩子了"……近日被媒体曝光的某培训机构英语课程设计,揭示了这一环节中培训机构的"攻心计"。

"家长们往往今天看某个'牛娃'上了什么班,就开始焦虑,想马上跟风报班;明天去报,发现居然有钱也报不上,越报不上越心焦。多少有点饥饿营销的意思吧。"(访谈编号:I520210529)

"有一次带小孩在楼下玩,遇到他们班一个同学,以前数学不大好的,现在成绩突飞猛进,再一打听,原来是报了某某辅导班了,我当时就跟他妈妈要了微信,也想给孩子报一个,可跟对方一联系,说是这一期的早就报满了,如果要报就要先预约下一期,而且下一期没有什么好的时间段了,周末的班早就排满了,现在就还剩平时班还有少量的名额,再不报的话平时班也满了。听他这么一说,我也紧张了,当时就把定金交了。"(访谈编号:P2120210528)

校外培训机构抓住了家长的这些心理,灵活运用口碑营销、滚雪球营销、团购营销、返利营销、饥饿营销等手段,综合运用"硬广"与"软文",将宣传典型案例和传递焦虑情绪相结合,最终推促家长迈进了校外培训机构的大门。

二、校外培训机构的办学策略:"吸粉"与"圈粉"[①]

(一)"吸粉"

为了"吸粉"更多的家长,校外培训机构通常会通过一系列的引流机制,达到"圈粉"的目的。除了常规的地面推广、媒体推广、"以老带新"等营销手段外,引流课程是大部分校外培训机构吸引家长的主要手段。通过引流课程为家长提供最好的教学体验和教学服务,以快速获取家长对机构的信任,促使家长作出决策。

1. "低价格+强师资"的引流课程

为了增加体验人数,校外培训机构通常将引流课程的价格设置得非常低,让家长几乎不用付出决策成本即可体验。但是为了向意向客户展示课程的品质和机构的实力,引

---

① "吸粉"与"圈粉"均为网络用语,"吸粉"即"吸引粉丝",是指吸引受众关注从而达到自我推广的目的;"圈粉"是指通过各种方式留住粉丝并扩大粉丝群。

流课程所配备的师资力量却是机构内最强的。在课程内容的设置上，往往是选择能在短期内见效的专题，让家长快速看到切实效果。同时，为了给予上课的学生一个良好的体验感，在授课过程中，老师往往以鼓励表扬为主，教学方法也生动、有趣。

> "我们的体验课分为线上和线下两种方式，都是两个课时，线上课的价格是9.9元，线下课的价格是19.9元，价格非常低，这个价格也高不起来，超过50元的话人数起码要少五分之四。但是也不能完全免费，如果完全免费的话报名者很多，但学生到课率低或者精准度很差，最后转化率通常也会很差。虽然价格低，但是我们课程却是精心设计的，而且都是由我们里面最好的老师来上，因为这个体验课十分关键，这是家长快速辨别机构实力，包括师资啊、课程品质啊、教学服务啊等等的最直接的方式。"（访谈编号：I120210412）

2. "分类化＋个性化"的跟单服务

对于报名引流课的家长，为了增加客户黏性、提高报名正课的转化率，机构会进行精准的跟单服务。在引流课程体验期间，机构会围绕家庭背景、经济状况、教育理念、报课意愿和孩子的学习状况等多方面的因素进行综合评估，并对报名家长进行分类，如"高意向客户、中意向客户、低意向客户""单科客户、多科客户""短期客户、长期客户"等，然后根据不同的类别提供个性化的服务。尤其是在引流课程结束后，机构会与家长进行单独沟通，对不同类别的家长准备不同的话术，紧扣孩子的薄弱要害，如学习习惯差、注意力不集中、解题技巧欠缺、学习兴趣不够等，让家长感受到问题的严重性和紧迫性，再在此基础上告知家长机构能够予以孩子的帮助以及提高孩子成绩的具体策略，从而进一步推动家长报名的决策。

> "大部分家长会陪孩子一起来上体验课，这个时间段很关键，我们会通过聊天的方式，了解孩子的家庭基本情况，比如问家长住在哪个小区，家长是做什么工作的，妈妈上不上班，平时接送是开车还是骑车，基本就知道家庭的经济实力了。课程结束后，我们一般会和任课老师进行一个详细的了解，再安排一个小测试，看看孩子的薄弱环节在哪，这样跟家长沟通起来也能有的放矢，让家长知道针对你孩子的这种情况，我们机构会怎么帮助他，让家长能放心把孩子交给我们。最后，我们会有一个非常详细的，针对体验课和小测试的反馈表，让家长能知道我们教学服务的质量。细节决定成败，只有做好细节执行，提供比其他机构更细致、更全面的教学服务，才能让家长作出最终决策。"（访谈编号：I620210602）

3. "引流课+正价课"的优惠策略

校外培训机构用远高于成本的引流课程吸引家长的最终目的,是让更高比例的家长报名正价课,提高引流课和正价课之间的转化率。除了在师资、授课、服务上下功夫以外,价格优惠策略往往也能起到"催单"和"逼单"的效果。因此,很多机构采用了"课程绑定+价格优惠"的策略,对参加引流课程并报名正价课程的家长给予各种形式的优惠,如价格打折、赠送课时、赠送科目、赠送礼物、免费参与活动、组织社会实践活动等。

"我们总的价格机制就是报得越多越优惠、折扣的幅度越大。比如你参加了暑期的体验课,如果续报秋季长线班的话,我们价格打九折,或者赠送另一科目一个月的课时,如果你秋季长线班和寒假班一起报的话,我们就可以给你打到八五折,同时赠送寒假班的另一科目。这种价格的优惠家长还是很欢迎的,当然,报名就有礼,只要你报名了,我们都会送一些礼品,礼品价值也是根据你报名的课程来的,贵的有小家电啊、家纺四件套啊,也有一些书包啊、文具啊、玩具啊之类的,这些学生比较喜欢。"(访谈编号:I1120210703)

(二)"圈粉"

通过一系列举措将家长成功"吸粉"以后,如何成功"圈粉",在一个长时间跨度内将学生留在本机构,成为校外培训机构下一步重点考虑的核心问题。很多家长常常在对机构颇多抱怨的同时,却又在报名时趋之若鹜,其中一个关键的原因就在于校外培训机构"圈粉式"办学策略。

1. 全覆盖式分类教学:总有一门适合你

为了满足不同学生的不同类型需求,综合性校外培训机构制定了全覆盖式的课程菜单。以 LB 教育为例,该机构以"专注于3~15岁儿童综合教育"为定位,致力于提供一站式课外培训服务,为孩子打造第二校园。其教学范围涵盖文化教育、素质教育、心理教育、家庭教育等多个领域,并设置了包含学科类、音乐类、表演类、美术类、体能类等多个类别近 30 门课程,几乎每个学生都能在其中找到适合自己的课程。通过作者的不完全调查统计,该机构有 60% 以上的学生报了其中两门以上的课程。在班级形式上,共设置了五种班级类型,分别是私人定制班(一对一、一对二、一对三)、小班(8~10 人)、中班(20~25 人)、常规班(35~40 人)和组团班(家长自行组团),家长可以根据自身的教育需求和经济条件选择相应的班级。

2. 升级式分层教学：没有最好只有更好

为了精准施教，也为了塑造参照效应，校外培训机构往往选择实施分层教学，依据学生的基础将学生分配至不同的班级中。如 XES 机构的数学课程共设置了三个班型，由易到难分别是：敏学班（培优 A 班）、勤思班（培优 A＋班）和创新班（培优 S 班）。在报名之前，机构会对学生进行入学测试，并根据测试成绩给学生分配相应的班型。测试卷的满分为 120 分，70～100 分的学生进入敏学班，100～110 分以上的学生进入勤思班，110～120 分的学生进入创新班。英语课程按照难度由高到低共分为创新 A 班、创新班、通识班、勤思班、敏学班、启航班等。进入到相应班级后，学生可以根据下一阶段的测试成绩决定是否能够晋级，以及晋级到哪一层级的班型，这也刺激着学生和家长为了不断晋级而不停续班。

3. 累加式连续教学：报班的多米诺骨牌效应

实施累加式挂钩教学也是校外培训机构"圈粉"的关联性策略，这种关联性以多种形式"套牢"学生，实现报班的多米诺骨牌效应。以 LD 补习机构为例，该机构每年有四次招生，分别是春季班、暑期班、秋季班与寒假班，为了让更多的学生报满所有班型，机构在内容的设置上按照连续性的原则不间断授课，如果选择只报春季班和秋季班，那么就会缺失暑期班和寒假班的内容，从而无法跟上春季班和秋季班的进度。同时，该机构实行"学分制"，每一期班型都有期中、期末两次考试，根据考试成绩可获得相应的学分，该学分可以累加折算成代金券抵扣下一期班型的报名费。这一系列的累加式关联策略将生源牢牢锁住，让大量学生在该机构长期地安营扎寨。

4. 捆绑式特权教学：学科竞赛的敲门砖

少数校外培训机构的头部企业通过组织举办学科竞赛，为该机构的学生提供报名特权，从而垄断了地区绝大部分生源。如 LD 补习机构承办了该地区几乎所有数学学科竞赛，优先享受竞赛报名资格、获取竞赛相关信息，这也成为该机构能够吸引众多家长的营销砝码。为了获得择校资格，很多家长都希望通过参加学科竞赛帮助孩子获得等级证书和竞赛证书，LD 补习机构抓住了这一商机，开设了学科竞赛的赛前专题培训班，统计每年竞赛押题成功率并在家长群里进行口碑式宣传，在获取大量生源的同时也间接垄断了竞赛培训的特权。

三、商业公司的资本运作："分蛋糕"与"产业链"

技术的支持与资本的加入在很大程度上使得校外培训行业获得了迅速的发展，同时也产生了双重效应：一方面，改变了传统教育的固有形态，使得教育可以更加多样化、更加自由；但是另一方面，也使得教育变成了资本逐利的工具，成为一条可以快速攫取财富的产业链。《中国教育服务产业发展报告 2020》显示，我国基础教育校外培训行业的市场规模已经达到 5200 亿元人民币，接近全国 GDP 的 1%。随着疫情的常态化发生，线下培训受到较大冲击，线上教育成为风口。校外培训企业竞相都在 K12 线上业务中发力，希望在市场上占据优势地位。

新东方教育集团董事长俞敏洪曾表示，在线教育公司作为商业机构，其"获客成本"是不可忽略的，一个正价班学生的"获客成本"约在 4000 元左右，因此，商业机构要实现盈利，就必须引导学生实现 4000 元以上的教育"消费"。网经社"电数宝"电商大数据库显示，2020 年我国在线教育共发生 111 起融资，总金额逾 539.3 亿元，超过前四年的融资总和。其中头部在线 K12 平台猿辅导和作业帮所获融资额高达 380.1 亿元，占行业全年融资总额的七成。作业帮全年累计融资金额达 23.5 亿美元，投资者包括阿里巴巴、Tiger Global、红杉资本中国基金、方源资本等；猿辅导 2020 年融资总额超 35 亿美元，估值达 170 亿美元，投资机构包括云锋基金、德宏资本、腾讯投资等[①]。这一系列的巨额数字意味着，资本市场已经在培训上下了重注，为了赌赢这场教育存量市场的争夺大战，不遗余力地投放贩卖焦虑的广告，成为行业本身不可避免的内卷。

为了分得更多的蛋糕，无论是线上还是线下，在资本的驱动下，部分校外培训机构游走在法律的边缘，采取恶意竞争、打价格战、做虚假广告、用学生的学费进行投机等方式。甚至还有机构采用"白条""教育贷"等金融手段吸引经济资本并不宽裕的家庭，诱导家长透支参与培训，这类企业中，资金链断裂和逃逸、破产等现象也屡有发生。除了机构自身的运作以外，还有不少商业平台为了"分一杯羹"成为共谋。为了获取经济利益，商业平台密集播发培训机构宣传广告，其中不乏夸大宣传和虚假广告，甚至为了提高广告收益，鼓励和引导各机构之间同质竞争、竞相投放。更为隐蔽的是，很多看似是"鸡娃"爸妈开设的公众号，其背后却与企业合作运营甚至直接由商业公司负责运营。这些合作企业，也正是"鸡娃"公众号们变现的最核心广告主之一。目前这些公众号的变现模式主要包括两种，一种是在账号所发文章中植入广告来收取费用，另一种则是通过团购带货从中抽取佣金。

---

① 2020 我国在线教育融资超 539.3 亿元 互联网巨头抢滩千亿级在线教育市场. 中研网，2021 年 3 月 2 日。见 https://www.chinairn.com/hyzx/20210302/162500893.shtml.

本章小结

催生父母教育卷入行动最强大也是最直接的心理机制在于家长的教育焦虑,这种焦虑已不再是某个阶层特有的心态,而是覆盖了精英阶层、中产阶层和工薪阶层的社会性心态。精英阶层为了实现自身阶层的代际复制,在育儿道路上提前抢跑;中产阶层既有阶层复制与跃升的强烈期待,又有对自身的职业、地位存在强烈的恐慌,两者叠加形成的焦虑使得这一阶层对子女教育尤为重视,为了维持自身的社会地位,抵御子女将来阶层下滑的压力,只能奋起直追,将自己曾经最为依赖的阶层晋升的唯一手段——教育,在子女身上加以复制并极致强化;工薪阶层同样对子女的未来存在较强的代际期待,为了给下一代寻找阶层跃升的机会,父母不惜全力投入积攒多年的家庭经济资本,选择了自身未曾经历过的教育法则。不同阶层的焦虑心态经由剧场效应下的教育内卷迅速发酵,并通过集体磨合、集体兴奋和社会传染三个阶段的'循环反应'造就了一种特殊的"鸡娃潮流",而现代媒介的渲染又进一步放大了育儿焦虑情绪,最终在暗示性的情感氛围中形成病毒效应式的焦虑情绪弥散。教育焦虑来源于残酷的竞争,而竞争的残酷性在很大程度上是由市场操控的。校外培训机构通过"硬广"与"软文"并施的宣传"套路"、"吸粉"与"圈粉"并用的办学策略将焦虑的家长引入了机构大门,而巨额资本的入场和专业商业公司的资本运作更是通过贩卖焦虑使得教育变成了资本逐利的工具。经过这一系列的过程,父母逐步加深了对社会性焦虑的共情,而这种社会性焦虑也成为"激活"各种家庭资本的动力来源。

第五章　资本投入:父母教育卷入的家庭行动

社会性的教育焦虑使得不同阶层的家庭产生了高度教育卷入的动力与冲动,而如何将这种动力转化为现实层面的行动,则需要家庭资本的切实投入。因此,对于家庭资本的研究,是打通家庭与子女教育之间关联的关键钥匙。在这一方面,科尔曼的研究颇富启迪。科尔曼将家庭资本分为物质资本、人力资本和社会资本。其中,物质资本大致体现为家庭财富或收入,它可以帮助子女获得更好的教育环境,包括家庭内固定独立的学习场所、学习的辅助资料、拓展学习的附加费用、解决各种学习问题的财政来源等。同时,通过物质资本的投入,家庭还可以为子女提供有差异的教育机会,如学校系统内的"名校""重点学校"和学校系统外的校外培训等。人力资本主要体现在父母的教育水平上,它不仅可以为子女提供学业辅导、学习习惯培养等直接的学业支持,还能够为子女提供有助于学习的潜在的认识环境与学习氛围。具有较高人力资本家庭的教育参与和行动支持,将对子女的学习行为和学习态度产生各种直接或间接的影响。就社会资本与子女教育之间的关系来说,科尔曼从内外两个维度阐释了家庭社会资本对子女教育机会获得的影响。在科尔曼看来,父母教育卷入是连接家庭物质资本、人力资本、社会资本和子女教育之间的纽带,没有父母参与这一重要的中介变量,家庭资本的优势无法传递给子代。在科尔曼看来,家庭各类资本的优势只能为子女抚育提供良好的外部环境,而有效的父母卷入才是子女教育获得成就真正的"孵化器"①。

本章借鉴了科尔曼的相关理论成果,将家庭资本区分为家庭经济资本、家庭文化资本和家庭社会资本,并在此基础上,基于当下中国多数家庭教育投入和教养实践的现实语境,从行动主体的角度尝试增加了另一种全新的资本类型——母职资本,以期建构父母教育卷入行动得以实现的新的理论框架。

---

① COLEMAN J. The Concept of Equality of Educational Opportunity[J]. Harvard Educational Review, 1966:2-6.

第一节 经济资本:父母教育卷入的物质门槛

家庭经济资本是指家庭所拥有的能够即时转化为货币、受制度保护的财产权利和经济资源。简单来说,就是指一个家庭的收入和财富,其价值可以用货币来衡量。充裕的经济资本可以为子女教育提供更优质的物质环境、教育资源与心理安全感。首先,经济资本丰裕的家庭,可以通过高代价的经济支付为子女选择拥有更多优质教育资源的学校,从而保障子女优越的学校教育环境;其次,经济资本丰裕的家庭可以承担更多课外高质量辅导的费用,不管是在培训机构还是在私人家教的选择上都具有更多的空间;最后,充裕的经济资本也会使子女感受到有力的物质支持,无需担心校内教育与校外辅导的高昂成本,从而可以心无旁骛地追求更高的学习目标。父母教育卷入行动本质上是一种家庭教育的密集投入,经济资本的占据与投入是其得以实现的重要门槛。为了追求优质教育资源,家庭的教育支出日益膨胀,除了在争抢优质公立教育资源方面的经济支出以外,购买学区房、择校、课外辅导、兴趣培养、出国留学等隐性支出也导致家庭教育成本飙升。

一、名校分野:"买不起"的学区房

新中国成立之后,为了将有限资源集中起来尽快培养人才,1953 年,教育部出台《关于有重点地办好一些中学与师范学校的意见》,确定了 194 所重点中学的兴办任务,希望通过首批重点中学的办学经验,逐步辐射其他中学,从而提高我国总体办学质量。这也是公办学校确立重点与非重点分水岭的开端①。1962 年,教育部再次出台《关于有重点地办好一批全日制中小学的通知》,将重点小学的建设也纳入教育改革之中,提出在全日制中、小学校中挑选若干学校,着重提高其办学质量,使之成为"拔尖"学校。受这一政策影响,依据中考和高考的升学率,中小学校被划分为不同等级,等级越高的学校配备的教育经费越丰裕、师资力量越雄厚、教学设备越先进。为了提高升学率,提升学校等级,学校内部的教育竞争越发激烈,学生的学业负担也越发沉重。"文革"期间,该制度被废除,学校等级化划分被暂时取消。

改革开放以后,新一轮重点学校的兴办浪潮再次来袭。1978 年,教育部颁发了《关于办好一批重点中小学的试行方案》,分级办校的教育思想被重新提上议程。方案提出要

---

① 袁振国.论中国教育政策的转变:对我国重点中学平等与效益的个案研究[M].广州:广东教育出版社,1999:27-28.

"切实办好一批重点中小学,推动整个中小学教育革命的发展"。经过三年的建设,截至1981年,全国建成重点中学4016所,占全国中学总数的3.8%。为了能够进入这些重点中学,抢占稀有的优质教育资源,学校与学生之间的升学竞争日趋白热化,也招致家长的普遍不满和社会各界的强烈批评。为了及时纠偏,将基础教育重新引入正常轨道,1997年国家决定取消重点学校制度,禁止义务教育阶段的择校行为,取消小升初考试,实行学区就近入学政策。2006年新《义务教育法》明确规定:"不得将学校分为重点学校和非重点学校,学校不得分设重点班和非重点班。"至此,重点学校制度被就近入学制度正式取代。所谓就近入学,主要是指适龄儿童根据户籍所在地,就近到指定的行政规划学区接受义务教育,实行划片入学,不得跨学区择校。从表面上来看,就近入学是一种符合公平价值观的均衡式教育发展制度,但稍作深究就会发现,就近入学创造了"学区房"的概念,从而使得家庭经济资本在获取优质教育资源中发挥着极为重要的决定性功能。"学区房"概念使得房屋的使用价值被极大弱化,其中蕴含的教育价值和投资价值才是其核心要义。

"'鸡娃'最关键的一个环节就是高中,前面那么多年的努力主要就是为了将孩子'鸡'进一流高中,基本上进了一流高中,985、211也就十拿九稳了。为了进一流高中,家长们几乎是不计成本的。我周围同事中,只要家里有孩子的,基本上都换过房子,很多同事都是放弃了别墅洋房大平层,换到了没有任何居住质量可言的老破小,只是因为这个房子是某一流高中的学区房。有一位妈妈说,搬到这个小区来,就是看重它离学校近,孩子早上能多睡半小时的觉。将来孩子上大学了,再把房子转手一卖,里外里算下来不仅不亏,还可能赚不少钱呢。"(访谈编号:P4120210917)

以深圳市为例,近几年,每年学校预备招生的时候,深圳各个片区都会掀起"抢学区"的浪潮,纷纷要求在本学区内引入优质学校。往往业主收入水平越高的片区,呼声越强烈。2020年,前海妈湾的900余户业主联名上书政府请愿,要求引进"高标准、高起点的公立学校",以解决"在前海妈湾工作生活的高技术人才"的教育之忧。虽然国家已经明文禁止设立重点学校及重点班,但是经过多年的等级化办学,各个学校的优劣和具体等级已经成为一种"默会性知识",根深蒂固地存在于家长的常识结构中。而且,地方政府出于教育政绩的考虑,也采取了变通和"打擦边球"的方法,设立"示范学校""星级学校"等变相对学校进行等级划分,并在政策与经费投入上予以倾斜。

隐性存在的"重点学校"的优势地位会形成累加效应,在吸引优质生源的同时,也抬高了相应学区的房价。与西方市场化的居住分层不同,中国价格昂贵的学区房分为两个极端:一类是位于老城区的"老破小",在这一学区范围内的名校往往是由政府机关、高校、大型企业出于员工福利开办的各类附属学校,由于有强势社会群体的背书,在硬件和师资上拥有先发优势,从而吸引了诸多家长放弃了优越的居住环境,购买使用价值与市场价值严重不匹配的老旧学区房;另一类是住房市场化改革之后,城市的新城区往往形成高端商品住宅区,传统名校也通过设立分校、跨区联盟或开办民营教育集团等方式向新城区转移,两者在市场效应中互相拉动,进一步提高了该地区学区房的价格。然而,无论是哪种类型的学区房,事实上存在的"名校分野"对家庭的经济资本提出了巨大的考验。

> "我们是 2020 年 3 月买的这套房子,买的是二手房,这个房子是当地大学和中兴集团合资建的政策性商品房,也算是这个大学给他们大学老师的福利吧,他们买的时候是很便宜的,只要四千多一平方米,我们买的时候花了两万一一平方米,价格翻了快五倍,我平时也不上班,我老公做点小生意,因为二手房必须首付一半,所以这价格对我们来说还是有点压力的。但是相对于周边其他纯商品房小区来讲,我们买的已经算是便宜的了,那些小区已经快三万了。因为这一片住宅既是新城小学的学区,也是新城初中的学区,所以周边房价这几年噌噌往上涨,我家女儿去年上中班,那会儿我们就开始考虑到小学的问题,怕等到今年价格再上涨,所以提前一年赶紧把房子买了。前两天刚刚把新城小学的派位证拿到,心里一块石头才算落下来了。觉得这学区房买的还是值得的。"
> (访谈编号:P2920210722)

除了显性的学区房购买支出以外,以择校行为为代表的隐性教育投资同样值得关注。虽然义务教育在我国已经得到充分普及,然而地区、城乡及校际的发展并不均衡。因此,大家竞争的对象不是受教育机会,而是稀缺的优质教育资源,择校正是这种竞争的表现。

根据 2014 年中国教育追踪调查数据(如图 5.1),在中国,"小升初"的择校现象普遍存在,26.8% 的初中生有择校行为。其中,以权择校(托关系、找门路)、以分择校(让孩子参加各种学业考试、特长考级)和以房择校(在学校所在片区买房)的方式位列前三。以分择校是父母的主流选择,但对于社会经济地位更高的父母来说,权、钱、房的择校方式也被广泛采用。由此可见,义务教育阶段的竞争不仅是孩子之间的竞争,更是家庭之间的竞争。

图 5.1 2014 年初中生择校行为比例

(资料来源:中国教育追踪调查 2014 年数据(CEPS))

二、影子教育:"学不起"的辅导班

随着近年来家庭收入水平的提高,生均家庭教育支出也逐渐提高。根据数据显示(如图 5.2),全国中小学阶段每生每年家庭教育支出为 10 374 元,占家庭总支出的 15.6%,随着学段的升高,教育支出也逐渐增加,高中阶段的教育负担率最高。按照城市类型来看,一线城市的生均家庭教育支出最高,约 2.2 万元。

然而,两万多一年的教育支出,对于众多家庭来说仅仅是杯水车薪。为了将表现各异的父母教育卷入现象从大量的经验材料中概括与抽象出来,我们可以借鉴德国学者马克斯·韦伯提出的"理想类型"工具,将父母教育卷入行动按照教育侧重点的不同,分为"补习型""提优型"和"特长型"三种类别。补习型教育侧重对孩子的学习薄弱科目和环节进行补习,注重课内知识的复习巩固,其本质是在校外场域对学校教育过程的再生产;提优型教育侧重对孩子的文化课进行超前学习或拓展提优,实质上是协助孩子在应试教育的赛道上提前抢跑;特长型教育则注重孩子特长和才艺的培养,实质是提升孩子的综合素质并在教育资源的竞争中实现跨赛道抢跑。北京大学教育经济研究所的相关数据表明,至少有超过一半的城镇学生参加了校外培训,家长在相关教育投资上的金额不断攀升,新生的城市中产阶层成为这一"影子教育"的主力军。从家庭教育负担率来看,虽然低收入家庭与高收入家庭都在子女教育方面投入较大比例的支出,但面对高度教育卷入所要付出的高额经济资本,低收入家庭往往有心无力。根据一位海淀妈妈的自述,奥数和英语作为"最平民的特长",单科一年的学费已超过一万元,两万多也仅仅勉强够学两科。

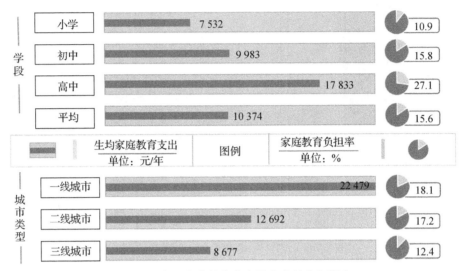

图 5.2　中国家庭教育支出及家庭教育负担率

(资料来源:《中国教育财政家庭调查报告(2019)》)

"就拿我们海淀黄庄的培训机构来说吧,通常1门大课一年的费用在1万元左右。低年级报3门(语数英)是标配,到了高年级,有的家长会给孩子报6到7门科目。如果再学点乐器,或者其他一些兴趣班,平均一年10万是跑不掉的。"(访谈编号:P220210315)

"其实'荤鸡'(学科教育)的成本还不算太高,大多数家庭咬咬牙还能负担。但'素鸡'(素质教育)的成本就没有上限了。比如你要把孩子送到国际学校,每年的学费少则十几万,多则几十万……"(访谈编号:P3120210726)

"学钢琴这事,只要开了头,就开弓没有回头箭了。基本上给孩子学钢琴就是冲着考十级去的。学钢琴的花费主要是有三部分:买琴,上课,考级或者各种比赛的报名费;从零基础到考到十级,大概得花7~10年时间学习,总花费大致在20多万元人民币;如果你的目标是专业演奏级别,那就不仅要学得更早、学得更久,花钱也更多,大致得花80万元人民币以上。"(访谈编号:P2220210608)

"我们群里很多'素鸡'家长还会给孩子配备各种高端文艺、体育项目。最近这几年越来越多的家长想独辟蹊径、错峰培养,很多小众项目越来越受欢迎了。我们也是在孩子 5 岁的时候给孩子报了冰球课程,初学花费加上装备,一年大约在 3 到 5 万之间,但后期进入专业训练阶段后,每年花费是初学时的近 10 倍。他们班还有家长选择马术的,俱乐部入会费就要 20 万,每节课单价在 1000 元左右,教练费还要另外收取。经济条件比较好的家庭,甚至还会花几十万直接给孩子买一匹进口小马。"(访谈编号:P3620210817)

高昂的校外培训支出成为一道难以逾越的门槛,将社会底层挡在了门外。从调查结果来看,补习型与提优型教育虽然也需要相当数量的经济资本,但对于工薪阶层来说,举全家之力尚能勉强负担。这也是多数工薪阶层在子女教育投入上倾向于学科培训的重要原因。相对而言,特长型教育所需要的时间跨度大,经济支出也相当不菲,工薪阶层对此只能望而却步。此外,在特长型教育的群体内部,也呈现出显著的阶层分化。围棋、书法、编程、乐器等大众项目由于市场供应较为充足,学习门槛相对较低,因此,需支付的经济成本尚能接受,从而成为多数中产阶层家庭在素质教育领域的主流选择;而马术、冰球、高尔夫等小众项目由于市场供应稀缺,学习成本高昂,受到广大精英阶层家庭的青睐,而大部分中产阶层家庭对此只能望而却步了。

布尔迪厄对四十年前的法国社会也作过相关的分析:固有观念塑造出的"高雅"爱好,让辅导课程也有了三六九等和贵贱之分。而文化品位、高雅趣味并非自然演变而成,而是由资本和消费交换而来的结果①。往往越"小众",越有"品位"的兴趣爱好,越需要高昂的经济资本,同时,这高昂的经济资本仿佛一道高耸的围墙,将高收入的精英阶层围进了上流社会,并将无力负担的其他阶层区隔在了围墙之外。精明的精英阶层也通过对子女的"高雅"爱好的投资,进一步突出了自身的身份和阶层优势,并通过与同在围墙内其他精英阶层之间的互动,实现经济资本向社会资本的转化。

三、望洋兴叹:"上不起"的国际学校

在西方,精英阶层大多会将子女送入名校就读。如英国最著名的伊顿公学,以"精英摇篮""绅士文化"闻名世界,被公认是英国最好的中学,是英国王室、政界、经济界精英的培训之地。这里曾造就过 20 位英国首相,培养出了诗人雪莱、经济学家凯恩斯等众多精英,也是威廉王子和哈里王子的母校。伊顿公学每年 250 名左右的毕业生中,70 余名进入牛津、剑桥,70% 进入世界名校。法国顶级高中巴黎亨利四世中学,是现任总统马克龙

---

① 皮埃尔·布尔迪厄.区分:判断力的社会批判[M].刘晖,译.北京:商务印书馆,2015:3-6.

的母校,被誉为"法国国民教育的瑰宝"。美国西德维尔友谊学校是美国顶尖私立学校之一,在130多年的学校历史中,培养了众多华盛顿精英,美国前总统克林顿的女儿,前副总统戈尔的儿子,总统拜登的孙子,中学皆毕业于此。

在今天的中国,这一态势也愈演愈烈,尤其是北上广深等一线城市的收费高昂的国际学校,也成为精英阶层家庭子女的聚集高地。通过查阅近10所国际学校的官网发现,从学前班到高中部的学费普遍在每年12万～30万之间,年级越高学费越贵,且每年会有10%的上浮。除去学费以外,校服费、午餐费和间点费、校车费、住宿费等其他费用一年也需3万多元(如表5.1)。

表5.1 上海某国际学校2021—2022年学费收费情况　　　　　　　　单位:元

年级	学年总费用(2021年5月31日前缴清)	学年总费用(2021年6月30日前缴清)	学期总费用	第一学期	第二学期	第三学期
二到六年级	269 200	273 300	277 500	110 900	83 300	83 300
七到九年级	285 900	290 300	294 700	117 900	88 400	88 400
十到十三年级	289 600	294 000	298 500	119 400	89 550	89 550

资料来源:某国际学校官网 https://tianjin-zh.wellingtoncollege.cn/admissions/fees/

近年来,尤其是在京津冀、长三角和珠三角地区,国际学校的数量不断增加,逐步占领了国内国际学校的市场高地。这些国际学校大多实行双语教学,能够为学生提供优越的语言学习环境,帮助学生尽快掌握外语技能;同时,国际学校以兴趣为导向,开展多样化的课程和活动,学生在校内便有机会接触与尝试表演、音乐、书法、戏曲等各种文化,从而使得自身的艺术素养得以提升;此外,国际学校还注重培养学生的公开演讲能力和社交能力,学生在每年数十次的自我展示中领袖素质得到了重点培养……在全球化的趋势下,这些优势更容易受到精英阶层家庭的认同和青睐。

"从女儿刚上初一开始,我和她爸爸就开始为她的高中考虑了。因为我们之前就决定让孩子去美国上大学,所以对于我们来说,高中只有两条路:一是去上国际学校,二是直接一步到位,去美国上高中。因为是女孩子,太早出去了我们也不大放心,所以最终还是选择了国际学校,正好学校离我们家也比较近。没进校之前,我们还想着在国内上国际学校的花费肯定要比在美国读高中少得多,进去了之后才发现并不尽然。首先学费是将近20万一年,其他所有的书本啊、项目啊、活动啊都是另外付费的。打个比方来说,上国际学校就好比买了一台法拉利,你要买得起但更要养得起。事实上,每年孩子的各项活动、交流机会、暑假夏令营、寒假冬令营等等比学费也少不了多少,平均下来一年40万左右吧。"(访谈编号:P3520210812)

对于精英阶层来说,普通的炫耀性消费行为已无法满足其阶层身份彰显的需要,通过对子女教育的投资,将自身强大的经济资本转化为下一代的文化资本,是其实现阶层再生产最坚实的保障。而国际学校高昂的学费作为一种筛选机制,直接高效地将精英阶层聚拢起来的同时也阻断了其他阶层的进入通道,成为家长与学校共同认同的规则。因此可以说,国际学校的价值不仅体现在其使用价值上,还体现在其教育隔离功能中。正如美国社会学家罗伯特·帕特南(Robert D. Putnam)在其著作《我们的孩子》一书中提到的那样,从20世纪70年代开始,美国社会中社区间的阶层隔离开始逐渐转化为校园内的教育隔离,精英阶层家庭的子女往往集中于优质学校中[1]。而通过调查研究还发现了一个更为隐蔽的现象,即精英阶层家庭在挑选国际学校时,不仅注重优质的学校和教师,同样也非常注重同等阶层中具有优秀教育背景和丰裕家庭资本的家长。因为拥有了这样的家长,也就意味着学校拥有了这些家庭的优质资源,意味着子女拥有了具有相同惯习的同学。由此可见,高门槛的国际学校实际上已成为精英家庭阶层筛选和隔离的工具。

第二节 文化资本:父母教育卷入的亲职资源

所谓文化资本,是指社会、家庭或个体拥有的知识、技术、气质及文化背景的总和,是基于对文化资源的占有所形成的资本。布尔迪厄认为,文化资本具有三种不同的存在形式:一是身体化形态,它体现在人们身心中根深蒂固的性情倾向之中,即文化惯习;二是客体化形态,体现在各类文化载体与文化物品之中,如书籍、词典、仪器等;三是制度化形态,最主要体现在教育学历上[2]。布尔迪厄从阶层再生产的角度,分析了优势阶层子女的学业成功与家庭文化资本之间的连贯性。文化资本较为充裕的精英阶级和中产阶层家

---

[1] 罗伯特·帕特南.我们的孩子[M].田雷,宋昕,译.北京:中国政法大学出版社,2017:197.
[2] 皮埃尔·布尔迪厄.文化资本与社会资本[M].张人杰,译.上海:华东师范大学出版社,1989:10—13.

庭子女可以更多地从家庭中获取文化资本,而工薪阶层和底层家庭的子女由于家庭文化资本不足,只能从学校习得文化资本。因此,在其他影响因素相当的条件下,相比工薪阶层和底层家庭的子女,精英阶级和中产阶层家庭子女获得教育成功的概率要大得多。

从历史的角度来看,在教育场域相对封闭、社会化教育尚未普及的传统社会中,家庭文化资本对于子女的教育无疑具有至关重要的影响。文化资本丰厚的家庭,如家庭拥有丰富的藏书、父辈受过先进的教育、家庭或家族内有学有所成的榜样等,往往能够潜移默化地影响子女的性情与惯习。随着教育场域的逐渐开放和社会化教育的日益普及,学校承担了更多教育功能,家庭对子女教育的影响有所式微。然而,值得注意的是,这种影响力的削弱仅仅是从历时性的角度进行的纵向比较而言,如若从共时性的角度对现代社会中不同家庭进行比较,文化资本对子女教育投入仍然具有显著的影响力。那么,家庭文化资本在微观的家庭空间中是如何运作并发挥作用的?家庭文化资本是如何作为一种亲职资源与子女教育成就之间形成联结的?选择教育卷入的家庭在文化资本的三种形态中都呈现出独特的教育逻辑。

一、言传身教:文化惯习的濡化式传承

家庭是子女获得文化资本的第一场域,家庭濡化是有效且隐蔽的文化资本传承方式[①]。在家庭这一初级群体中,子女通过社会化过程所积累的文化资本,对将来教育机会和教育成就的获得具有关键性影响。正如布尔迪厄所说:"在剔除了经济位置和社会出身的因素的影响后,那些来自更有文化教养的家庭的学生,不仅有更高的学术成功率,而且在几乎所有领域中,都表现出了与其他家庭出身的学生不同的文化消费和文化表现的类型。"[②]作为布尔迪厄文化资本理论中的一个核心概念,惯习更多的不是表现为家庭里外显于形而是表现为内化于心的一种性情倾向,它以一种浸润式、渗透式、感染式的影响施加于子女的思维与行动。他认为,一个人从孩童时期就开始耳濡目染地学习家庭中的品位、价值观、礼仪、谈话风格、自我呈现的方式和行为模式(如穿着打扮、谈吐、肢体语言等)。这些不仅影响着子女的世界观和价值观,也影响着人们能否成功应对社会的各个"守门机制"(Gatekeeping Institution),尤其是在一个人通往社会阶梯顶层时,文化惯习

---

① 刘腾龙.家庭文化资本、"影子教育"与文化再生产——基于县城儿童和村庄儿童对照的视角[J].当代青年研究,2021(4):53-59.
② 皮埃尔·布尔迪厄,华康德.实践与反思——反思社会学导引[M].李猛,李康,译.北京:中央编译出版社,1998:212.

是其中非常重要的过程性变量,会发挥巨大的关键作用①。

"你到我们家来可以看到我们家有两个特点,一个是没有传统意义上的客厅,没有电视,没有沙发,就一张长长的实木桌,晚上我们一家三口都坐在这张桌子旁边,女儿写作业,我和她爸爸备课、看书、写论文。我们手机都放在卧室里,女儿学习的这段时间,我们是不碰手机的。我们家的第二个特点就是到处都是书,随手都能拿到书。这是从女儿很小的时候就养成的习惯,书桌书架就不说了,她的床头柜上、餐厅的餐边柜上、我们的床头柜上、飘窗上,几乎只要能放书的地方,我们都放上了书。女儿小的时候放的是绘本,我在家带她的时候随处一坐,手边都能有绘本,随手拿起一本就可以给她读。读得多了,她认识的字也多了,刚上小学的时候就因为她识字量比较大,老师就让她当小班长,经常给不认字的小朋友读题。现在她可以独立看书了,每天的休闲活动基本就是看书。好像看书已经和吃饭、睡觉一样,成为一件非常自然的事情,我们每个月去一次市图书馆,每次借六本书,基本上她一个月都可以看完。"(访谈编号:P2320210616)

惯习原意是指人们长期居住在某地而形成的某种特定行为取向。在布尔迪厄看来,惯习是一种"持久的、可转换的潜在行为倾向系统",是深刻地存在于人们的性情倾向系统中的、作为一种技艺存在的生成性能力。家庭中形成的消费模式和生活方式是子女文化资本形成的一个重要来源。父母的各种文化行为会在无形之中给子女一种濡化式传承,如父母经常去图书馆读书看报、去美术馆看展览、去文化馆看演出等等,子女自然会认为文化生活是生活的重要组成部分,也更加容易养成在文化活动中汲取知识的习惯。布尔迪厄将这种潜在的帮助称为"自由的文化",并认为自由的文化可以帮助行动者甚至在行动者本人毫无察觉的情况下形成适合学校教育的某种态度或能力②。文化资本能培育儿童的学习动机和在学业上良好表现的欲望,这对孩子的学业成功来说是至关重要的。父母要将家庭的外驱力转化为子女自身的内驱力,必须将其通过惯习在子女的学习实践中得到确认,实现思想和行动的统一,否则教育卷入只是父母的一厢情愿,难以达到收获教育成就的终极目标。

---

① 劳伦·A.里韦拉.出身:不平等的选拔与精英的自我复制[M].江涛,李敏,译.桂林:广西师范大学出版社,2019:8.

② 皮埃尔·布尔迪厄.国家精英——名牌大学与群体精神[M].杨亚平,译.北京:商务印书馆,2004:8.

文化资本丰富的家庭,通常对子女教育更加重视,并可以通过言传身教、文化物品使用、家庭文化氛围营造等手段促成子女对受教育状态的自然认同、良好学习习惯的养成和优质教育资源的甄选与获得。精英阶层和中产阶层的受教育程度较高,自身的文化资本也较为充裕,能够充分认识到文化惯习对子女教育的重要性。因此,一方面会积极主动地去培养子女的文化惯习,另一方面也能够有意识地通过言传身教的方式实现文化资本的濡化式传承。

二、亲职在场:文化精英的引导式介入

精英阶层和中产阶层在文化资本上的优势还体现在对子女教育的直接引导与辅导上。在父母都具有较高文凭的家庭中,大多将子女进入大学获得本科学历作为最基本的教育预期,而这类家庭的子女也认为"考上大学"是一个必须完成的目标。而且,高学历的父母对高等院校的分类、专业及未来的就业趋势有更具体的了解,因此,在未来的大学选择和专业规划上具有更多的主动性,子女的目标也相对明晰,并能够及早为这一目标作准备。

"我爸妈都是硕士毕业,而且也都是名校名专业,所以就算他们不说,我自己也知道,考上大学是最起码的,先把本科学历拿到手,然后很大可能性还会继续往下读吧。我妈说,到时候看具体学的专业,她和我爸都是学建筑的,所以读到硕士基本上已经够了,毕竟搞建筑还是需要更多的实践经验。但是我以后如果学一些文史哲方面的,还是应该继续深造,博士毕业后走研究或者教育这条路吧。"(访谈编号:S620210806)

"在我很小的时候,爸爸妈妈就带我去北京,去了北大清华,说这是中国最好的学校,好几位国家领导人都是清华北大毕业的。他们当然也希望我能考上北大清华,我自己也希望,不过我也知道很难,哈哈,革命尚未成功,同志还需努力。"(访谈编号:S1020210820)

精英阶层和中产阶层普遍受教育程度较高,不仅可以亲力亲为地辅导子女的学业功课,而且能够直接教授子女有效的学习方法、学习技巧,注重培养子女良好的学习习惯,从而有体系、全方位地帮助子女提高学业成就。在子女遇到学习上的疑难困惑的时候,家长不仅可以及时帮助释疑,还会在此基础上进行举一反三,帮助子女从根本上掌握解决问题的方法,甚至将学习上原本的薄弱环节变成优势环节。这种"授人以鱼不如授人以渔"的教育理念也体现了中上阶层作为文化精英在自身文化资本上的巨大优势。除了

学校课业的辅导,精英阶层和中产阶层还会有意识地去增加一些课外拓展提优的内容,如奥数、新概念英语、大语文等,以增加子女的竞争力,拉开与同龄孩子之间的差距。

"孩子从小学开始有作业的时候,我就一直陪在他旁边。小的时候他还不怎么认字,我就给他一边读题,一边教他认字,这样既做了题,又认了字。大一点不需要我读题了,我就在他旁边看书,我记得他上四年级那会儿,我自己也正在忙着考博,我俩就一起学习,他做他的作业,我让他把不会的先空着,等所有作业都完成了,我再给他讲。讲完了让他自己把这些题整理到错题集上,周末的时候再做一遍。我感觉这个方法还是很有效的,他学习成绩一直还不错,他自己也说整理错题集这方法对他帮助很大。"(访谈编号:P2520210704)

"我辅导孩子,主要做两件事:一是补漏,二是提优。第一件事情放在平时,第二件事情放在周末。平时每天回来写作业、复习的最主要目的就是把上课没听明白的搞明白、没掌握的掌握、没记住的记住,这叫补漏。到了周末,我和她一起,把一周的漏洞集中起来,再补一遍,补完了之后,我再针对性地给她举一反三出一些题,确保以后不会再错了。然后就是提优,把她送去学奥数、跟外教学英语,为将来深造做准备。"(访谈编号:P3220210802)

同时,拥有较高学历的父母还会主动帮助子女有计划地安排各种体育运动、文化活动和社交活动,促进孩子的全面发展,提高子女的社会交往能力,拓宽眼界和视野。子女通过课外文化活动的参与,获取直接的文化体验与心理感受,从而在人生观、价值观的塑造上获得更加正向和明确的指引。

"现在我们国家的公共文化服务这块搞得越来越好了,有很多针对学生的公益活动可以参加,像他们学校就有志愿者服务队,定期去福利院啊、社区啊开展志愿服务,让孩子多参加这些活动,可以帮助他更了解社会,培养博爱、帮助别人这种意识,这是花钱也买不来的体验。"(访谈编号:P2820210722)

"我们给孩子报了小记者团,基本上一周一次活动,采访的对象包括人大代表、中国好人、企业家、学校校长等等,孩子经常采访完了回来感叹:'哇!这些人好厉害啊!''等我长大了也要成为这样的人'等等,这种榜样的力量在他的心中其实是种下了一颗种子,我们家长要做的就是培育好土壤,让这种子能够生根、发芽。"(访谈编号:P520210320)

由此可见,拥有较高学历即制度化文化资本的家庭,对待子女的教育上既有心又有力,通过亲职在场的方式帮助子女规划未来职业并引导子女的学习实践,有助于家长的教育期望、子女的内化目标与学业成绩之间形成相互促进的关系。而制度化文化资本较为欠缺的工薪阶层家庭由于缺乏文化精英的父母,很难给予子女明确的指引或具体的帮助,在子女教育上常常陷入心有余而力不足,甚至无心无力的困境。

"我爸妈没上过大学,我爸很早就到国外打工了,我妈也没告诉过我要考什么大学,他们只是说要好好学习,将来不要像他们一样。学习基本上靠我自己吧,他们最多问一下考试成绩。我现在也没有什么具体的目标,争取考个本科,起码能考个二本吧。"(访谈编号:S1120210822)

工薪阶层为了弥补自身文化资本的不足,往往将有限的经济资本最大限度地投入子女教育中,通过转让教育权的方式,将子女送至各个校外培训机构,接受学科培训,开展补习型或提优型教育行动,以期实现自身经济资本向下一代文化资本的转化。

三、拿来主义:文化物品的粗放式添补

布尔迪厄认为,作为文化资本的客体化形态,行动者的书籍、绘画或古董等物质性的文化物品越丰富,越容易形成更有利于学习的习惯和偏好。在分析大学文化的阶级区隔时,布尔迪厄提到,上层阶级的后代通常是通过随意翻阅家庭藏书的途径,就能接触到许多学校根本无法接触到的真正有价值的作品[①]。

调查表明,为了能够给子女提供有益且足够的文化资本,不管是精英阶层、中产阶层还是工薪阶层,在家庭文化物品的添置上,父母们大多遵循着"拿来主义"的原则,在数量上进行粗放式添补。在书籍方面,除了学校提供的课外读物书单以外,家长还会通过各种渠道自行购买各类书籍,包括字典、课外拓展练习、扩充资料、中外名著等等。

"我们家的藏书其实已经很多了,有一些还是珍藏本。孩子爸爸喜欢看书,每天下班回来基本上就在书房里,他书房里有三面墙都是书柜,几千本书肯定是有的,但大多数都是成年人看的书。孩子出生以后,我们就开始添置适合儿童看的书,每年都要买上二三百本,现在孩子书房里的书柜里基本上也放满了。"(访谈编号:P920210328)

"古人讲,开卷有益,只要是读书,就是有好处的。所以我们家买书不是那

---

① 皮埃尔·布尔迪厄.国家精英——名牌大学与群体精神[M].杨亚平,译.北京:商务印书馆,2004:116-119.

种功利主义心态的,即只买对学习有用的书,我们是什么书都买,他自己会挑,我们也会帮他挑。孩子的兴趣是很广泛的,天马行空,我记得有段时间他对太空感兴趣,家里面正好有我之前给他买的一套《宇宙探索》,他立即就可以拿出来看看。所以,朋友给我推荐的书,包括我在直播间里看到专家推荐的书,我都会买回来,就算孩子偶尔翻翻,也是个知识面的扩充。"(访谈编号:P2620210710)

"我们家逛超市买玩具,他爸爸是严格规定了,每次只能买一样,但是逛书店买书,我们是不限制的,多多益善,只要是健康的书籍,他选多少本我们买多少本。我也认同他爸爸这个做法,家里其他花销可以精打细算,但是孩子学习的东西,只要不是太贵的,能满足还是应该满足的。家里面现在少说也有几百本书了,有些书确实也没时间看,但是放那保不准哪一天能用到啊。"(访谈编号:P1220210410)

除了书籍类文化物品的添补以外,笔记本电脑、平板电脑、复读机、点读笔、电子词典等一些辅助学习的现代电子设备也是家长购买的必需品。随着线上教育的普及化,越来越多的父母为了能让子女接受更高水平的教育,也购买了大量线上教育课程。《2021年中国家庭教育白皮书》调查数据显示(如图5.3),近80%父母普遍接受为线上教育付费,且越年轻、学历越高的父母,对线上教育付费的接受度越高。30～49岁人群是给孩子报K12教育机构的主力军,其中61%的家庭愿意每年至少花费1万元用于孩子的在线教育。

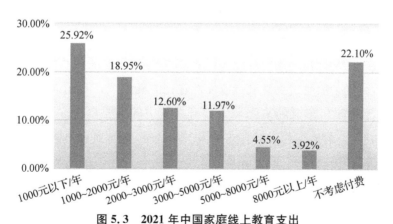

图5.3　2021年中国家庭线上教育支出

(资料来源:《2021年中国家庭教育白皮书》)

相较于昂贵的学区房和国际学校,文化物品的成本可谓十分低廉了,这也成为各个阶层尤其是工薪阶层的父母最愿意和最不惜代价的投资。因此,从数量上来看,各个阶层之间对文化物品的消费差别并不大,"拿来主义"式的文化物品添补也反映了父母希望为子女尽可能地营造浓厚的文化氛围的急切心态。但从质量上来看,各个阶层之间仍存在着差异。精英阶层和中产阶层添置的书籍类文化物品一般是从书店或专业图书网站(如当当、亚马逊等)购买的正版书籍,辅助学习的电子设备往往也是同类产品中价格较高的名牌产品;而工薪阶层为了能"花小钱办大事",更加愿意从一些更优惠的渠道(如电商直播间、拼多多等)购买书籍类文化物品和电子学习设备。这也是不同阶层消费理念、消费水平和消费方式所导致的结果。

第三节 社会资本:父母教育卷入的网络动员

1970年,布尔迪厄出版《教育、社会和文化中的再生产》,在这本著作中,布尔迪厄将社会资本与经济资本、文化资本三者共同作为资本的基本形式置于分析框架的中心位置,从而奠定了社会资本的基本框架。1980年,布尔迪厄发表《社会资本随笔》一文,再一次使用了"社会资本"的概念。布尔迪厄提出:"社会资本是实际的或潜在的资源集合体,那些资源是同对某种持久性的网络的占有密不可分。这一网络是大家共同熟悉的、得到公认的,而且是一种体制化关系的网络,换句话说,这一网络是与某团体的会员制相联系的,它从集体性拥有资本的角度为每个会员提供支持,提供为他们赢得声望的凭证。"[1]从这一概念可以看出,个体社会资本的多寡取决于其能够有效调动的社会关系网络的规模及网络成员所占有的资源,社会关系网络的规模越大,网络成员所占有的资源越多,个体的社会资本就越丰裕,从而越能够从中获取更多的利益[2]。

布尔迪厄进一步指出,个体的社会关系网络不是依靠血缘关系、亲属关系等先赋性因素而获取的,而是必须通过投资进行象征性建构方能形成。布尔迪厄尤其关注社会资本在代际再生产中的功能,并特别强调了教育在其中的重要角色。因为"较高的社会地位,并不会自动地、全部地有利于拥有它的人"[3],然而,为何拥有不同社会资本的不同阶层的子女在高等教育入学及求职过程中均会呈现出极为相似的阶层再生产效应呢?布尔迪厄认为,教育是其中一个非常重要却又十分隐秘的渠道。父母的社会资本可以为子

---

[1] 包亚明.文化资本与社会炼金术——布尔迪厄访谈录[M].北京:人民出版社,1997:202.
[2] 赵延东,洪岩璧.社会资本与教育获得——网络资源与社会闭合的视角[J].社会学研究,2012(5):47-69.
[3] 皮埃尔·布尔迪厄,帕斯隆.继承人:大学生与文化[M].邢克超,译.北京:商务印书馆,2002:33.

女创造更多的机会和更好的条件,使子女获得更高水平的教育成就,从而以一种看似合理却又隐蔽的方式实现了阶层再生产。一些经验研究也从不同侧面验证了布尔迪厄的观点。雷姆等人也提出,研究不同阶层背景的家庭占据的不同社会资源对子女教育的影响十分必要,因为不同阶层家庭不仅在社会资源的占有量上存在差异,而且在社会资源向子女教育获得的转化率上也呈现出明显的不同[1]。黄善国考察了前捷克斯洛伐克的教育状况也发现,不同阶层家庭所拥有的外部社会资源对于子女教育获得具有显著的促进作用[2]。

在吸收与继承布尔迪厄部分观点的基础上,科尔曼从结构功能的角度出发,进一步扩展了社会资本的内涵。科尔曼认为社会资本不应依据社会网络来界定,而是应根据其产生的某种后果来确定。"这些后果也许是进行富有成效和效率的合作的能力,也可以表现为现实的、物理性产品的形式。"[3]相较于布尔迪厄,科尔曼在教育领域的研究更有见地。科尔曼认为,社会资本在人力资本的再生产中发挥了极为重要的中介作用。虽然很多研究表明,社会阶层地位越高,家长可利用的社会资本则越多,然而家庭拥有的这些社会资本并不会自动使得子女获得较高的教育成就,家长必须"激活"这些社会资本,并建立起所拥有的社会资本与子女教育之间尽可能紧密的关联性,才能够实现社会资本的价值[4]。科尔曼将在教育中发挥中介作用的,即父母与子女及其他相关网络成员之间形成的这种联系结构称为社会闭合资本(Social Closure)。

通过以上的梳理,我们可以发现对于社会资本与子女教育的研究,布尔迪厄与科尔曼依循了两种不同的分析理路。布尔迪厄更加强调家庭外在的社会资源对子女教育获得及阶层再生产的影响,我们可将其称作"家庭外部的社会资源链接",而科尔曼则详细阐述了家庭内在的闭合关系和父母教育卷入对子女学习行动的干预与控制作用,我们可将其称作"家庭内在的闭合亲缘资本"。通过调查表明,这两类社会资本都对父母教育卷入行动具有重要影响,且这两类资本之间并非孤立存在,而是可以互相转化。

---

[1] REAM, ROBERT K, PALARDY GREGORY J. Reexamining Social Class Differences in the Availability and the Educational Utility of Parental Social Capital[J]. American Educational Research Journal, 2008(45): 238-273.

[2] WONG, RAYMOND SIN-KWOK. Multidimensional Influence of Family Environment in Education: The Case of Socialist Czechoslovakia[J]. Sociology of Education, 1998(71): 1-22.

[3] 肯尼思·纽顿. 社会资本与现代欧洲民主[M]. 冯仕政,编译. 北京:社会科学文献出版社,2000:387.

[4] BRUCE FULLER, SUSAN D. HOLLOWAY, MARYLEE RAMBAUD AND COSTANZA EGGERS-PIÉROLA. How Do Mothers Choose Child Care? Alternative Cultural Models in Poor Neighborhoods[J]. Sociology of Education, 1996(02):83.

一、家庭外部的社会资源链接

在以往的研究中,大多是将社会资本作为整体性的概念来分析其对子女教育投入或教育获得的影响。然而,通过对若干家庭的调查分析发现,不同的社会阶层,拥有的社会资本的类型是有所差别的。

> "说实话,孩子的学习本身我们是不怎么干预的,因为这是他自己的事,我们更多的是帮他做好后勤工作。比如他现在上的这个重点中学,这是我们家长要做的事情,因为这学校不是人人都能进的,当时我们也是费了一番功夫的,但是这些我们都没有告诉他,不想给他造成压力。我的观点就是该我们做的我们做,你负责把自己的事情做好,把学习搞上去。"(访谈编号:P620210322)

这里家长所说的"后勤工作"实际上就是家庭所运用的外部社会资源。有研究发现,为了帮助不在学区范围内的子女跨区进入好学校,家长不仅需要支付不菲的经济资本,更需要"各显神通"("托人""找关系"……)尽可能地发挥外部社会资源的链接作用[1]。子女在这一过程中大多是间接的受益者,甚至对家长动用外部社会资源的过程并不知晓。

> "从儿子四年级开始,我每年都会带着儿子到英国考试,要想升英国的顶尖高中,这是一个必经流程,而且必须趁早计划,等过了这个时间段,无法参加足够的他们的私校考试的话,你就没有机会了。(访谈编号:P920210328)

> "美国的高中和英国的高中不太一样,为了给孩子多一点机会选择,我们经常带孩子去美国的各个城市参加他们的夏令营。"(访谈编号:P1320210411)

精英阶层的优势更多的在于父母的外部社会网络,由于这些网络中嵌有大量的优质社会资源,因此,父母可以动用这些资源的力量为子女赢得更好的教育环境和教育机会,如进入拥有稀缺资源的私立学校、贵族学校;获得名师一对一辅导的机会;参加国际性的表演或竞赛等。因此,以"社会资源"为主体的家庭外部社会资本的占有者通常是精英阶层。

美国管理学教授劳伦·A.里韦拉在其代表作《出身》一书中指出,育儿差距形成的原因不仅在于不同阶层家庭经济资本的差距,更加在于父母为子女奠定的社会网络、积淀的文化资源及自小培养的世界观。"经济、社会和文化资源使得富裕家庭的子女在正规

---

[1] 张东娇.义务教育阶段择校行为分析:社会资本结构的视角[J].教育发展研究,2010(2):12-17.

教育系统中能够获得更加优质的教育,他们畅游其中、表现杰出。"①在家庭资本的支持下,精英阶层的家庭不仅可以为子女选择优质的学校,而且可以通过培养阶层品味、塑造阶层价值观和社会交往方式,最终帮助子女获得理想的职位,从而实现阶层的复制与传递。这也验证了布尔迪厄那句广为人知的名言——对于某些人来说,习得精英文化是用很大代价才能换来的成功,但对于另一些人来讲,这只是一种继承②。

里韦拉通过考察顶级投行、律师事务所和咨询公司的招聘环节,用丰富翔实的案例,回答了"为什么在今天的美国社会中,获得高薪职位的往往是来自富裕家庭的学生?",揭示了看似能力取向的选拔标准如何帮助精英阶层完成了优势地位的代际传递。这些美国起薪最高的职位在选拔学生时的标准"表面看来不带阶层偏见,人人都可获得,但实际真的走上这些道路,需要父母富裕、负责、消息灵通、支持有力"③。"富裕、负责、消息灵通、支持有力",这同样也是对中国"鸡娃"家庭和父母的要求,这是底层家庭可望而不可即的"鸡娃圈"的高门槛。虽然不同阶层所占据的资本类型及资本拥有量具有一定的差别,但在大多数情况下,资本之间具有一定的相互转化性。正如布尔迪厄所阐述的那样,虽然外部的社会资源不能简单绝对地转化为行动者所拥有的经济资本和文化资本,但社会资本从来都不是完全独立的,它可以通过某些共识的体制使得行动者的社会资本产生收益增殖效应④。中产阶层和工薪阶层的家长们在忙着给孩子报班、陪孩子上课,在教育内卷的浪潮中奋勇向前之时,精英阶层的家长们却似乎知晓一条秘密通道,通过"内部"的门路,轻而易举或事半功倍地独占鳌头,而这条秘密通道,往往正是其所拥有的强大的外部社会资源。

二、家庭内在的闭合亲缘资本

根据科尔曼的理论,闭合亲缘资本可以区分为两种形式,一种是基于家庭(Home-based)的父母教育卷入,另一种是基于学校(School-based)的父母教育卷入。前者主要是在家庭场域内实现的,包括父母与子女的互动交流、父母对子女学业的辅导、父母对子女日常生活的陪伴、父母与子女共同参加文化活动等;后者则是以学校各类角色的群体

---

① 劳伦·A.里韦拉.出身:不平等的选拔与精英的自我复制[M].江涛,李敏,译.桂林:广西师范大学出版社,2019:134.
② 皮埃尔·布尔迪厄,帕斯隆.继承人:大学生与文化[M].邢克超,译.北京:商务印书馆,2002:129-131.
③ 劳伦·A.里韦拉.出身:不平等的选拔与精英的自我复制[M].江涛,李敏,译.桂林:广西师范大学出版社,2019:8.
④ 皮埃尔·布尔迪厄,帕斯隆.再生产[M].邢克超,译.北京:商务印书馆,2021:52-53.

关系为基础,形成的父母与教师、同学及同学家长之间的连接。由于中产阶层或工薪阶层在外部社会资源方面的优势比精英阶层要欠缺很多,为了弥补这一劣势,父母会通过与子女、老师和其他家长之间紧密的互动来增加自身的闭合亲缘资本,为孩子构筑一个有利于学习的结构性环境,从而直接推动子女的教育成就。

> "我爸妈之间的关系挺好的,爸爸工作比较忙,妈妈照顾我的时间比较多。平时,我们三个人会经常聊天,周末我们会一起出去吃大餐,妈妈就会和爸爸讲一讲这周我的学习情况,如果我表现还不错的话爸爸就会表扬我,吃完饭还会给我买点小礼物。如果我成绩有下滑,爸爸妈妈也会一起想办法,帮我分析原因,或者是补课。所以,虽然学习辛苦,但还是感觉挺幸福的。"(访谈编号:P2020210518)

父母之间关系的稳定和谐、双亲一致性的教育观念、家庭成员平等的地位和民主的教养方式等构成了正向的闭合亲缘资本,对子女的教育提供了增值性支持。这一类型的资本能够使处于家庭关系中的父母与子女保持密切的联系,形成浓厚的义务与期望氛围,增强了家庭网络系统内部成员之间的彼此依赖关系,并使得相互之间的信任和规范得以确立。一些经验研究同样发现,父母与子女之间的社会闭合资本对子女教育预期与教育获得都存在直接的影响。如瓦伦祖拉和哈甘等学者研究发现,移民家庭由于外在社会资源不足,会更加注重发挥社会闭合资本的支持作用来提高子女的学习成就[1]。安雪慧通过实证研究发现,父母与子女交流的次数越多,越能够增强子女的教育期望、学业自信及投入程度[2]。钟宇平、陆根书等人则发现,辅导子女功课、增加代际沟通频率能够提高子女对高等教育的需求[3]。国外一些研究结果也显示,如果父母经常与子女讨论学校各项事宜,会对孩子成绩的提高起到至关重要的促进作用[4]。

> "我是儿子他们班家委会的,平时和老师打交道也比较多。比如节日的时候搞一些活动,需要购置一些东西,策划一些节目,这些事情老师通常都会交给我们家委会来做。虽然事情比较琐碎,但是我感觉老师对儿子也是比较关心

---

[1] VALENZUELA, ANGELA, DORNBUSCH, SANFORD M. Familism and Social Capital in the Academic Achievement of Mexican Origin and Anglo Adolescents[J]. Social Science Quarterly, 1994(75): 18-36.

[2] 安雪慧. 教育期望、社会资本与贫困地区教育发展[J]. 教育与经济, 2005(4): 31-35.

[3] 钟宇平, 陆根书. 社会资本因素对个体高等教育需求的影响[J]. 高等教育研究, 2006(1): 39-47.

[4] Ho Sui-Chu, Esther, J. Douglas Willms. Effects of Parental Involvement on Eighth-Grade Achievement[J]. Sociology of Education, 1996(2): 126-141.

的。以前我儿子的同桌成绩不大好,上课老是跟我儿子讲话,我跟老师说了一下这个情况,没多久老师就把我儿子的座位换了。"(访谈编号:P3820210822)

"现在我女儿的学校实行的是积分管理,孩子成绩好、表现好老师就给加分,孩子作业做得不好或者不遵守纪律调皮捣蛋就扣分。另外,如果家长能够参加学校的一些志愿活动的话,老师也会给孩子加分,而且加的分还挺多的。我记得上次是征集家长志愿者去学校帮忙打理他们班的小菜园,我要上班没时间,就让孩子奶奶去了,女儿回来告诉我,老师给她加了5分,高兴坏了,说平时做学案全对也只给加2分。"(访谈编号:P3820210822)

除了基于家庭的父母教育卷入可以直接影响子女的教育以外,基于学校的父母教育卷入同样对子女的学业有显著影响。国内外诸多研究发现,父母参加子女家长会、积极配合老师完成各项社会活动、参与学校的各项志愿活动以及主动向老师了解子女的学习状况等变量都能显著提升子女的成绩[1]。还有学者发现,如果父母与更多子女同学的父母熟识并经常保持联系,子女会更加积极地投入学校生活,且不易成为问题少年[2]。家长通过与学校老师的积极互动建立起的社会闭合资本,首先,对于子女来说是一种约束,因为孩子知道自己在学校的表现家长能够及时知晓,因此大多数孩子会有一种自律的意识,这一意识对于孩子学习的效果具有正向的促进作用。其次,家长在与学校老师较为频繁的互动中,可以及时了解子女学习的具体状况和成绩起伏,因此,可以在家庭教育中作出及时的响应和调整,以保证孩子学业成绩的稳定性。最后,除了与学校老师保持良好的互动以外,家长还会有意识地与子女的同学及同学家长保持经常的联系。家长之间的交流可以帮助彼此获取更多信息,并通过子女教育问题的讨论,取长补短,获得启发。这种联系有助于在家长中形成支持性社群(Functional Community)和互助性文化,这不仅有利于子女获得更多有效的学习资源,同时也可以促进团体竞争意识的形成,从而帮助子女提高学习意识、提升学业成绩[3]。

---

[1] PONG, SUET-LING, LINGXIN HAO, ERICA GARDNER. The Roles of Parenting Styles and Social Capital in the School Performance of Immigrant Asian and Hispanic Adolescents[J]. Social Science Quarterly, 2005 (86):928-950.

[2] PARCEL, TOBY L, DUFUR MIKAELA J. Capital at Home and at School: Effects on Child Social Adjustment[J]. Journal of Marriage and Family, 2001(1):32-47.

[3] Ho Sui-Chu, Esther, J. Douglas Willms. Effects of Parental Involvement on Eighth-grade Achievement [J]. Sociology of education, 1996(2):126-141.

三、家庭内外的社会资本互济

通过以上论述，大致可以推断出这样的结论：由于资本来源的区别，家庭外部的社会资源链接主要功能是为子女提供更好的学习环境和学习机会，而非直接对子女的学业进行直接干预；而家庭内在的闭合亲缘资本则是通过对子女学业的直接干预和支持性社群的建立，影响其学习态度、学习习惯、学习能力等，从而帮助子女提高其学习成就。然而，这两类社会资本之间并不能够完全区隔开来进行独立的分析，外部社会资源链接与内部闭合亲缘资本之间，很大程度上是可以互济的。

一方面，家庭外部社会资源的拥有量会影响社会闭合亲缘资本的效应。外部社会资源的拥有量越大，意味着父母建立社会网络的能力越强。由于学校给学生家长提供的参与学校活动的正式渠道有限，为了更多地建立家校联系，父母只能利用各种社会网络资源实现"基于学校"的教育卷入。通过比较研究发现，不同阶层家庭拥有的社会资源数量不同，会导致父母教育卷入的形式也存在差异。精英阶层家庭的父母在参与家校互动及社会活动时会更加自信、积极，能够主动表达自己的想法，并通过提供活动场地、经费赞助、物质支持等方式对活动的开展提供直接的帮助和支持；中产阶层家庭的父母会在与教师联系及参与学校组织的各项活动时感到舒适自在，并积极参与到活动组织策划中；而工薪阶层父母由于社会资源不足，无法提供实质性的支持，因此其参与家校互动大多是通过一些正式渠道实现的，如家长会、学校组织的讲座、报告等，且大多为被动的参与。更为显著的区别还体现在，中上阶层的家长往往倾向于通过学校的"上层路线"与子女的班主任、任课教师等建立起良好的互动关系，如主动去结识学校领导、参与学校组织的活动、提供学生社会实践的机会等，其方式大多是非正式的，且由中上阶层的父母主动发起。

另一方面，家庭内部闭合亲缘资本的投入也会扩大外部社会资源的拥有量。父母教育卷入能够为子女提供更多更好的机会，间接帮助子女获得更高水平的教育成就。尤其是基于学校的父母教育卷入，通过家长的持续密集投入，有助于和子女教师、同学家长之间建立起相对稳定的长期互动机制，从而将其纳入自身的社会网络中，在特定条件下可以激活成为自身的外部社会资源。由此可见，外部社会资源与内部闭合亲缘资本之间交互影响，互相强化，共同构成影响子女教育机会与教育获得的社会资本。

第四节　母职资本:父母教育卷入的优渥后盾

随着家庭在子女教养实践中承担的权重逐渐加大,对"母亲"这一角色所赋予的职责也不断扩展。"入学拼爹、开学拼妈",从这些网络流行语中我们不难发现,如果说经济资本、文化资本和社会资本是以家庭为单位,甚至是以父亲为主导所拥有的资本为主,而这些资本如何作用于子女的教育问题上,很大程度取决于母职的行使。按照学术界使用较为普遍的定义,"母职"(Motherhood)是指社会围绕子女养育和照料而建构的一系列活动和关系。[①] 作为一个社会建构的概念,其内涵也随着社会变迁和本土化移植被不断解构和重构。西方理论文献中所论及的母职不仅指代母亲要承担的各种家庭养育活动,还包含了很多意识形态的隐喻。在北美社会中,20世纪70年代以来,"密集母职"(Intensive Motherhood)成为母职意识形态的主流话语,其主要特征包括完全以子女为中心、母亲责任的不可替代、充分的情感投入和时间陪伴[②]。成功的母职即"好妈妈"的典型代表是白人中产阶级全职妈妈,她们通过对子女的教育、家庭的照料获得所有的满足感和成就感,丈夫和子女的成就被看作母职成功的最重要衡量指标。这种西方社会的母职主流意识形态的建构,实质上是以白人中产阶级核心家庭作为参照系,对家庭的经济资本和父职履行能力具有相当高的要求。这种中产阶级的母职规制显然对于工薪阶层家庭是极不友好的。由于家庭资本的局限性,工薪阶层家庭的母亲不得不走出家庭,走向职场,同时承担起家庭角色和工作角色。因此,双重身份的母亲们只能放弃"密集母职"的尝试,转而采取"扩散母职"(Extensive Motherhood)的教养方式,即在工作时间将子女委托给家人、邻里、社区或托管机构照看。但是,在"密集母职"的主流话语体系的压制之下,履行"扩散母职"的母亲们却常常付出承受负疚心理压力的代价[③]。

尽管席卷全球的三次女性主义浪潮,一步步地将女性从男权制的桎梏中解放出来,加上西方福利国家中男性的就业机会无法得到充分保障,越来越多的女性开始走入职

---

① ARENDELL, TERRY. Conceiving and Investigating Motherhood: The Decade's Scholarship[J]. Journal of Marriage and the Family, 2000(4):1192-1207.

② MURPHY E. Risk, Responsibility and Rhetoric in Infant Feeding [J]. Journal of Contemporary Ethnography, 2000(3):291-325.

③ ARENDELL, TERRY. Conceiving and Investigating Motherhood: The Decade's Scholarship[J]. Journal of Marriage and the Family, 2000(4):1192-1207.

场,追求经济独立和自我实现。然而,由于文化堕距的影响,母职的意识形态变迁却较为滞后。母亲是子女教育与照料的主要责任者,子女的需要必须优先于母亲的需要——传统意义上对母职的要求与期待并未发生颠覆性的变革,即便是在男女平等的今天,"密集母职"仍然是规范母亲角色的主导话语。以描写女性在社会中的经历见长,被誉为美国20世纪后半期最有影响力的诗人之一的艾德里安娜·里奇(Adrienne Rich)在其代表著作《生为女人:作为经验与体制的母亲身份》(*Of Woman Born: Motherhood as Experience and Institution*)中提出,社会对于好母亲最大的期待是放弃自己的目标,成就子女的目标,这使得很多母亲在很大程度上不仅失去了话语权和自主选择权,甚至连自由思想和自我意识的权利也被剥夺了[①]。

在中国语境下,无论是在传统性别文化中,还是在当下家庭结构与角色分配中,母亲无疑成为子女的主要照顾者。尽管大多数母亲都承担着工作与家庭双重角色,但似乎并未影响"密集母职"成为子女教育场域中的主导话语。伴随着"儿童中心"价值观的形成与"科学育儿"话语的普及,母亲的职责也从抚育照料子女为主扩展为在子女教育过程中的全面卷入,母职文化中的教育权重得到了空前的加强。在子女教育的具体实践中,"母职"的履行状况直接影响了父母教育卷入行动能否实现及具体实施效果,因此,在家庭场域中,母职作为一种不可或缺的资本,成为教育卷入的优渥后盾。本书尝试提出了"母职资本"这一概念,来指代母职履行的能力与价值,它既包括母亲在子女教育中的时间投入、精力投入、情感投入,还包括母亲在子女教育参与中的规划能力、时间管理能力、教育资源筛选能力等。"出身拼爹,教育拼妈",母职资本的能量在父母教育卷入行动的实践中被极大地丰富与扩充。

一、陪伴型母职:"协作培养"的母职承担

美国社会学家安妮特·拉鲁(Annette Lareau)用10年时间调查了美国不同阶层的88户家庭,并重点跟踪调查了其中12户家庭的子女,这些家庭分别来自贫困阶层、工人阶层、中产阶层和精英阶层。通过观察他们在学校和家庭的生活,安妮特·拉鲁发现:不同社会经济阶层的父母,在育儿方式上存在显著差异。工人家庭通常奉行"自由放养"的育儿理念,认为应给子女更多的自主权和自由玩耍的时间。他们认为,当孩子可以自由发展并得到学校的引导时,他们便可以茁壮成长。他们很少参与子女的学校生活,而是

---

① ADRIENNE RICH. Of Woman Born: Motherhood as Experience and Institution[J]. Psychology of Women Quarterly, 1995(4):368-371.

将参与课外活动的选择权交予子女本人,这种方式导致工薪阶层子女在争取有利资源、打造有竞争力的简历时表现出明显的劣势。而贫困家庭的育儿投入更为匮乏,拉鲁曾这样描述这些家庭中父母的想法:儿童的发展是自发的,父母只要给他们吃的食物、住的场所和一些基本支持就可以了。拉鲁将这种育儿方式称作为"自然培养"(Natural Growth)。相较之下,美国的中产家庭则会深入地参与到孩子成长的过程中,在这些父母的眼中,子女是需要精心培育、妥善照顾才能获得成功的教育项目,因此,他们会更加积极地参与到子女的学校教育中,为子女争取更好的班级和教师,帮助孩子进入学业发展的快车道,当遇到问题时,他们也会直接和学校的行政部门交涉,这种教育方式被称为"协作培养"(Concerted Cultivation)[1]。这里的协作培养不仅是指父母需要统筹安排好多种课外学习与体育休闲活动的时间与行程,还强调了父母与子女之间在教育认知上的协商一致,他们尽可能地陪伴在子女左右,时刻关注他们的成长动态,努力培养他们的认知和社交技能。

蓝佩嘉运用拉鲁的分析框架对台湾地区四个家庭的育儿实践进行了深入细致的调查,发现台湾中产家庭的协作培养任务也同样是由母亲来承担的。父亲主要负责提供经济资本,而母亲则需要通过吸收新知、建立人脉、统筹安排子女教育活动甚至陪同子女上课等方式积极参与到子女的培养工程中去[2]。由此可见,在子女教育的亲职投入上形成了较为明确的性别分工模式,即父亲主要负责经济投入,母亲主要负责人力投入。很多实证研究也证实了这一点。通过对参与子女教育的母亲学历背景的调查发现,高学历母亲更有自觉意识和主动意愿陪伴子女,为子女的学习和成长创设良好的家庭文化氛围,并在语言学习和应用方面也能够为子女提供更多的支持和辅助[3]。相较之下,低学历母亲对子女的教育参与缺乏热情和主动意识,而且随着子女学业难度的提升,能力匮乏感也愈加强烈,进而导致对子女的学业参与积极性一再被削弱[4]。

---

[1] 安妮特·拉鲁. 不平等的童年[M]. 张旭,译. 北京:北京大学出版社,2010:1-8.
[2] 蓝佩嘉. 做父母、做阶级:亲职叙事、教养实作与阶级不平等[J]. 台湾社会学,2014(27):97-140.
[3] HYDE J S. et al. Mathematics in the Home: Homework Practices and Mother-child Interactions Doing Mathematics[J]. Journal of Mathematical Behavior, 2006(2):136-152.
[4] ENGLUND M M, LUCKNER A E. Children's Achievement in Early Elementary School: Longitudinal Effects of Parental Involvement, Expectations and Quality of Assistance[J]. Journal of Educational Psychology, 2004(4):723-730.

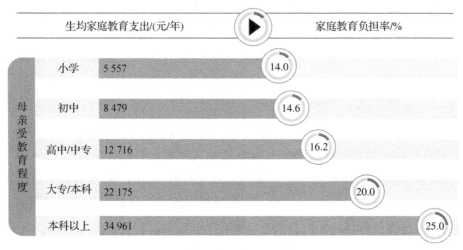

图 5.4　母亲受教育程度与家庭教育投入的关系
(资料来源:《中国教育财政家庭调查报告(2019)》)

如图 5.4 所示,母亲的受教育程度也对家庭教育的投入有较大影响,拥有学历越高的母亲家庭,生均家庭教育支出越多。除了经济上的支出之外,高学历母亲陪伴的质量也更高。以"海淀妈妈"为代表,即便在校外培训场域,母亲也选择了以旁听的方式进行参与式陪伴。孩子在前排听讲,母亲在后排记笔记、做家长版的配套教材。与一般的育儿陪伴不同,教育卷入行动对母亲提出了更高的智识要求。除了对学校教育的积极介入以外,母亲还要负责向子女提供学校以外的教育补充,积极有效地安排子女的课余时间,让孩子参加结构化的课外活动。通过精致地规划、统筹安排子女的学习、锻炼和休闲活动,有组织、有规划地去培养孩子的思想、认知、技能等。这些举措不仅有助于提高孩子的综合素质,给学校留下积极的印象,从而确保在数量稀缺的优质学校或班级中占有一席之地,而且,参加系统的课外活动还能够帮助子女增长见识,更加娴熟地与他人互动,从而进入将课外活动也作为录取标准之一的优质学校。

二、专家型母职:"教育经纪人"的母职扮演

母职是一个历史建构的意识形态,母职并不是为母天生、自然生成的,而是一个被定义、被规范的角色意识和行为准则,它提供给所有女性一个性别化的行为规范[①]。在传统的母职定义中,"生"与"养"的职责构成了主体话语。孕育、生育、哺乳、日常照料等"本能

---

① 金一虹,杨笛.教育"拼妈":"家长主义"的盛行与母职再造[J].南京社会科学,2015(2):61-67.

性"职责成为母职建构的主体要素,虽然其中也包含了"教",即家庭教育的元素,但仅限于对子女道德品质和行为规范的教化。而在现代语境下,随着教育在家庭功能中权重的增加,母职的内涵也不断被更新。对子女的衣食起居类生活照料被视为具有一定的可转移性,如交由上一代亲人负责或通过市场购买的方式由家政服务人员承担,而教育作为影响子女成长与发展的关键变量,加之其中蕴含的较高知识含量,只能由母亲亲自承担,具有独特的不可替代性。一位上海家长撰写了"'魔都'鸡娃生活手册",生动呈现了"鸡娃"母亲为了尽力培育母职资本不断自我加压的生活图景:"一个典型的'魔都''鸡妈',是家里有好几套书,刷了好几遍题,每周好几个班,手里好几个群;她们上班准时打卡,政策及时去查,下班回家陪娃,群里资源共享。而没人敢说自己在'鸡娃',各个都说自己是放养。"[①]

在教育竞争不断加剧的社会背景下,教育的市场化作为一种适应性机制,也成为当今讨论"鸡娃"问题不可忽视的重要语境。从胎教、早教、学龄前教育、小升初……一直到高考,母亲对子女教育的介入链条被不断拉长,几乎覆盖了子女的整个学习生涯。母职的内涵不仅大大突破了在家庭私领域内照料子女的传统内涵,还呈现出"经纪人化"的现代特征[②]。母亲成为连接家庭、学校和市场的一个中心枢纽,发挥着经营信息与社交网络的重要功能。这种角色类似专业型明星经纪人,正如明星经纪人需要充分了解明星的特质,懂得如何开发明星的潜质,并且凭借敏锐的市场意识和经营头脑去帮助明星寻求和获取机会一样,在教育市场化的背景下,母亲也需要像经纪人一样,将子女作为"明星"来经营,承担起筛选教育培训产品、规划符合子女特质的个性化教育方案、链接教育资源、经营社会资本等一系列的职责。

"最重要的是你要对自己的孩子有个非常准确的定位,这事儿只能你来干,别人谁也代替不了。你的孩子是什么类型的孩子,这是你去培养他的一个基础,也是科学决策的关键。比如说我们家儿子逻辑思维能力比较强,但形象思维能力和艺术思维能力就比较弱,所以我们就重点发挥他的优势,在需要抽象的逻辑思维能力的科目上下功夫,比如说数学和物理。他从小学奥数,学得还比较好,现在基本上在同年级里面是找不到对手了,所以我就要去给他申请一些跨年级的数学竞赛,国内国外的都有。你在他擅长的领域培养他,他才能在

---

① 董子琪.学区房、密集型教养与育儿陷阱:"鸡娃"时代向何处去?.界面新闻,2019 年 9 月 13 日。见 https://baijiahao.baidu.com/s?id=1644535526197586597&wfr=spider&for=pc.
② 杨可.母职的经纪人化——教育市场化背景下的母职变迁[J].妇女研究论丛,2018(2):79-90.

一次次的成功中不断积累自信心,有了自信,其他学科也不会太差。"(访谈编号:P4320210919)

"我家女儿和别人不一样,人家都说女孩的语言能力比较强,英语学得比男孩子好,但我女儿不知道怎么回事,在这方面就是少根筋,单词背了后面忘了前面,和她同班的好多孩子新概念英语的每篇课文都能倒背如流了,我家这个单词还背不全呢。她现在小,才三年级,我就想啊,赶紧给她补补,将来学的科目越来越多,英语千万不能成为瘸腿啊。所以,我就想了个办法,把学习任务分解,每天打卡,比如说一篇500个单词的文章,让她一天背下来肯定不容易,我就给她分成四段,一天背一段,背熟了就可以打卡,打卡十天就给一个奖励,比如给她买个礼物,或者带她出去吃顿大餐,看场电影之类的。"(访谈编号:P2420210629)

作为"专家型母职"的履行者,对子女教育方向的规划、对教育市场的考察和对教育产品的筛选,按照德国社会学家马克斯·韦伯对社会行动的分类,毫无疑问都是一种典型的目的合理性行动。它严格按照明确的目标,选择最有效的、最便捷的路径。尤其是生活在大城市的"70后"和"80后"的父母们,他们本身是依靠学校教育,"千军万马过独木桥"才得以在城市安身立命,对于竞争的残酷和城市生活的艰难感受尤为深刻,因此对于子女的教育更为重视。作为"工作母亲",她们虽然无暇对孩子的培养面面俱到,但是发挥自身的"专业优势",了解教育政策、考试动向,制订孩子的"个性化"学习方案是她们的强项,在不断的实践中,这些母亲大多成了精通各类学校教育信息、升学信息和课外教育信息的"专家"。

"市场上的培训机构太多了,像我们这,光青少年活动中心里面培训英语的就有四家,因为我们家属于记忆能力比较强,但理解能力和写作能力比较弱的,所以为了给孩子挑一个有针对性的,适合他的培训班,我和每一家的学管老师都详细沟通过,了解他们的培训方向、内容、上课模式等等,甚至连报班孩子的基本结构我也做了调查,是什么学校的,什么成绩段的孩子报的比较多,这些都是要考虑的因素。最后,我特地做了一张表,把四家机构的优势劣势都罗列下来,综合比较,最后挑的这家我还是比较满意的。"(访谈编号:P220210315)

"现在孩子报的班太多了,怎么将日程规划得最合理,能够减少接送的次数和在路上的时间,也是一门学问。有的时候离家近的不太适合,适合的又离家太远,这种情况是最为难的,需要作出取舍。"(访谈编号:P720210325)

"现在给孩子报班不仅要看机构,还要看其他孩子。因为如果一个班孩子相差得太多,老师的内容肯定安排得是就低不就高,而且孩子与孩子之间也没办法形成你追我赶的良性竞争。所以,怎么样把同等水平的孩子攒到一个班里,还需要家长私底下来沟通组织。"(访谈编号:P820210327)

为了扮演好教育经纪人的角色,大多数母亲都将自己职场上锻炼发展起来的沟通能力、项目管理能力、组织策划能力等自觉移植到子女的教育实践中,综合比较各类信息,在知己知彼的基础上适时权衡,以作出最有利于目标达成的理性选择。在学校教育与校外培训的双重场域下,母亲甚至开始替代老师成为子女教育活动的轴心,在子女价值最大化的现代家庭观的影响下,母亲与子女之间的关系在一定程度上也成为家庭关系中取代夫妻关系的中心轴,母亲通过教育经纪人式的"专家型"母职实践成为连接家庭私领域与市场、社会、学校等教育公领域的枢纽。

由于母职的经纪人化是在教育市场化的背景下孕育而生的,因此,一方面,要取得教育市场的通行证,必然需要付出一定的经济资本。另一方面,由于教育市场中优质资源的稀缺性,要占有限的资源往往还需要动用家庭的社会网络关系,付出一定的社会资本。再加上教育市场中各类机构参差不齐,要进行理性地筛选还需要具备一定的教育背景、文化知识、智识能力等文化资本。而所有资本最终端的整合者和运作者,则是负责子女教育的母亲。因此,并不是每个家庭都可以"教育拼妈"的,母亲也成为家庭中以自身的人力资本连接家庭经济资本、社会资本和文化资本的枢纽。具有相同经济资本、社会资本和文化资本的家庭的子女很有可能在教育市场中抢占不同的教育资源,其中最关键的因素就在于母亲作为枢纽的履行能力。

三、全能型母职:"超级妈妈"的母职加码

如果说生育依赖于母亲的生理构造,他者暂时无法取代,那么养育与教育子女并非母亲的天职,而是现代建构的产物。近些年来,"母不在于生养而在于教",母亲不仅要承担起对幼儿的照顾,而且必须成为能够科学育儿、符合现代性标准的"教育妈妈",逐渐成为母职现代性建构的主流话语[①]。作为多数家庭教育投入和教养实践的行动主体,母亲不仅要为子女进行科学合理的教育规划与陪伴辅导,而且要根据子女的教育需求不断调整自身人生规划与职业安排,并持续进行继续学习与自我提升。对母职的

---

① 金一虹.社会转型中的中国工作母亲[J].学海,2013(2):56-63.

理想期待不断加码,甚至逐渐演化为"十项全能"型"超级妈妈"的角色想象。全能型母职需要"下得了菜场,上得了课堂,做得了蛋糕,讲得了故事,教得了奥数,讲得了语法,改得了作文,做得了小报,懂得了琴棋,会得了书画……想得出创意,搞得了活动,挣得了学费,付得了消费"①。母职构成权重的变化和母职范围的扩大导致了"教育拼妈"现象②。

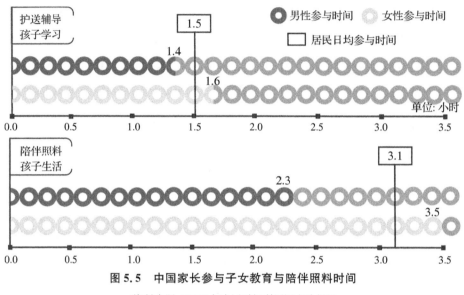

图 5.5　中国家长参与子女教育与陪伴照料时间

(资料来源:《2018 年全国时间利用调查公报》)

根据《2018 年全国时间利用调查公报》显示,中国家长平均每天花 4.6 小时陪伴孩子,而母亲则是陪伴照料和护送辅导的主力(如图 5.5)。"欲鸡娃,必先自鸡"。"超级妈妈"不仅要给子女"打鸡血",自己也需要不断提升能力水平,为子女作出表率。

"'鸡娃圈'母凭子贵,牛娃可以横着走。学习你无法代替孩子学,但有些保障工作是你可以代替孩子做的,比如给孩子整理错题集,打印各种资料,尤其是考级评奖时要为孩子准备好所有的证书和材料,这些都是妈妈的任务。每个'鸡娃'妈妈都是时间管理大师,既要把娃娃的校内校外都安排好,还要兼顾视力保健、生长发育、心理健康……时间规划有时候真的要细化到多少分多少秒。"(访谈编号:P1920210517)

---

① 余靖静,朱青."拼妈"时代:当妈非得"十项全能"?[J].决策探索(上半月),2014(6):81-83.
② 金一虹,杨笛.教育"拼妈":"家长主义"的盛行与母职再造[J].南京社会科学,2015(2):61-67.

正如前文所述,当前母职实践不仅在子女的学业教育场域呈现出明显的"经纪人化"的倾向,而且在心理健康建设、民主关系建立,甚至自我形象提升方面对母亲提出了越来越多的要求,呈现出母职不断被加码的全能化趋势。

"男女有别,男主外女主内,就算你再不认同这个现象,它也已经是个现实了。你想要挑战它,就要付出巨大的代价。现在这种社会环境下,男性的收入能力肯定普遍是高于女性的,如果像美剧《绝望主妇》里那样,妈妈出去工作,爸爸在家带娃,起码在我们家是行不通的。一个是我没办法挣足够承担家庭开销和孩子教育的钱,另外一个,说实话,爸爸带娃我也不放心。"(访谈编号:P4220210917)

网上一篇题为《海淀家长对不起,顺义妈妈的生活才叫做"不配有梦想"》的文章中写道,顺义妈妈是一群为了培养孩子挤进常青藤耗费大量时间的全职妈妈,她们帮助孩子科学地安排时间、学习各种技能,而她们自己也通常受过良好的教育,"英美留学海归占大多数""Wharton、Harvard、Yale 名校全球覆盖"。名校教育背景让顺义妈妈不仅成为合格的教育经纪人,而且也成为其他绝大多数家庭无法望其项背的"母职资本"。由此可见,在现代语境下,子女教育对父母尤其是承担更多教育职责的母亲提出了更高的要求。拥有更多时间、更高学历、更强能力的母亲成为父母教育卷入的重要家庭资本。当今的"超级妈妈"不仅仅指代为了子女牺牲自我,全心全意以孩子为中心并为之投入一切的"全职妈妈",也同样指代能够同时胜任工作和家庭角色的"工作母亲"。更多的母亲们无法成为精英阶层的全职妈妈,作为普通的中产阶层,必须兼顾工作与家庭,育儿任务无疑更加繁重。

近些年来,随着大众传媒的快速发展,科学育儿的理念也迅速被吸纳进入主流的母职意识形态中,大量年轻的母亲在育儿专家的指导和影响下自觉更新传统育儿观念,主动学习如何成为正确育儿的"科学母亲",并在与专家话语的不断对照中修正、完善自身的育儿实践,进而促生精细化养育风气的盛行[1]。此外,在消费主义思潮的影响下,一个新兴的头衔——"辣妈"诞生了,它从对明星母亲的称谓逐渐演变为对普通母亲的称谓,并成为一种新时代母亲的理想角色形象。这个头衔意味着母亲不仅应该拥有美丽性感

---

[1] APPLE R D. Perfect Motherhood: Science and Childrearing in America[M]. New Brunswick: Rutgers University Press, 2006:62.

的外貌身材,还应该能够游刃有余地处理好子女教育及其他一切家庭事务[①]。"全能妈妈""工作母亲""科学母亲""辣妈"……育儿的各个环节被一再细致化地分解,并在每个环节形成一套社会期待的规范性话语,对"理想母职"的要求被层层加码,母职的内容被不断扩充,从对子女的生活照料、成长规划、教育投入、情绪回应、心理照顾到对自身的形象管理和增能增权等,母职的密集化趋势愈演愈烈,母职资本成为"鸡娃"教育成就的重要砝码。"超级妈妈"逐步登上教育前台,变成家庭教育的掌舵手、家族竞争的总设计师、资源的动员者和现场指挥者[②]。

本章小结

　　家庭资本不仅是父母教育卷入行动生成的中介变量,也是其中的核心变量。正是通过家庭场域中资本的激活与运用,才制造了教育场域中的"鸡娃"。在教育经济学投入与产出的视角下,家庭资本的运用作为一种教育投入,将直接影响产出结果,即子女的教育机会或教育成就。在父母看来,对子女的教育卷入是一项以长远利益为导向的家庭投资行为,虽然当下需要投入大量的经济资本、文化资本、社会资本和母职资本,以帮助子女获取更优质的教育资源,达成更高的教育成就,但从长远来看,这些教育成就将来可以转化为子女的人力资本,帮助子女获得更好的就业机会、更多的职业收入和更高的社会地位,这样,不仅可以实现家庭资本的再生产,而且可以实现家庭资本的代际增值。由此可见,在父母教育卷入实践中,现时的父母教育卷入实质上是面向子女未来的人力资本投资的理性决策。

　　此外,在不同的社会阶层中,各自占据的资本类型及资本拥有量具有一定的差别,也因此导致了其父母教育卷入行动的重点有所区别。结合前文分析的各个阶层的焦虑水平,本书尝试对不同阶层的父母教育卷入行动作出如下理想类型的分类(如表5.2)。

[①] 沈奕斐.辣妈:个体化进程中母职与女权[J].南京社会科学,2014(2):69-77.
[②] 安超.拉扯大的孩子:民间养育学的文化家谱[M].北京:社会科学文献出版社,2021:214-223.

表 5.2 不同阶层的父母教育卷入行动分类

社会阶层	焦虑水平	家庭资本结构	父母教育卷入行动重点
精英阶层	较低	经济资本、文化资本、社会资本、母职资本都十分充裕	学区房 国际学校 小众项目特长培养
中产阶层	高	经济资本、文化资本、母职资本相对充裕,社会资本相对匮乏	学区房 学科培训 大众项目特长培养
工薪阶层	较高	经济资本相对充裕,文化资本、社会资本、母职资本相对匮乏	学科培训

精英阶层的经济资本、文化资本、社会资本和母职资本都十分充裕,具备了父母教育卷入的优厚条件,为了跨赛道抢跑,其行动重点主要放在学区房、国际学校和小众项目的特长培养上;中产阶层虽然在资本拥有量上不及精英阶层,因而无法负担成本高昂的国际学校和小众项目特长培养,但从自身的家庭资本结构来看,经济资本、文化资本和母职资本相对充裕,出于综合性理性考量,这一阶层父母教育卷入行动涵盖了学区房、学科培训和大众项目特长培养;而工薪阶层的各项资本拥有量都不及中上阶层,只是在自身家庭资本结构中,相对于文化资本、社会资本和母职资本,唯有经济资本相对宽裕,出于利益最大化的考量,不得不在父母教育卷入行动中将重点聚焦于可以直接帮助子女提升成绩的学科培训。

第六章　国家行动:突围教育困境的现实可能

无论在任何时代、任何国家、任何社会,重视教育毋庸置疑都是应然之举。然而,正如德普克和齐利博蒂所言,如果仅仅将获取一份好职业和高收入视为教育的唯一动机和功能,那么,这个社会将会面临集体风险的压力:人们为了子女能够考得高分,投入巨大的家庭资本,但因为学习的功利导向性,子女并没有获得考试分数以外的实际收益,反而丧失了自身的天赋、想象力和创新能力,甚至导致了更为严重的身体与心理问题[①]。近年来,我国儿童的近视率、脊柱侧弯率都在随着年龄增长大幅攀升。根据国家卫健委公布的数据,2020年,我国儿童青少年总体近视率为52.7%,其中6岁儿童为14.3%,小学生为35.6%,初中生为71.1%,高中生为80.5%。根据中国儿童少年基金会发布的《青少年儿童脊柱筛查调研》数据显示,我国儿童脊柱侧弯发生率近年来呈明显上升趋势,高达8%的孩子都发现了脊柱健康问题,比例远高于国际平均水平。长时间高强度的学习不仅损害儿童青少年的身体健康,而且在心理与精神方面也产生了诸多负面影响。相当一部分孩子在高压下对自我产生了错误的认知,无法接受自身的不完美,无法正确地面对失败,容易产生攀比、嫉妒、厌学等负面心理,甚至出现自残、自杀的倾向和行为。中国科学院心理研究所《中国国民心理健康发展报告(2019—2020)》的数据显示,我国青少年抑郁检出率为24.6%,其中轻度抑郁的检出率为17.2%,重度抑郁为7.4%。

然而,单方面地指责父母也是有失公允的,因为"家长主义"偏好的教育制度赋予了家庭教育极大的权重和责任,为了帮助子女获得更好的就业机会和社会地位,拥有一定家庭资本的父母们作出了教育卷入的选择。"家长主义"是英国教育与政治经济学家菲利普·布朗(Phillip Brown)提出的一个社会学概念,与强调机会均等、能力导向的"能力主义"不同,"家长主义"更加强调家长在子女教育中的重要作用,主张通过家长的自我选

[①] 马赛厄斯·德普克,法布里奇奥·齐利博蒂. 爱、金钱和孩子:育儿经济学[M]. 吴娴,鲁敏儿,译. 上海:格致出版社,2019:246-257.

择、自我负责来提升子女的教育成就,提高子女的教育竞争力①。由于家长自身的文化资本、人力资本和时间资本都有限,不可能通过亲身教育参与来实现这一教育目标,因此,寻求市场支援成为家长内在的需求。在这样的推拉作用下,教育市场化进程得以快速推进。通过教育市场化不仅实现了将家长的教育投入转为国家层面的经济活动,而且将新自由主义的思维渗透进了家长的意识形态和教育理念中。与此同时,拆除学校围墙,以构建学校、社会和家庭三位一体的大教育体系为目标的"家校合作"运动开始萌芽,国家鼓励家长全方位投入子女的教育活动中来,学校作为国家代理人对家长提出了越来越多的要求。随着学校这一公共领域不断转向私人化、市场化,家庭的教育职能被一再强化,家长的教育责任也被一再增加。

20世纪90年代,受到西方"家长主义"和"家校合作"运动的影响,家庭教育主体化和教育市场化倾向在我国也迅速蔓延开来。《国家中长期教育改革和发展规划纲要(2010—2020)》中提出,要完善中小学管理制度,建立中小学家长委员会,强调家长参与学校教育的责任。关于家长应该如何参与到学校教育中来,主要存在两种观点。第一种观点是"单向义务论",这一观点认为学校是开展教育活动的主体,掌握着主要话语权,家长的责任在于积极配合学校及老师的各项要求,并尽可能地提供各方面的资源支持,这一论点强调了家长对学校的单方面义务;第二种观点是"双向配合论",这一观点认为学校与家长是教育活动中的平等主体,因此,家长有配合学校各项工作的义务,学校同样也有满足家长合理诉求的责任。尽管在应然性讨论范畴,大都觉得第二种观点更加符合家校合作的精神内涵,但在实然性的教育实践层面,出于"专业主义"和"管理主义"的导向,家长需要承担的更多是学校布置的各种任务,而极少具备表达诉求的话语权,即使通过合理化渠道提出的诉求也极少得到满足。越来越多的家长被训练成了"准教师",不仅要负责核对检查子女的作业,还要负责子女学业的"查漏补缺"。往往是学校教师反映了该学生学习上的某种问题,家长就要通过参加辅导班、请私人家教等各种手段去将问题解决。学校教师的角色更多地类似于官僚机构中的领导者,而家长则处于被动地位,成为教师的下属或员工。在这种教育实践中,国家的力量被弱化,市场的功能日渐增强,子女的教育成就更多地取决于家庭资本的多寡与父母教育投入的程度,这必然会激发家长的教育焦虑和家庭的风险危机。正如布尔迪厄所说,"国家的退出"以及公共设施服务的枯

---

① BROWN P. The 'Third Wave': Education and the Ideology of Parentocracy[J]. British Journal of Sociology of Education,1990(1):65-86.

竭,使许多人的日子越来越难熬①。从这个意义上说,解决问题的关键在于"国家走回教育结构的中心",用国家行动取代家长主义和市场主义,才能从根本上走出教育内卷的怪圈,找到破解父母教育过度卷入的社会政策密码。

第一节 迈向教育良态的制度治理

弗莱克(Fleck L)认为,制度是一种集体思想②。制度的核心要义,并非在于强制人们去顺从与遵循人为制定出来的规则,而是要从观念系统上去解决人们如何认知和习得的问题。制度最根本的目标,是要塑造一种规范性框架,让人们获得某种或某些认识世界的思维图式,再用它们来指导自身的行动③。2020年10月,《中共中央关于制定国民经济和社会发展第十四个五年规划和二〇三五年远景目标的建议》中明确提出构建"高质量教育体系",并在"十三五"与"十四五"的交替时刻,以组合拳的方式连续出台了一系列教育政策。2020—2021年,国家出台的与教育相关的制度性政策意见便有十余项(详见附录3),这一系列的教育治理政策目标直指去应试化和去资本化,其根本目标也是塑造一种全新的教育规范框架,改变人们先前对教育的固有认知与思维,并在这种新的思维图式下重塑个体的教育行动。

一、去应试化:教育评价体系创新与模式转型

(一)体系创新:从单一评价到多维评价

当家长花费了大量时间、精力和金钱给孩子"打鸡血",去帮助孩子追逐极其片面的考试成绩、证书等级的时候,我们不得不反思,这样的教育,还是真正有益的教育吗?通常来说,教育具有培养与选拔的双重功能,两种功能的实现都需要对受教育者的能力水平进行客观准确的评测。考试作为一种典型的评价活动和评价手段,在教育实践中的正确使用,有助于对教育状况与价值水平作出科学的评判。同时,人才培养是一个动态发展的过程,其学习状态和教育获得是在不断发展变化的,通过考试可以对这一变化进行

---

① 毕向阳.转型时代社会学的责任与使命——布尔迪厄《世界的苦难》及其启示[J].社会,2005(4):183-194.

② FLECK L. The Genesis and Development of a Scientific Fact[M]// Douglas M. How Institutions Think? New York: Syracuse University Press, 1979: 23-30.

③ 渠敬东.制度过程中的信息机制[J].北京大学学报(哲学社会科学版),2021(6):75-87.

纵向比较,从而及时调整下一步的教育行动。从这个角度来说,考试这一评价形式是有其积极功能的。但是,如果将这一评价形式作为教育成效或人才培养的唯一标准,那么,教育的本质目标便被扭曲和异化了。本应为培养人才服务的考试结果僭越成了教育发展的根本目的,成为奴役学校和学生的主宰者,这才是应试教育最大的危害。

> "素质教育为什么看上去很美,但却难以梦想照进现实?因为有中考、高考这个指挥棒在前方指挥着。学生只有中考考高分才能上重点高中,高考考高分才能上985、211。学校为了提高升学率,实行的考核机制就是把教师业绩与学生考试成绩挂钩,家长为了孩子将来能上个好大学,也支持学校用严格的管理、大量的刷题来提高孩子的成绩。在这种环境下,有的学生自己也主动学、拼命学,有的学生自觉性差一点,在这种环境里也不得不学。总而言之,只要'一考定终生'的考核机制不变,应试教育的本质就不会变,素质教育就没有生根发芽的土壤,也就只能停留在形式或表面上。"(访谈编号:T420210829)

自20世纪70年代末以来,我国的高考制度一直处于不断变革之中。虽然其"一考定终生"的机制一直以来都备受争议,但是相对于其他非正式渠道而言,高考仍被视为一种相对公平的人才选拔机制。尤其是对于农村学生或底层家庭的学生来说,通过自身的努力取得高考的成功,成为改变自身命运的重要机遇。高考广受诟病的另一重要原因在于评价体系的单一化。以往的高考由于过于强调对课本知识的考核,导致了"填鸭式灌输"的教学方式、"死记硬背"的学习方式和"题海战术"的练习方式,这种应试教育模式培养的学生大多成为学习和考试的工具,完全违背了人才培养的初衷和目标。我们开展制度治理,其目的并不是取消考试这一评价形式,而是避免学校将考试作为唯一的评价手段,学生将应试作为唯一的学习目标。只有从制度层面改变高考的评价体系,才能让指挥棒发挥科学引导的作用,倒逼应试教育向素质教育的转型。

2014年《国务院关于深化考试招生制度改革的实施意见》明确提出深化高考内容改革的要求,要求依据新的时代背景下对人才培养的要求,研制新的高考评价体系。2021年1月,《中国高考评价体系》正式发布。该评价体系由"一核""四层""四翼"组成,其中,"一核"即高考的核心功能在于"立德树人、服务选才、引导教学",从而回应了"为什么考"的问题;"四层"指的是高考的考查内容,包括核心价值、学科素养、关键能力和必备知识四个方面,从而回应了"考什么"的问题;"四翼"是指高考的考查要求,即"基础性、综合性、应用性、创新性",从而回应了"怎么考"的问题。作为高考评价与改革的理论基础和实践指南,这一评价体系在教育导向上,更加强调实现素质教育的导向;在评价维度上,体现了从传统的"知识与能力"二维评价向"价值引领、素养导向、能力为重、知识为基"四维评价的转变。高考评价体系的改革,有助于发挥高考指挥棒的正向作用,微观上有利于学生的健康成长和家庭的理性教育,宏观上对帮助国家选拔人才,推进素质教育与社会公平都具有积极意义。

除了高考制度的改革以外,还要完善初、高中学生学业水平考试制度和综合素质评价制度,摒弃"分数至上"和"学历至上"的教育评价体系,以"发展素质教育为导向的科学评价体系"为指导思想,制定并落实义务教育质量、学校办学质量和学生发展质量的科学评价标准,丰富社会筛选的手段,不将学历作为定义人才和就业筛选的唯一标准,从根本上扭转应试导向,从导向层面改良教育生态①。

(二)模式转型:从应试教育到素质教育

站在国家发展的历史脉络中回溯几十年前,我国迫切需要工业制造业的崛起来带动国家经济的发展,因此,能够执行标准化流程规范的流水线操作员成为必需人才。如果说在这种背景下应试教育所培养的人才还能满足国家需求的话,如今我们的国家正在积极从"中国制造"向"中国创造"转型,只会读书做题的应试型人才已不再是时代的必需,相反,具有创新思维、身体健康、人格健全的素质型人才才是国家与社会所需。

早在1987年,时任国家教委副主任柳斌在其《努力提高基础教育的质量》一文中,针对"多数地方把基础教育办成了单纯的升学教育"这一现象,明确提出了"素质教育"②概念,希望以此校正应试教育的弊端。1999年召开的第三次全国教育大会,决定全面推进素质教育。经过二十多年的发展,素质教育虽然在某些优质学校取得了一些进展和成果,但从整体来看仍是乏善可陈,有学者用"素质教育轰轰烈烈,应试教育扎扎实实"来形容其基本面貌,素质教育很大程度上成为应试教育一个美丽的花边③。

"我2004年毕业就到这个学校任教,已经工作了十六七年了。这么多年当中,也经常听到国家或者学校强调素质教育的重要性,也参加过一些培训,开展过一些课程改革。但是始终感觉都是运动式的,没有什么体系,比如之前开展过以学生睡眠时间、作业、手机、读物、体质为主要内容的'五项管理'大检查,检

---

① 马陆亭,郑雪文."双减":旨在重塑学生健康成长的教育生态[J].新疆师范大学学报(哲学社会科学版),2022(1):1-12.
② 柳斌.努力提高基础教育的质量[J].课程.教材.教法,1987(10):1-5.
③ 杨东平.素质教育为何"麻烦不断"?.南都观察,2018年11月22日.见 https://baijiahao.baidu.com/s?id=1617811051809100181&wfr=spider&for=pc.

查完之后又回到以前了,没有什么差别。虽然口号喊得很响亮,一次次地反复强调素质教育的重要性,但是具体如何来实施,并且是有方向、有目标、有体系、有步骤地来实施,感觉学校也不清楚,老师就更不清楚了。所以经常是大张旗鼓地搞一些活动,拍一些照片,写一些宣传稿,然后就又回到应试教育的轨道上来了。"(访谈编号:T720210904)

素质教育的改革,其核心要义是从应试教育中突围。突围不能仅仅是局部的调整或修补,而是整个教育范式的转型。2019年,中共中央、国务院印发了《关于深化教育教学改革全面提高义务教育质量的意见》(简称《意见》),提出了从"德育""智育""体育""美育""劳育"5个方向全面发展素质教育的培养方针。在该意见的新闻发布会上,教育部副部长郑富芝强调,此次《意见》的精神,是要建立发展以素质教育为导向的科学评价体系,制定义务教育评价标准体系。"通俗讲就是要明确什么才是好的教育,一定要克服'唯分数、唯升学'的功利化倾向。"[①]

2021年,教育部、中组部、中央编办、国家发改委、财政部、人社部等六个部门联合印发《义务教育质量评价指南》,主要目标就在于去应试化,构建以发展素质教育为导向的科学评价体系。《义务教育质量评价指南》提出防止学业负担过重等考察要点,明确了质量评价的指标体系,阐明了"评什么、怎么评、谁来评"等问题,指出义务教育质量评价需涵盖县域、学校、学生等三个层面,每个层面又分别围绕5个方面确定了12项关键指标。特别是在"学生发展质量评价"指标中,确立了包含品德发展、学业发展、身心发展、审美素养、劳动与社会实践在内的五个方面重点内容,充分彰显了促进学生德智体美劳全面发展的素质教育导向。

同年,"双减"政策颁布并指出,义务教育最突出的问题之一就是中小学生负担太重与教育的短视化和功利化问题。"双减"政策要求全面压减作业总量和时长,将学生从"唯分数论"中解放出来,全面关注孩子心理和健康人格的养成。"双减"政策所针对的作业负担和培训负担从本质上来说都是源于对应试的追求,作为对应试教育校正的素质教育成为制度引导的方向。"双减"政策对学科类的校外培训机构划定了严格的红线,对非学科类的校外培训机构则要求分类制定标准,并严把审批关。根据数据显示,2021年我国有37万家艺术类培训机构,66万家体育运动类培训机构,"双减"政策发布以来,这两

[①] 新民晚报.教育部:"五个强化"构建全面发展素质教育新格局.新民网,2019年7月9日。见 https://baijiahao.baidu.com/s?id=1638565630514852596&wfr=spider&for=pc.

类培训机构新增3.3万余家,较去年同期增长了99%[①]。同时,学科类校外培训也纷纷转型。2021年11月以来,好未来、新东方、高途教育、学大教育、网易有道等五家上市教育公司均宣布终止内地义务教育阶段学科类校外培训业务。掌门教育、VIPKID、豌豆思维等教培企业均开始大规模裁员和退租。素质教育培训成为教培行业的重点转型方向。

素质类的校外培训包含艺术类(声乐、器乐、绘画、舞蹈等)、体育运动类(球类、游泳、跆拳道等)、科学创造类(机器人、编程等)、棋类(围棋、中国象棋、国际象棋等),为家长和学生提供了丰富的市场选择。此外,各地的青少年宫、科技馆、博物馆、文化宫等成建制的校外教育单位也响应"双减"政策提出的"充分利用社会资源,发挥好少年宫、青少年活动中心等校外活动场所在课后服务中的作用",为学校提供素质教育类的资源与课程。如杭州市于2021年9月下发了《关于加强青少年宫(活动中心)与义务教育阶段学校合作提升学校课后服务质量的指导意见》,要求各地青少年宫、各中小学校要加强合作,积极协同开发中小学课后服务课程,实现课程、师资、场地资源共享,推动优势互补,弥补学校课后教育资源不足,丰富学校课后服务内容,提升学校课后服务质量;并提出各地图书馆、博物馆、文化馆、妇女儿童活动中心、展览中心、红色景点、研学基地、村(社区)儿童之家等校外青少年活动场所参与课后服务工作,也可参照执行。不管是校外培训机构、校外教育单位还是线上教育资源,都应是校内教育的"绿色补充",发挥自身的特色和个性,与校内教育错位发展,而不是再造一个新的教育体系。

二、去资本化:利益捆绑解除与公共属性回归

(一)教培机构整顿与利益解绑

近年来资本纷纷将教育看作下一个风口,大量涌入培训行业。校外培训机构凭借强大的资本力量,用高价挖老师、挖学生,迅速形成了教育系统的"侵蚀",使得一些公办学校在大量师资流失的背景下,教育质量下滑。而校外培训机构所付出的资本又都变成成本转嫁给家长,致使补习费用一路攀高,加重了无数家庭的经济负担,铸就了获取优质教育资源的阶层壁垒。在资本化驱动之下,培训机构迅速扩张,叠加各种贩卖焦虑式的广告和过度宣传,不仅催化了家长的教育焦虑,而且背离了教育的公共属性,破坏了正常的教育生态。畸形而疯狂的学科类校外培训,为了短时间提高学生的成绩以达到资本扩张的目的,不惜用超长的学习时间、超前的学习进度、超高的学习强度进行"鸡血式培训",

---

① 刘钧燕."双减"下家校社协同推进素质教育发展[J].群言,2021(11):33-36.

不仅极大地伤害了孩子的身心健康,扼杀了学生的创造力和想象力,而且也致使家长陷入了疯狂的内卷和无休止博弈的"囚徒困境",致使教育严重偏离了理性的轨道。

医重症需下猛药。"双减"政策明确提出,针对校外培训机构无序发展、"校内减负、校外增负"现象突出等问题,要从严治理。不仅要进一步完善相关法律,对校外培训机构进行依法管理,严禁随意的资本化运作,而且要对存在没有资质、虚假宣传、牟取暴利等问题的校外培训机构进行严厉查处。严禁学科类培训机构上市融资,上市公司也不得对其进行融资投资或购买资产,所有学科类培训机构的性质一律认定登记为非营利机构……对于校外培训行业,"双减"政策的出台无疑是一次彻底的重组,其指向十分明确,就是要去除这个在公办教育和民办教育之外异生出的第三个教育系统,切断它与学校教育之间的利益捆绑,使其成为学校教育的补充者,斩断它对教育生态的破坏。从整顿校外培训机构入手来展开教育改革,"双减"政策可谓猛药去疴、直击要害,即用制度化的形式给资本界画一条红线,避免教育公共事业沦为资本盈利与变现的工具。

(二)培训方向调整与公共属性回归

"双减"政策发布之后,中央纪委国家监委网站也随之发出评论《莫让资本蒙蔽教育初心》。文中写道:"目前全国面向中小学生的校外培训机构已基本与学校数量持平,鱼龙混杂、良莠不齐。这些问题导致学生作业和校外培训负担过重,家长经济和精力负担过重,严重对冲了教育改革发展成果。……不能让良心的行业变成逐利的产业,这是必须守住的底线。"[①]由此可见,这不是简单的机构整治行动,而是从国家战略层面作出的教育去资本化的尝试。逐利是资本的本性,资本是校外培训系统自我生长的营养剂,去除这个营养剂,才能釜底抽薪,遏制其生长的动力。在马克思的资本批判中,资本本性是反人性的。在资本逻辑里,人与其他的物一样,只具有工具价值。资本把所有的精神文化创造者都纳入资本逻辑之中,从而使文化失去了自由创造的本质规定性[②]。只有当"资本"无法裹挟教育,教育才能拥有良性发展的土壤。只有去资本化,才能使教育回归公共服务和民生属性,终结资本对教育的宰制。

21世纪教育研究院院长熊丙奇认为,"双减"政策的力度是史无前例的,这意味着已经上市的校外培训机构,只有两个选择,要么退市,要么剥离学科培训业务。而对学科培

---

① 陈丽.莫让资本蒙蔽教育初心.中央纪委国家监委网站,2019年7月25日.见https://www.ccdi.gov.cn/pln/202107/t20210725_142061.html.

② 卡尔·马克思,弗里德里希·恩格斯.马克思恩格斯文集:第五卷[M].中共中央马克思恩格斯列宁斯大林著作编译局,编译.北京:人民出版社,2009:260-272.

训时间的严格限定,也将使多数机构难以生存①。诸多校外培训机构不约而同地调整了培训方向,将学科类培训转向了体育、艺术、科技等非学科类培训,面向家长实施的家庭教育咨询服务及面向中小学生开展的校外托管服务等。"双减"政策正以减量提质的方式,筛选出真正有利于孩子健康成长和综合素质提升的精品机构,让教育从资本的裹挟中解脱出来,使教育回归公共属性本义。作为北京市教育机构聚集的海淀区,2021年9月底已实现无证机构动态清零。有证学科类校外培训机构从296址减至93址。中国民办教育协会率新东方、好未来、作业帮等120家全国性校外培训机构联合发出如下倡议②:

> 1. 深刻认识"双减"重大意义,坚决拥护中央决策部署。
> 2. 坚持社会主义办学方向,全面贯彻党的教育方针。
> 3. 落实立德树人根本任务,服务中小学生全面发展。
> 4. 正确认识校外培训定位,加快转型成为有益补充。
> 5. 坚持证照齐全合法经营,健全规章制度提升水平。
> 6. 遵守价格管理确保质量,充分体现公益普惠属性。
> 7. 杜绝违法违规培训行为,切实维护群众合法利益。

2021年6月1日,新修订的《中华人民共和国未成年人保护法》正式实施,其中明确规定幼儿园和校外培训机构不得对学龄前儿童提前开展小学课程教育。同一天,市场监管总局集中公布了一批校外培训机构涉及虚假宣传、价格欺诈典型案例,对新东方、精锐教育、学而思等13家校外培训机构予以顶格罚款。政策的出台与监管部门的出手掀动了一场剧烈的教育风暴,这不仅是一记救急治标的猛药,更是从制度层面上改善教育生态的良药。

第二节 趋于教育良序的体制改革

在通过制度治理对教育的外部生态进行肃清之后,寻求治本之策还要回到源头。在

---

① 俞杨."双减"落地,校外培训就这样凉了?.腾讯网,2021年8月10日.见 https://new.qq.com/omn/20210810/20210810A04VLU00.html.

② 中国民办教育协会官微.中国民办教育协会率120家校外培训机构联合发出倡议书.广州日报,2021年7月24日.见 https://baijiahao.baidu.com/s?id=1706178866913462185&wfr=spider&for=pc.

"后普及教育"时代,从个体层面来看,家长对于子女教育的目标已从"有学上"的基本诉求转变为"上好学"的更高需求;从国家层面来看,党的十八大以来,国家提出的目标是"要努力让每个孩子都能享有公平而有质量的教育"。为此,不仅需要通过制度手段斩断破坏教育生态的各种干扰,从而撬动教育生态的改变,还要从根本上改变教育资源分配体制,实行趋于教育良序的体制改革。

一、优质均衡:教育资源分配体制改革

我国最激烈的教育竞争存在于小学阶段和初中阶段,其主要原因就在于义务教育学校之间的等级分化、差距悬殊。2021年,小康杂志社联合国家信息中心,围绕"教育投入及政策偏向性、教育法律法规体系建设及执行、对中国教育现状的满意度、对教育公平程度的感受、平均受教育年限"等五个方面,对"2021中国现代教育发展指数"开展调查。结果显示,"对中国教育现状的满意度"和"对教育公平程度的感受"这两个指数得分最低①。由此可见,教育公平问题已然成为社会大众聚焦的锚点和中国教育的痛点。

中国社会对于教育公平的理想古已有之。从社会学的视角来看,教育公平可分解为"教育权利平等"与"教育机会均等"这两层涵义。前者强调人们不受种族、民族、信仰及性别差异的影响及政治、经济、社会地位的限定,在法律层面,都应享有平等受教育权利②;后者则侧重强调不论人们在社会经济背景、种族、性别等方面存在何种差异,都有接受同等教育的机会。教育资源分配不均,是教育内卷化愈演愈烈的根源,要真正改变教育内卷的畸形秩序,就要从根本上实现学校之间的均衡化发展,做到生源、财源、师源三个方面的均衡。

第一,生源差异是义务教育阶段学校发展不均衡的最重要原因。我们目前实行的"就近入学"常常被视为一种抵制择校、保证生源平衡的重要手段。然而,把理论上合理的政策置于现实情境中,不难发现两者之间的偏差。在住房市场化的背景下,社会各阶层在住房市场中明显处于不平等位置,精英阶层、中产阶层和普通居民的住房差距一目了然。由于就近入学的制度安排,住房的价格不仅取决于住房的规模与质量,更加取决于其所在区位,从这个意义上来说,就近入学在本质上仍是一种与家庭经济资本和社会资本直接勾连的以房择校。因此,要真正解决生源之间的差异,需要的是从根本上排除

---

① 刘彦华.2021中国现代教育发展指数70.0;学生减负,中国家长的"教育心病".人民咨询,2021年9月10日。见 https://baijiahao.baidu.com/s?id=17105018969960523335&wfr=spider&for=pc。
② 谢维和.教育公平与教育差别——兼谈教育改革与发展的深层次矛盾[J].人民教育,2006(6):8-9.

择校的必要性。取消义务教育阶段的等级化制度安排，去除义务教育学校的部属、省属、市直及重点学校、非重点学校等各种等级化标签，取消各类学校的"掐尖"招生特权，才能从源头排除择校的必要性。随着"双减"政策的落地，各个城市也在积极改革，进行试点式探索。以深圳市为例，2021年，深圳发布的《深圳经济特区社会建设条例（草案征求意见稿）》中，特别提出将推行大学区招生模式，即将邻近的3~4所学校所在区域界定为一个"大学区"，大学区内的学校教育资源互相流动、充分共享，学生入学也采用电脑随机派发的方式，以实现推进义务教育的均衡发展。与此同时，北京、上海、成都等城市也不断加快学区改革，施行多校划片、分配名额、取消重点班等措施促进基础教育公平。

第二，从财源上看，同样，在制度层面上的设计也是基本均衡的，各省都基本实现了各教育阶段的经费保障机制和生均财政拨款标准全覆盖，但在实际运行过程中，同样出现了制度堕距现象，"名校"和"重点学校"仍然以"专项经费"的名义享有很多生均拨款以外渠道的特权和资源倾斜。这也使得这些学校拥有更多的资源能够投入硬件与软件的建设中，获得优势竞争力。因此，从这个意义上来说，政府应在教育资源配置中对各个学校一视同仁，取消隐性的资源倾斜，进一步将财源投入透明化、均衡化。深圳在这一方面同样走在了全国的前列，在《深圳经济特区社会建设条例（草案征求意见稿）》中提到，深圳市、区人民政府应当实行义务教育学校设备设施的标准化配置，统一生均拨款标准并建立标准调整的长效机制。

第三，家长择校最为注重的是师源因素。优质师资的分配，是教育资源分配的核心问题。教师是最重要的教育资源，常态化的教师交流轮岗，有利于打破名师垄断，根除择校动因。早在1996年，为了促进义务教育均衡发展，我国就推出了教师交流轮岗制度，在国家教委《关于"九五"期间加强中小学教师队伍建设的意见》中指出，要打破教师的单位边界和地域边界，积极推进教师交流，尤其鼓励教师从城市向农村流动，从强校到弱校任教。2014年，教育部《关于推进县（区）域内义务教育学校校长教师交流轮岗的意见》中具体规定了每年交流轮岗的教师比例，即"城镇学校、优质学校每学年教师交流轮岗的比例不低于符合交流条件教师总数的10%，其中骨干教师交流轮岗应不低于交流总数的20%"。然而，从实行效果来看，这一制度并未达到预期成效。流出校为了维护自身利益，并不愿意让名师外流，而是为了完成指标，让青年教师甚至边缘教师交流轮岗。2021年8月，作为第一批试点城市的北京明确提出要实现"教师跨校、跨学区流动，辐射优质教育服务"。通过调研各学校学科实际，摸排教师特点和学校岗位需求，形成供需报表，再按需定岗，按岗定人，推进学区内校际师资均衡配置和按需交流轮岗以及远郊区全面推进交流轮岗,力求做到让校长、骨干教师、学科带头人、特级教师、普通教师都主动流动起来,从而充分激发教师队伍活力,让每个孩子都有机会遇到好老师,真正打造高质量的教育体系。上海市在这一方面作出了积极的先行探索,自2021年1月推行教师轮岗制之后,又于9月实行了校长轮岗制,至今已有230余所学校更换了校长,覆盖幼儿园、小学、初中各教育阶段。未来,应进一步拓展覆盖范围,抓住关键要素,从校长交流轮换、骨干教师均衡配置、普通教师派位轮岗三个维度,实现师源流动,从而让每个学生都能在家门口接受公平且高质量的教育①。

二、多元成长:人才培养模式体系改革

随着社会的多元发展和产业的升级迭代,新领域、新行业、新技术层出不穷,社会对人才的需求也越来越多元。"成功人士"不应只有一副面孔,学术教育也不应成为高层次人才培养的唯一通道。高中阶段教育的多样化发展是世界各国的基本做法和共同趋势,也是我国"十四五"时期高中阶段教育的发展目标。从国际上各国的做法来看,高中教育有两种模式。一种是综合高中模式,即在高中阶段实行包含学术课程和职业教育课程在内的综合教育,学生可在高中毕业后选择进入普通院校或职业院校;另一种则是分流模式,即在高中甚至初中之前便进行普通教育和职业教育的分流。在我国,1996年的《中华人民共和国职业教育法》、2002年的《大力推进职业教育改革与发展的决定》及2010年的《国家中长期教育改革和发展规划纲要(2010—2020年)》中均提出了"普职分流"的政策和"普职比大体相当"的规划,要求各地根据自身经济发展水平和教育普及程度,实施以初中后为重点的不同阶段的教育分流,学生可根据自身的学业成绩和价值偏好,自主选择进入普通高中、普通大学或进入中等职业学校、高等职业院校学习,从而实现个人的良性发展,满足社会的多样化需求。

然而,在现实中,"普职分流"政策却饱受诟病,引发了不少家长的焦虑和恐慌,成为家长"鸡娃"的动机。那么,中国家长担心的问题是什么?首先是职业教育的质量问题。如果职业教育的办学质量太低,学生不仅无法学有所长,反倒有可能成为"问题学生",家长便不会愿意将子女送入职业教育的轨道。其次是技能人才的收入与地位问题。长期以来,职业教育被认为"低人一等",在就业市场上常常遭遇学历歧视。如果技能人才与大学毕业生之间的收入差距过大,社会地位也受到歧视,不仅是学生家长,而且学生自身

---

① 刘宇辉."双减"引发的新时期教育思考[N/OL].光明日报,2021-11-16(15)https://epaper.gmw.cn/gmrb/html/2021-11/16/nw.D110000gmrb_20211116_1-15.htm.

也不会愿意被分流进职业教育。最后是教育通道的封闭性问题。如果进入职业教育之后再无享受高等教育的机会，则抹杀了学生继续教育的意愿和重新接受高等教育的希望。

2021年4月，习近平总书记对职业教育工作作出重要指示：稳步发展职业本科教育，建设一批高水平职业院校和专业，推动职普融通，增强职业教育适应性，加快构建现代职业教育体系，培养更多高素质技术技能人才、能工巧匠、大国工匠。因此，要真正让高考不再成为承载千军万马的"独木桥"，使职业教育也能成为人才培养的第二条通道，必须针对以上问题进行教育体系改革。

第一，要扭转社会观念，消除职教歧视。国务院印发的《国家职业教育改革实施方案》指出，"职业教育与普通教育是两种不同教育类型，具有同等重要地位"。发展职业教育，既可以因材施教，培养多元化的高素质劳动者和技术技能人才，让"人人都有出彩的机会"，又可以客观上促进国家产业从"中国制造"向"中国创造"的转变。

第二，要加强内涵建设，发展高质量的职业教育。在不少地方，职业教育的基础较为薄弱，难以为产业发展输送真正的能工巧匠。因此，职业教育不能简单模仿和照搬普通院校的办学思路，而是要紧扣职业教育的特点，坚持产教融合、校企合作，发展出与产业体系相匹配、与社会就业相衔接的独特教育体系。优先发展时代需要的新兴专业，加快建设人才紧缺的朝阳专业，真正提高职业教育的含金量，从而实现国家提出的"到2035年职业教育整体水平进入世界前列，技能型社会基本建成"的目标。

第三，要强化激励保障，建立公平的薪酬分配制度。要进一步完善技能人才的培养、使用、评价和激励机制，以技能价值与生产力为导向，建立公平合理的薪酬分配制度，开辟技能人才在职业生涯发展中的向上流动渠道，才能激励选择职业教育的学生努力提高自身职业技能，走出一条依靠技术实现富裕生活和体面生活的新路。

第四，要打通职业教育与高等教育之间的流动通道，给予学生和家长更多的选择机会。2019年2月，国务院印发了《国家职业教育改革实施方案》，提出建立"职教高考"制度，为职教学生接受高等职业教育提供多种入学方式和学习方式，从而将中等职业教育和职业专科教育、职业本科教育衔接起来。2022年4月，《中华人民共和国职业教育法》进行了实施25年以来的第一次修订并于2022年5月1日起施行。新法取消了初中毕业后的普职分流，让更多学生可以升入普通高中，并将"普职分流"改为"普职协调发展"，即"在义务教育后的不同阶段因地制宜、统筹推进职业教育与普通教育的协调发展"，并首次将本科职业教育写入法律，要求设立实施本科及以上层次教育的高等职业学校，这对减轻义务教育阶段的"内卷"、降低"鸡娃"的内驱力将大有裨益,同时也是多元培养机制带来的个人成才机会的增量。

第三节 回归教育本真的文化重塑

进入到新世纪以来,教育也开始被反思和重新定义。2016年联合国教科文组织发布研究报告《反思教育:向"全球共同利益"的理念转变?》,提出要重新定义知识、学习和教育。报告批判了功利主义和经济主义,认为近20年来教育在"人力资本"理论的影响下,陷入功利主义、工具主义的泥沼,教育被纳入国家产业中成为经济增长的简单工具,迷失了对人类命运的关怀。因此,要重新审视教育的目的。"教育的经济功能无疑是重要的,但我们必须超越单纯的功利主义观点……教育不仅关系到学习技能,还涉及尊重生命和人格尊严的价值观,而这在多样化世界中是实现社会和谐的必要条件。"[①]影响教育变革的因素,按重要程度排序,第一是价值观,第二是教育制度,第三才是教育技术[②]。教育现代化不仅要求硬件设备的现代化和教育水平的现代化,还应在价值观层面回归教育的本真,并以此为出发点实现教育治理的现代化。

一、全面发展与教育本位功能的实现

教育不是阶级斗争和政治斗争的工具,也不是经济增长的工具,而是人的发展的基本权利。"培养什么人,怎样培养人",是教育的根本问题。关于教育本位功能的阐释,从古至今百家争鸣。以苏格拉底、柏拉图、亚里士多德为代表的古典思想家认为,教育的目的在于"认识你自己",柏拉图还提倡寓教于乐,让所有参与到教育之中的人都能够感受到其中的快乐。在中国古代,教育的目标"在明明德,在亲民,在止于至善""教,上所施下所效也""育,养子使作善也"[③]。孔子提出"不愤不启,不悱不发。举一隅不以三隅反,则不复也"[④],特别提倡培养学生的主观能动性和举一反三的能力。而"鸡娃"式教育中父母的深度卷入和对子女教育过程的密集化安排,不仅剥夺了孩子学习的乐趣和自我探索的

---

① 联合国教科文组织.反思教育:向"全球共同利益"的理念转变[M].北京:教育科学出版社,2017:1-5.
② 杨东平.素质教育为何"麻烦不断"?.南都观察,2018年11月22日。见 https://baijiahao.baidu.com/s?id=1617811051809100181&wfr=spider&for=pc.
③ 许慎.说文解字[M].天津:天津古籍出版社,1991:36.
④ 刘兆伟.中国教育名著丛书·论语[M].北京:人民教育出版社,2015:27.

机会,更是违背了教育的本真。

教育的本真是一切教育活动的出发点,规范和制约着教育的各个环节和整个过程。学校追求分数与升学率、家长追求排名与文凭等、校外培训机构追求快速提分和经济效益,都是工具理性下追求短期效应的行为,只有以价值理性为导向,以实现人的全面发展为目标,才能回归让孩子健康成长的教育本位功能。"双减"政策的实施,不仅仅是释放孩子更多休息和娱乐的时间,从更本质的意义上来说,是为了帮助儿童有机会获得全面发展所需要的营养,包括身体的、品德的、智力的、艺术的营养,从而真正成长为德智体美劳全面发展的人。2021年9月8日,国务院印发《中国儿童发展纲要(2021—2030年)》,其中在"儿童与教育"领域旗帜鲜明地提出,立德树人是教育的根本任务,教育的目标是培养德智体美劳全面发展的社会主义建设者和接班人。

为了实现这一目标,一方面,要把立德树人贯穿基础教育、职业教育、高等教育各领域,融入思想道德教育、文化知识教育、社会实践教育等各个环节。完善教师资格准入制度,加强师德师风建设,培养造就一支有理想信念、有道德情操、有扎实学识、有仁爱之心的高素质、专业化、创新型教师队伍,保证学生能够拥有品德高尚、能力高强的人生引路人。另一方面,要倡导"德智体美劳"五育并举,避免单一化智力培育。德育方面,要创新德育形式,丰富德育内容,注重培养学生的道德品质、法治意识、行为规范和心理品质;智育方面,要按照国家课程标准,严格遵循学生身心发展规律,尊重学生的个体差异,做到健康第一、因材施教,着力提高儿童科学素养,加强科学教师和校内外科技辅导员队伍建设,完善科学教育质量;体育方面,要深化体教融合,以提高学生身体素质为目标,重视培养学生良好的健康意识和锻炼习惯,锻造学生坚韧不拔、积极向上的性格品质;美育方面,要以艺术教育为核心,传承和弘扬中华优秀传统文化和"纯洁道德、丰富精神"的新价值,全面提高学生的审美和人文素养;劳育方面,要引导学生树立正确的劳动观,通过参与日常生活劳动、生产劳动和公益劳动等方式,培养学生热爱劳动、热爱劳动人民的情怀,不怕吃苦、勤俭奋斗的劳动精神和良好的劳动习惯。

二、有教无类与差异化教育需求满足

孔子最早提出"有教无类"的主张,认为人不分阶级,不分地域,不分智愚,都应一视同仁地接受教育。孔子纳入门下的弟子来自五湖四海,水平也参差不齐。因此,孔子在教育诸生的实践中,针对每个弟子在先天禀赋、学习志趣、德行表现等各方面的差异,实施不同的教育策略。朱熹对这一教学原则加以提炼,认为"圣人之道,粗精虽无二致,但其施教,则必因其材而笃焉"。这也是"因材施教"的差异化教育理念的典源①。柏拉图在《理想国》里曾描述道,"每个人能够了解自身特质,每个公民按其天赋各做各的事,从事适合自身特质的工作,各守其责,各安其位"②。涂尔干在其《社会分工论》中也提出,随着工业时代社会分工的出现与发展,机械团结被有机团结所取代,个体之间互相依赖的同时,又不排除个体差异和个体意识,"每个人都有自己的行动范围,自臻其境,拥有自己的人格……"③虽然柏拉图和涂尔干的思想都有其时代局限性,但社会分工的趋势与现代化的进程确实是同向同行的。随着社会经济水平的提高,社会分工会更趋于精细,因此,在宏观社会结构变化过程中,在教育场域,以差异化个体发展为导向的教育模式会逐渐替代目前单一化的教育评价体系。

每个学生都是独特的,标准化的课程体系和考核方式并不适用于所有学生。差异化教育是指基于每个学生不同的禀赋、兴趣和强项,根据学生不同的学习能力和学习目标,制定教育方案和教育策略,以适应不同学生的不同特质,从而帮助每一位学生发挥其最大的潜能,达成差异化的自我实现。为此,增加教育的丰富性和选择性,以满足不同学生的差异化需求也将成为未来教育改革的重要主题。在基础教育阶段,我国的民办教育、私立学校主要是作为公办教育的补充而出现的,其功能在于弥补教育资源的不足与满足多样化的教育需求。然而,在教育市场化和产业化的驱动下,很多地方将发展民办教育视为招商引资,热衷于引进或兴办大规模的教育集团、超级学校,以实现规模效益和经济效益。这样的规模化经营在经济领域是符合逻辑的理性选择,但在教育领域却是弊大于利。一百多年前在欧洲工业化阶段,也曾实行过类似的规模化学校教育,忽视了学生的差异化特质与差异化需求,最终被诟病为"教育工厂"。

诚然,在教育领域,尊重差异、因材施教,并不是一个新概念,然而,在大规模的现代教学中落实差异化教育,却绝非易事,需要对当下的教育内容、教育管理和教育评价体制进行系统性变革,必然是个渐进式的改革过程,不能仅仅依靠疾风骤雨式的政策规制一蹴而就。因此,未来教育的走向应以学生为本,在公办教育领域,学校应摒弃唯分数论的单一评价机制,从满足差异化需求为切入点,以"差异化竞争"为导向,引导每个孩子在各自感兴趣的领域里深耕。尊重学生的独特性,因人而异地进行差异化教育,使每个学生都能扬长避短,获得最佳发展。在民办教育领域,应以"小班小校"为基本面貌,使每个学

---

① 朱熹.四书章句集注[M].上海:上海古籍出版社,2001:24.
② 柏拉图.理想国[M].张子菁,译.北京:光明日报出版社,2006:72.
③ 埃米尔·涂尔干.社会分工论[M].渠东,译.北京:生活·读书·新知三联书店,2000:108.

生都有机会得到关注,实行个性化、差异化的教学。这也是顺应我国目前少子化时代的变革方向。除此以外,应秉持多元化的格局,将创新创业的概念从经济领域扩大到教育领域,支持有理想、有能力的教育工作者因地制宜地举办非营利性、非资本化的各种小规模的创新型学校和小微学校,并对具有异禀的"天才型"学生、"问题学生"、残疾学生等提供特殊类型的教育,推动职业教育的发展和成人教育、终身教育的完善,从而全方位促进教育自下而上的生长,使教育成为全社会共建共治共享的公共事业。

三、协同育人与"家校社"关系重构

教育主体能否实现健康成长,是教育生态系统中各种力量共同作用的结果,依赖于"家校社"(家庭、学校和社会)的协同发展。当前,我国"家校社"关系尚未能形成良性合作的协同关系,三者在教育目标上存在着混乱与摇摆。具体表现在:首先,家庭教育在应试教育的宏观环境下呈现出较为明确的目的性倾向,"高分""好学校""好工作"成为大多数家庭的教育目标,体现了显著的工具理性色彩;其次,学校作为教书育人的主阵地,本应将传授知识与立德树人置于同等位置,但在现实实践中却往往在"升学率"这一指挥棒的左右下,重教书而轻育人,育人的教育功能常常被具化为"办一些社团"或"搞一些活动",沦为形式大于内容的点缀之笔或宣传工具;最后,社会对于教育目标的认知在很大程度上被教育市场化与资本化扰乱,公共教育功能被进一步异化,价值理性被抛弃,"如何赢得与他人的竞争"成为社会共识性目标。随着"双减"政策落地,校内外同时减负,"家校社"需要各归其位、协同发展,既要明确三者之间的主导核心,又要明晰三者的独立边界,共同建设高质量的教育体系。"家校社"合作共同体的构建需要在尊重学校教育、家庭教育与社会教育各自的属性与优势的前提下,明确三者在学生培养中的任务和使命,发挥各自的教育势能,做到协同育人,同频共振。只有三者各归其位,协同合作,才能够真正实现全方位的育人目标。

(一)以学校为主导,确立"家校社"关系核心

"教书育人"是学校的本职工作,也是学生社会化教育系统的中心。作为学生教育的主导者,学校是学生学习知识、提高能力与综合素养的主要场所。为了能够充分满足学生的需求,在课堂教学场域,学校应做到应教尽教,将提质增效作为学校教育教研的重点,增强校内供给的竞争力和创造力,把学生吸引在校园、吸引在课堂。这样才能从根源上解决学生"学不饱"和"开小灶"的问题。按照"双减"政策文件规定,全国中小学需实行"5+2"课后服务模式,即从周一至周五,学校每天开展至少2小时的课后服务。如何利

用好这课后的两个小时,考验着学校的智慧。针对不同水平和不同需求的学生,学校应遵循因材施教的差异化教育理念,提供个性化的分类分层教学。对于学习有困难的学生,侧重做好基础夯实与辅导答疑工作,满足其"学饱"需求;对于基础扎实、学有余力的学生,侧重做好拓展提优、思维训练工作,满足其"学好"的需求。除此以外,学校还可以利用这一时间段开展社团活动、劳动教育、社会实践等特色活动,满足学生全面发展的需求。

"对于我们要上班的家长来说,这两个小时的延时服务是帮了我们大忙了。以前四点就放学了,我和她爸爸都没下班,所以只能中途请个假去接孩子,接了之后要么带到单位,要么让她自己一个人在家先写作业,总归还是不大放心,现在在学校多好,不仅能利用这两个小时把作业都写完,而且有老师看着,作业质量也明显提高了不少。而且每周二和周四还有社团活动,我们家报了轮滑和陶泥,可以让孩子得到全方位的锻炼。"(访谈编号:P820210327)

不管是课堂教学还是课后服务,教师都是学校教育的核心力量。尤其是"双减"政策的实施对教师的要求也会相应提高,教师在校时间和工作量都会相应增加,为此,学校在不断提高教师专业能力和强化教师队伍建设的基础上,也要给予教师更多的激励和权益保护。在倡导教师发扬敬业奉献精神的同时也要给予相应的物质激励,对教师的付出给予更多的精神鼓励和人文关怀。为了缓解教师的工作压力和解决师资力量不足的问题,学校可以聘请有情怀、负责任的退休教师或符合资质的专业人员参与到课后服务中来,这样既可以拓展学生的视野,也可以保障教师有更加充沛的精力投入教学和研究中。

(二)保持独立价值,明晰"家校社"关系边界

在"家校社"三者的关系上,目前的教育生态中呈现的主要问题在于"家校社"关系的边界不清,导致三方角色的"缺位"和"错位"。一方面,三方都未能充分发挥自身的教育优势;另一方面,在实践过程中三方常用己方之短弥补他方之长。如家庭为了弥补学校学业指导的不足,家长亲自辅导子女学业或盲目参加校外培训,导致了学生负担的加重和家长情绪上的焦虑;而学校为了弥补学生在家庭中生活体验的欠缺和在社区中实践经验的不足,组织了各种各样的社会实践活动,挤压了学业教育的时间,也分散了教师教研教学的精力;而社区由于自身教育功能和服务功能的局限,无法对家庭和学校提供必要的支持,导致学校必须开展延时服务,或者家长必须牺牲工作时间,增加了学校和家庭的双重负担。

"现在的老师太过于依赖家长了,作业要家长检查签字,背单词要家长录视频上传,看课外书都要家长记录打卡。我家两个小孩,手机里关于他俩的群就有十几二十个,每天晚上都要反复确认群里布置的每项任务是不是完成了。现在学校都实行积分制,如果家长没有完成老师布置的任务,小孩就要被扣分,孩子回来就会怪你。我们每天上班一天回来也很累,也想休息休息,但是老师说的话有时候真的比老板说的都要重要,不能不停,也不敢不听。现在都在讲让专业的人干专业的事,不是每个家长都是教育专家,作为家长,我们只能尽到协助的责任,真正对小孩的教育,还是应该学校负起主要的责任来。"(访谈编号:P2120210528)

"现在很多家长对于小孩在学校的事情插手得过多,小孩上课讲话,让他站起来,小孩回家告诉家长,家长就来学校质问老师,甚至找到校长。有些小孩学习退步得厉害,作为老师,稍微批评两句,小孩哭鼻子回了家,家长一看,又不乐意了,有的甚至公然在群里与老师对质。所以,我们现在管理学生也很难把握这个度。而且现在家委会的手伸得太长,有些家委会成员完全成了班级的副班主任,不仅可以自由出入校园,甚至可以随意进入班级听课或者在楼道里巡视。"(访谈编号:T8120210905)

家庭教育、学校教育和社会教育各有各的功能,各有各的边界。然而在现实中存在的最大的问题就是"家校合作"模式中,对于"合作"这一概念把握不清、边界不明。在现代信息技术的支持下,"家校通""微信群"等各种工具成为抹煞家庭教育与学校教育边界的助手,将学校和家庭之间的关系变得异常"亲密"。学校将教师的很多职责转嫁给家长,将家长变成教师的"助教",导致了学校教育行为的异化和变形。而部分家长出于对子女的关心,利用自身社会资本或是家委会的角色,过多介入到学校的教育管理中。

正如前文所述,学校应在学生教育中发挥主导功能,同样,家庭教育也具有自身独特的功能。"家庭教育"近年来越来越受到重视,国家连续出台了《关于加强家庭教育工作的指导意见》(2015年)、《关于指导推进家庭教育的五年规划(2016—2020年)》(2016年)、《全国家庭教育指导大纲(修订)》(2019年)等文件,从政策层面对家庭教育工作进行引导。2021年10月,十三届全国人大常委会第三十一次会议通过了《中华人民共和国家庭教育促进法》,这也是我国首次就家庭教育进行专门立法。该法规定,父母或者其他监护人必须承担对未成年人实施家庭教育的主体责任。家长应通过亲子陪伴、言传身教、平等交流等方式,培养子女中华民族共同体意识和家国情怀;家长要注重培养子女良好的社会公德、家庭美德和个人品德；注重培养子女的科学探索精神和创新意识；还要注重培养子女良好的学习习惯、行为习惯和热爱劳动的观念等。

（三）发挥各自势能，构筑"家校社"合作共同体

学校和家庭共同配合，其他社会力量积极协助，构筑"家校社"合作共同体是协同育人取得更好成效的保障。

首先，家庭要配合学校做好培养工作。这里的培养不是在于帮助教师批改学生作业，而是在于在陪伴与相处中发现孩子独特的价值，围绕孩子的禀赋、兴趣、爱好，鼓励孩子自我发展、自我实现，这在规模化的学校教育中是难以实现的。在这一指导思想下，家庭教育的主要目标至少应该包括：促进孩子身心健康发展，度过幸福的童年生活；建立和谐的亲子关系，营造良性家庭教育氛围，让孩子快乐学习；尊重孩子的个体差异与心理需求，帮助孩子进行科学的学涯规划，协助孩子找到适合的学习方法；注重家长自身的言传身教，培育孩子健康向上的性格。

其次，学校要对家庭教育做好引导工作。学校要承担起家庭教育指导服务的主体责任，通过各方资源链接，组建由教育专家、优秀家长、学校教师和志愿者共同组成的家庭教育指导队伍，创新家庭教育课程体系，组织形式多样的家长课堂、公益服务和实践活动。对特殊群体学生，如困难家庭子女、留守儿童、残疾儿童、孤儿等建立"一生一策"关爱制度，为其父母或者其他监护人提供有针对性的"一对一"帮扶指导。构筑多维度的线上与线下相结合的家校社共育平台，扩大学校资源共享，唤醒家庭和社会中潜在的教育力量，促进学校单一的垂直管理向多方协同治理模式的转换。

最后，社会力量应协助学校和家庭做好教育辅助工作。社会既有它自身的教育作用，也可以为家庭、学校提供教育辅助，在"双减"政策下，政府应主动连接更多的优质社会教育资源，发挥共青团、少先队、妇联、科协、关工委等组织的育人作用，调动青少年活动中心、文化科技博物馆等社会力量，拓展课后服务项目，打造研学品牌，帮助学生积极参与科技、文化、体育、艺术、劳动等实践活动。发挥退休教师、行业专业人员等社会潜在教育人才的功能，吸收他们走进校园，帮助学校开展课后服务，丰富课后服务内容及形式，增强课后服务的吸引力。城乡社区应主动承担起青少年的社会教育责任，开展实用化、多样化的社区公益活动、社区治理活动，鼓励学生参与日常生活劳动、生产劳动和服务性劳动，帮助学生深入了解国情、社情、民情，培养学生的公民意识和社会交往能力。

总之，教育是多层次、全方位的，需要家庭、学校和社会的有机结合、有效衔接和深度融合。构建"家校社"合作共同体是要在尊重三方教育各自的规律和特点的基础上，明确

三方各自的任务和使命,发挥三方各自的教育势能,保障儿童的平等参与权利,做到协同育人,同频共振。

本章小结

"家长主义"偏好的教育制度赋予了家庭教育极大的功能和权重,为了帮助子女获得更好的就业机会和社会地位,家长们纷纷开展了父母教育卷入实践。在这种教育实践中,国家的力量被弱化、市场的功能日渐增强,子女的教育成就更多地取决于家庭各类资本的多寡与投入,这必然会激发各个阶层家庭的风险危机和教育焦虑。从这个意义上说,解放问题的关键在于"国家走回教育结构的中心",用国家行动取代家长主义和市场主义,才能从根本上走出教育内卷的怪圈,找回教育的本真。第一,在"十三五"与"十四五"的交替时刻,国家以组合拳的方式连续出台了一系列教育政策。这一系列的教育治理政策目标直指去应试化和去资本化,以营造教育的良好生态。第二,在通过制度治理对教育的外部生态进行肃清之后,还要从源头上探索教育资源分配体制和人才培养模式体系的改革,从根本上构建良好的教育秩序。第三,要对教育文化进行重塑,将"培养德智体美劳全面发展的社会主义建设者和接班人"作为教育的主旨,将"因材施教"作为满足学生差异化需求的教育理念,将"家校社"协同育人作为人才培养的支持力量,既要明确三者之间的主导核心,又要明晰三者的独立边界,共同建设高质量的教育体系。

第七章 结语与讨论

第一节 结论

回到本书开篇所提出的三个核心问题:一是父母教育卷入作为一种社会事实是何以在当下中国出现的,是哪些社会情境造就了今日之内卷乱象?二是父母为何要过度卷入?是什么心理驱动了他们的行动?三是父母教育卷入是何以通过家庭行动成为可能的?

一、父母教育卷入现象是制度、文化和技术形塑的产物

父母教育卷入作为一种社会事实,它产生的背后具有难以撼动的结构性力量。这一现象既是国际视野下"全球化"和"个体化"的产物,也是中国从古至今的制度、文化和技术结构的产物。

首先,从制度性结构来看,选拔型考试制度是父母教育卷入行动的直接指挥棒,家长们为了帮助孩子能够在选拔中胜出,只能通过补习、强化、提优等各种手段"花样鸡娃"。哪里有需求,哪里就有市场,各种奥数、英语等校外培训机构也应运而生。即便是通过选拔型考试考入了大学,文凭的通货膨胀带来的学历贬值,使得家长也只能通过高度教育卷入来获得更有价值的文凭;教育资源的差别化配置和各种形式的学校等级评定导致了现实中教育资源的失衡,倒逼家长们争相卷入以争夺相对稀缺的优势教育资源;随着计划经济向市场经济的转轨,市场机制也越来越多地嵌入教育体系这一原本封闭的领域之中,揭开了教育市场化和产业化的帷幕,给家长们提供了一种学校之外、新的优质教育资源获取路径,也打造了一个光怪陆离的教育内卷新舞台;20世纪80年代开始实行的独生子女政策下形成了少子女结构,不再拥有多子女家庭天然的自然分流机制和风险分担功能,使得家长对孩子的教育投入与干预程度更为集聚;"减

负"政策的潜功能日益凸显,学校的教育职能被弱化,让渡出的校外培训市场更加刺激了家长寻求课外教育的需求。

其次,从文化性结构来看,实用主义导向的功利主义文化培养出了一批"绝对的、精致的利己主义者",读书仅仅是被当作通向社会上层阶级之路的工具性手段。世俗化的成功学将出人头地作为"成功"的唯一标准,在现代社会中不断膨胀,学习的目的被简化为"一个名牌大学的文凭"或是"一份高薪的工作",更为丰富的内涵与意义被无情地抹杀;对于精英教育秩序的追逐与留恋演化为对顶尖名校的迷信与执念,为了让子女在过"独木桥"的"千军万马"中跑在第一梯队,"望子成龙"的家长们在教育内卷的道路上越走越远;作为一种超越生存必须性的增值性文化产品消费,父母教育卷入成为阶层区隔的符号文化,家长除了意在通过消费购买课外服务以外,也是在购买一种身份认同和高级趣味的象征符号。

最后,在互联网时代背景下,技术性结构的重塑催化了父母教育卷入从小众行动迅速蔓延,进而成为一种带有普遍意义并对个体形成相当强制力的社会事实。现代新媒体极大程度上影响了父母的教育主张与行动。在交互性技术的支持下,信息发布者和受众不仅都可以成为信息发布者,而且彼此之间可以进行互动。便捷化、交互性的技术特质极大地节约了家校沟通的时间成本,提高了沟通效率,但同时也造成了学校场域与家庭场域之间边界的模糊,容易导致教师与家长的双重越位,成为父母过度教育参与的触发器;相对于传统信息技术的单向度、扁平化,现代信息技术不仅在传播内容方面更加丰富,传播形式也越发多元,呈现出显著的交融性特征。在交融性技术的影响下,家长被带入了各种"沉浸式鸡娃"的情境之中,在虚实结合的"鸡娃"行动展演中产生移情,从而产生强烈的代入感和角色感,进一步催化了自身的教育卷入行动;在大数据技术的加持下,大量信息平台正在通过精密算法,为身处其中的使用者"投喂"大量同质化的内容,让人们在不知不觉中受困于不断收窄的"信息茧房"之中,每天频繁接受各种"鸡娃"信息,网络社会甚至现实社会的其他类别的信息被屏蔽,让家长形成"全世界都在鸡娃"的错觉,渐渐失去了自主批判意识和否定理性,随波逐流地成为教育内卷浪潮中一个"单向度的人"。

二、父母教育卷入行动源于不同阶层共同的社会性焦虑

繁荣与混乱并存,理性与冲动共生,勾勒出了教育乱象下的社会众生相。导致父母教育卷入行动的最强大也是最直接的心理机制在于家长的教育焦虑。之所以焦虑,是因

为虽然有危机,但也有通过努力克服危机的可能性,在欲望与挫折之间,焦虑得以滋生。从这个意义上来说,除了社会底层,因为没有自由选择的空间,痛苦取代了焦虑,不得不放弃内卷的资格,其他阶层则各有各的期待、各有各的焦虑。精英阶层为了下一代能否继续在精英阶层站稳脚跟而焦虑,因此选择了提前抢跑;中产阶层为了下一代能否实现阶层跃升而焦虑,因此选择了奋起直追;工薪阶层为了自身随时存在的阶层下坠而焦虑,因此选择了破釜自救。在这一焦虑心态的连续冲击中,被前后夹攻的中产阶层患得患失,进退失据,最为焦虑。

焦虑的种子不仅种在了各个阶层家长的心里,也在彼此的互动中传递蔓延。剧场效应使得越来越多的人站了起来,教育内卷让焦虑的情绪迅速发酵。更多的家长在一种模糊的、被动的、尚未进入逻辑思维层面的感性意识活动的支配下选择了模仿与从众,经过集体磨合、集体兴奋和社会传染的循环反应,父母教育卷入俨然成为一种时尚潮流。新媒体的出现更是使得这种集体时尚演变成了一场"集体狂欢":随处可见的"别人家的孩子"和"虎妈狼爸"给社会比较提供了超越个体生活圈的丰富锚点;新媒体环境中的信息过载与知识过量将个体的焦虑情绪迅速复制和传递给他者和公共领域,以燎原之势建立起群体焦虑的情感基调。而关系亲密的虚拟社群中,成员情感化的个体叙事不断唤起彼此的情绪共鸣,谈笑间形成几乎零成本的焦虑扩散。

教育焦虑来源于残酷的市场竞争,而竞争的残酷性在很大程度上是由市场操控的。地铁上、电梯里,小到街边的广告页、大到商场的宣传屏幕,校外培训机构的各种"硬广"铺天盖地,"鸡娃群"、朋友圈、自媒体,充满套路的"软文"四处可见。故意塑造恐惧,刻意营造焦虑,成为培训机构获客的利器,也让"恐慌式抢跑""集体性焦虑"进一步弥漫开来。"低价格+强师资"的引流课程、"分类化+个性化"的跟单服务、"引流课+正价课"的优惠策略成为校外培训机构"吸粉"的法宝;全覆盖式分类教学、升级式分层教学、累加式连续教学、捆绑式特权教学成为校外培训机构"圈粉"的秘密。而巨额资本的入场和商业公司的资本运作更是与校外培训机构一起,通过贩卖焦虑使得家长竞相内卷,也使得教育变成了资本逐利的工具。

三、父母教育卷入是家庭资本组合与教育投入的物化物

社会性的教育焦虑使得不同阶层的家庭产生了教育卷入行动的动力与冲动,而如何将这种动力转化为现实层面的行动,则需要家庭资本的组合与切实的教育投入。因此,对于家庭资本的研究,是打通家庭与子女教育之间关联的关键钥匙。家庭资本不仅是父

母教育卷入的中介变量,也是核心变量。正是通过家庭场域中资本的激活与运用,才孕育了教育场域中的"鸡娃"。除了布尔迪厄所提出的家庭经济资本、文化资本和社会资本以外,基于当下中国多数家庭教育投入和教养实践的现实语境,从行动主体的角度来看,母职资本也是促成父母教育卷入行动的重要因素。

父母教育卷入本质上作为一种家庭教育的密集投入,经济资本的占据与投入是其得以实现的重要门槛。为了追求优质教育资源,家庭的教育支出日益膨胀,除了正常的教育支出以外,"买不起"的学区房、"学不起"的辅导班和"上不起"的国际学校都对家庭的经济资本提出了挑战。除了经济资本的投入,父母在文化资本的投入上也颇费心力。不仅在文化惯习方面会有意识地通过言传身教的方式实现文化资本的濡化式传承,在子女教育的直接辅导和间接引导上亲力亲为,而且在文化物品的供给上毫不吝啬。在社会资本上,不管是作为家庭外在资本的社会资源,还是作为家庭内在资本的社会闭合,父母为了子女的教育都在尽力积累、全力投入。如果说经济资本、文化资本和社会资本是以家庭为单位,甚至是以父亲为主导所拥有的资本,那么这些资本如何作用于子女的教育问题上,很大程度取决于母职的行使。随着家庭在子女教养实践中承担的权重逐渐加大,对"母亲"这一角色所赋予的职责也不断扩展。母亲不仅要承担"协作培养"的任务,扮演子女的"教育经纪人",更要披上"超级妈妈"的盔甲,变成家庭教育的掌舵手、家族竞争的总设计师、资源的动员者和现场指挥者。

在不同的社会阶层中,各自占据的资本类型及资本拥有量具有一定的差别,也因此导致了其父母教育卷入行动的重点有所区别。精英阶层的各项资本都十分充裕,在购买学区房、入学国际学校和培养小众项目的特长上重点发力;中产阶层虽然在资本拥有量上不及精英阶层,因此无法负担成本高昂的国际学校和小众项目特长培养,但从自身的家庭资本结构来看,经济资本、文化资本和母职资本相对充裕,因此这一阶层将教育卷入的重点主要放在了学区房、学科培训和大众项目特长培养上;而工薪阶层的各项资本拥有量都不及中上阶层,只是在自身家庭资本结构中,相对于文化资本、社会资本和母职资本,唯有经济资本相对宽裕,因此,在父母教育卷入行动中将重点聚焦于可以直接帮助子女提升成绩的学科培训。无论是精英阶层、中产阶层还是工薪阶层,从本质上来看,父母教育卷入都是不同阶层家庭资本组合与教育投入的物化物。

第二节 讨 论

一、教育治理:"双减"政策的国家逻辑

近两年的教育治理从国家顶层设计层面,以前所未有的高度和力度,对各种教育失范现象进行纠偏,引发了强烈的社会性效应。这不仅是教育领域的重大改革,也是国家治理逻辑转型这一盘大棋中的重要环节。

一方面,从国家发展的价值观层面来看,我们正在经历从"一部分人先富"向"共同富裕"的跨越。共同富裕的前提是社会公平,而教育公平是整个社会公平体系中的重要组成部分。当前我国城乡教育资源配置仍然存在巨大的差异和不均衡,部分地区存在以"精英教育"思维配置教育资源的顽固观念,地区之间发展不平衡不充分问题仍然十分突出。因此,以国家之名调配资源,实现教育公平,也是防止社会阶层固化,畅通向上流动通道,给更多人创造致富机会的重要举措。依据 CFPS 的数据,近年来的教育回报率也在提高。因此,让每一个孩子都能站在同一起跑线上,享受公平而有质量的教育,是保障更多人通过接受教育获得同等收入回报的关键。教育公平历来就是社会公平的"稳定器"和"压舱石",为此,国家的教育治理行动的重点就在于让教育的起点和过程公平起来,防止有人通过不平等的方式"抢跑""偷跑"和借力"加速跑"。1966 年,美国社会学家詹姆斯·科尔曼发表了著名研究报告《教育机会均等的观念》,该报告对各国教育公平相关政策的推行产生了巨大影响。我国一系列的教育治理制度正在通过逐步统筹分配教育资源促进教育均等化,让教育真正体现公平和社会属性。当然,教育均等化不等于平均化,而是从教育公平出发,让每个学生都能为未来的人生奠定较为均衡的基础,在此基础上,再充分挖掘与释放个人的禀赋。教育最重要的任务是要从各个阶层中挑选出那些拥有才华和德性的"自然贵族",并利用公共支出通过教育来造就他们。要让那些有杰出能力但也许囊中羞涩的年轻人能够就读,只有这样,通向顶层的通道才能敞开,才能让民主的精神充盈于我们的学习殿堂①。以国家为中心的政策导向就是要筑牢这个公共基础,这也是社会公平的题中之义。

另一方面,从国家发展的人力资本来看,我们正在经历人口数量红利进入尾声,人口

---

① 张民选.杰斐逊公立教育思想述评[J].上海师范大学学报(哲学社会科学版),1992(4):143.

老龄化逐步加速的关键阶段。一个国家的发展离不开人口,人口是最重要的资源。预计在 2021 年到 2030 年间,劳动年龄人口总量和比例将继续以较快速度降低,人口抚养比也将继续提升,由低人口抚养比带来的人口数量红利逐步进入尾声。随着第二次生育高峰出生的"60 后"群体步入退休年龄,老年人口增长速度将明显加快,在"十四五"期间,我国将从轻度老龄化迈入中度老龄化。在改革开放以后,我国迎来经济的高速发展期,作为"世界工厂"高速完成了工业化体系建设,正是诸多人口红利综合作用的结果。然而,随着世界第四次产业转移的推进,我国的人工成本在逐渐增加。因此,未来人口红利的消退,将会直接导致企业用工成本上升,从而倒逼我国的产业转型。从这个意义上来说,人口的负增长会直接影响经济发展速度,人口问题是经济放缓后关涉所有问题的根本。虽然全面放开二孩政策实施后出生人口有所回升,但并没有从根本上挽救生育率下跌的趋势,其中关键的因素在于年轻人的生育意愿偏低。2021 年 8 月,修改后的人口计生法规定,一对夫妻可以生育三个子女。要提高民众的生育意愿,必须从根本上解决抑制生育意愿的社会压力存在。在家庭教育压力方面,只有推进教育公平与优质教育资源供给,降低每一个孩子的学习、养育和教育成本,才能提高育龄人群的生育意愿,真正释放人口政策的动能。从这一角度来看,教育治理也是对国家干预人口政策作出的积极配合。

教育乱象的彻底解决需要国家重新走向前台,作为中心主体,开展制度治理,从目前制度运行的现实状况来看,这也是最为行之有效的路径。但另一个值得讨论的问题是,制度提供了治理的常规路径,需要行动者依循这些路径开展行动。但制度本身具有文本性(Textuality)的特质,而人作为制度运行的代理者(Agency),又在具体实践中有意或无意地增加了制度的变数,制造出制度的诸多自由空间和矛盾,从而成为制度运行的空隙①。从不同行动主体的角度来看,对于同一项制度,由于各方的立场、视域及诉求不同,总会出现制度的确定性与行动的能动性之间的冲突与张力。

2021 年 11 月 23 日,知名经济学家宋清辉在某社交平台上公布了其子的死讯,并表示,过重的作业负担、学校频繁的考试及"唯分数论"、对孩子心理辅导不及时、流于形式都是导致孩子高空坠亡的重要原因。这个案例表明,在多重复杂的现实世界中,制度的安排不可能符合所有行动主体的行动逻辑。制度与行动的关系,不是简单的控制与被控制或者建构与被建构的关系,而是相互穿行的共变关系。制度这一文本在穿行至具体行

---

① 渠敬东.制度过程中的信息机制[J].北京大学学报(哲学社会科学版),2021(6):75-87.

动者的实践过程中,是经由行动者主观诠释这一中介机制的,行动者总是根据自身对制度的诠释和理解去采取相应的行动,体现了主体诉求与制度确定性之间的博弈。同时,既然是人为制定出的文本,任何制度都无法确保自身语义系统的充分完备,也无法对有可能出现的各种问题进行准确的预测和完全的规避。在制度执行过程中,会出现大量的弹性空间甚至反向情形。

再如,自基础教育"双减"政策提出以来,很多曾从事学科类的校外培训机构,并没有因此偃旗息鼓,而是进行了所谓的戏剧培训等升级和转型,推出一系列变相的学科类培训。

表 7.1 "LB"培训机构官网发布的戏剧课程

	一级	二级	三级	四级	五级	六级	七级	八级	九级
戏剧能力发展	创造 创造情景角色 表达自己观点	表演 能够塑造角色 充分体验情感 传达正确情绪		创造 讨论创造角色 阐明个人想法 改编创作剧目 小组探索技巧	表演 创作表演剧目 小组团队合作 识别技术元素 完善发展剧目 分享剧目反思 共同塑造角色		创造 分析戏剧冲突 找出解决方案 提升个人审美 评价戏剧作品 使用技术元素	表演 练习提升表演技巧 使用技巧塑造角色 表演技巧融入演出	
	回应 回应角色情感 建立角色联系 进行自评他评	联结 识别相似不同 应用生活技巧		回应 理解艺术元素 审视角色情感 分析技术元素 评估剧目问题	联结 建立文化联结 探索故事改编 研究剧目呈现		回应 提升个人审美 评价戏剧作品 使用技术元素	联结 联结角色和生活 戏剧调研和设计 表达社会性问题	
精选特色剧目	《小蝌蚪找妈妈》《年的故事》《猴子捞月》		《小羊驼起床啦》《好饿的毛毛虫》《棕熊、棕熊你看到什么了》	《哪吒闹海》《神笔马良》《稻草人》		《小老鼠历险记》《巨大的萝卜》《城市老鼠和乡村老鼠》	《桃花源记》《赤壁之战》《高山流水遇知音》	《马蒂尔达》《查理和巧克力工厂》《灰姑娘》	
Trinity 戏剧评价	Young Performers Certificate			Speech and Drama and Performing Text			Speech and Drama and Performing Text		
	Bronze	Bronze/Silver	Silver/Gold	Initial			Grade 1	Grade 2	
LAMDA 戏剧评价				Introductory			Acting		
				Stage 1	Stage 2	Stage 3	Entry Level	Level 1	Level 2

资料来源:LB 机构官网,见 https://www.firstleap.cn/course/drama.html

如表7.1所示,一家名为"LB"的培训机构在其官网上将戏剧课程分为九个等级,每一级对应着不同的英文剧目。一、二、三级对应《小蝌蚪找妈妈》《年的故事》等剧本,七、八、九级则对应难度更高的《灰姑娘》《查理和巧克力工厂》等剧本。此外,官网还展示了部分学生学习的创编剧本,对学生的英文阅读、口语和词汇量也有一定要求。这种"隐形变异"违规开展英语培训的现象,在很多机构都存在。

在制度推广的过程中,制度制定者通常会主动收集各种正向信息,以验证制度的科学性和有效性。然而,在现实空间中运行的制度往往会产生各种意外的情形,甚至是反向信息。从社会冲突论的视角来看,这些反向信息对于制度的完善并不全然都是破坏的力量,反倒是可以成为制度运行的安全阀,来化解制度与行动之间的冲突与紧张,同时也可以帮助制度制定者及时知晓制度运行的反向效应,从而及时调整运行机制,完善制度文本。针对以上变相学科类培训问题,2021年9月,教育部办公厅发布《关于坚决查处变相违规开展学科类校外培训问题的通知》公布了七种"隐形变异"情形,杜绝以游学、研学、夏令营、思维素养、国学素养等名义,或者在科技、体育、文化艺术等非学科类培训中,违规开展学科类培训的现象。同年11月,教育部办公厅发布《义务教育阶段校外培训项目分类鉴别指南》,提出从培训目的、培训内容、培训方式、评价方式等维度进行综合考量,对学科类培训项目进行判定。

将以上的现实案例作为切口,分析制度与行动之间的共变与互构关系,给予我们的一个重要启示在于:第一,制度并不是社会世界的直接反应,制度与人们社会生活的关系,既不是一种规定关系,也不是一种因果关系,而是互构共变、相互穿行的关系。尤其是社会生活中发生的偏差、越轨或反常、破坏行为,也经常会成为制度生成或作用的动力。一项成熟的制度不应是刚性的,在实际运行过程中,制度的实际效用会受到文本解读、主体诠释、权力制约、路径依赖、舆论反馈等诸多因素的影响,因此,留存适量的弹性空间,为行动者的惯习预留适量的时间和余地,是更加理性、更有见识的制度决策。第二,由于制度无法凌驾于行动,制度无人而死,因人而活,每一项制度都是在行动者的具体生活中才能获得存在的价值和生命力,因此,在很多情况下,制度非但无法以一己之力统摄所有主体的行动,反倒在与行动主体博弈的过程中被反制。因此,制度运行的更高层次,是自我校正。当制度的各种反向效应以事件、舆论、集体行动等方式给制度的推广造成压力时,也正是解决问题、完善制度的契机。顺应历史规律的制度要善于从反向效应中汲取有效的语义元素,寻求更科学的改良或变迁方式。行动需要制度的引导与规制,制度也需要依靠行动来检验和反思,在双向互构的过程中,制度与行动不断实现自我校正、自我革新。

二、阶层流动：地位再生产理论的再探讨

再生产理论是 20 世纪后期在文化和教育社会学领域兴起的一种社会批判理论。作为一种以批判能力主义为立场的理论流派，诸多学者从不同角度阐释了教育不平等机制的运作机理。法国社会学家布尔迪厄的两部代表作《继承人：大学生与文化》及《国家贵族：精英大学与团体精神》虽然在时间上相隔了 25 年，但探讨的问题却如出一辙，即教育体制是如何以合法却又隐蔽的方式实现社会阶层的再生产的。布尔迪厄深入研究了法国教育体系的运行过程，揭示了在基于血缘的贵族特权和世袭体制被废除之后，法国教育体制以学业文凭和象征资本为中介，建构起"国家贵族"，保证了权力支配阶层的再生产[①]。

英国教育学家巴兹尔·伯恩斯坦（Basil Bernstein）在 20 世纪 70 年代从语言技能对教育获得影响的角度提出了语言符码理论[②]。伯恩斯坦认为，不同家庭背景的儿童在早期社会化过程中发展出了不同的语言表达方式，即语言符码。具体而言，根据语言的逻辑性、系统性、文化性和文学性差异，语言符码可分为"精密性语言"和"限定性语言"两类。伯恩斯坦重点考察了中产阶层家庭子女与劳工阶层家庭子女在语言符码运用上的差别，发现中产阶层家庭子女在早期家庭社会化中受到了语言规范性和系统性的训练，因此大多持有"精密性语言"，这类语言符码内容精准，更加具有逻辑性、抽象性和概括性。而劳工阶层自小大多生活在关系亲密的家庭与社区中，更多使用的是"限定性语言"，这类语言通常语句简短，概括性弱，更为注重具体生活经验的沟通，对于抽象的概念及其逻辑关系很少涉及。由于在学校的语言环境中大多使用的都是精密性语言，因此中产阶层子女在从家庭环境进入到学校环境中时不需要经历"转码"的环节即可完成自然过渡，从而减少了学习的时间成本和精力成本。而劳工阶层子女在很大程度上需要克服"转码"的障碍才能适应正规的学校教育，这种障碍常常会造成学生对学校的排斥感和对自我的否定感，从而造成了学业的不佳表现。

以布尔迪厄、伯恩斯坦为代表的阶层教育学派，最早洞察到社会精英阶层和中产阶层会通过学校教育及文凭的再生产机制，将家庭资本传递给自己的子女，从而实现阶层

---

① 庄晨燕.法国教育体制与"国家贵族"再生产——皮埃尔·布尔迪厄《国家贵族：精英大学与团体精神》导读[J].民族高等教育研究，2021(6)：9-17.
② 巴兹尔·伯恩斯坦.教育、符号控制与认同[M].王小凤，译.北京：中国人民大学出版社，2016：121-132.

和文化的再生产。这是再生产理论的核心观点,也是对教育公平根源之探究的重要贡献。自 20 世纪 70 年代末,该理论被引入中国,同样对中国教育的研究产生了极为深刻的影响,并启发了大量学者以此为框架,开展诘问教育公平的开拓性研究。杨东平通过收集 10 个城市共 40 所中学学生的数据,对其生源背景调查后发现,城市中上阶层家庭的子女较多集中于重点中学,而农村和低阶层家庭的子女则主要分布在非重点中学,因此可以推断,家庭所处社会阶层对子女进入优势资源学校具有重要影响[①]。吴愈晓、王威海分析了 CGSS 2008 的调查数据,发现优质高等教育资源的获得呈现与重点中学相似的阶层特征,在很大程度上是中学教育分层的延续[②]。叶晓阳的研究也同样证实了这一结论,认为重点中学制度本质上是以教育之名实施的阶层筛选与社会排斥[③]。然而,正如用西方社会学理论解释中国现象常常会遇到的"水土不服"问题一样,西方的再生产理论对中国的教育内卷现象是否具有同等解释力,是一个有待商榷的论题。

从再生产理论产生的背景来看,布尔迪厄所分析的语境主要是具有源远流长贵族文化传统的法国,贵族与平民之间的阶层壁垒十分牢固,学校被看作是社会中特权分配的中介机构,为生产、传播和积累文化资本提供了场域,并通过隐蔽而稳定的方式完成阶层再生产。而在中国的"官民文化"中,官与民之间的界限是模糊的、变动的。"富不过三代,穷不过五服""王侯将相宁有种乎"等古语也充分反映了中国人阶层跃升的意识和可能性。这也可以解释为何中产阶层和工薪阶层不惜一切代价,几乎将所有的家庭资本都投入在子女的教育中,这里的投入既包括经济上的投资,也包括家庭分工上的代价。比如并不富裕的家庭也尽量选择让母亲放弃工作,在家全力辅导孩子及做好后勤保障。当今中产阶层中的相当数量的人群都是通过教育实现了社会阶层的向上流动,从这个意义来看,布尔迪厄理论所传递出的结构决定论的意味在中国语境中被削弱了很多,其中所透露出的悲观的宿命论结局在中国也具有可变的余地。

特别值得讨论和让人看到希望的是,高学业成就的获得并非只是中产阶层甚至精英阶层家庭子女的专利。引发社会性悲观情绪的"寒门再难出贵子"论断遭到了诸多学者的有力驳击。有学者通过对国内 9 所重点大学 25 位农村籍大学生教育自传的文本研究发现,尽管面临家庭经济资本和文化资本严重缺失的劣势,但"物或损之而益",底层家庭的子女并非只是全然的受限者,自然心性、人伦传统、亲密关系等农村文化资本反倒能够

---

① 杨东平. 高中阶段的社会分层和教育机会获得[J]. 清华大学教育研究,2005(3):52-59.
② 吴愈晓. 教育分流体制与中国的教育分层(1978—2008)[J]. 社会学研究,2013(4):179-201.
③ 叶晓阳. 扩张的中国高等教育:教育质量与社会分层[J]. 社会,2015(3):193-218.

帮助农村孩子从中汲取"担当""尊重""乐观""回馈"等向上的文化品质,进而为他们取得高学业成就带来精神力量①。还有学者认为,在任何时代,乡村社会都存续着一种对于"读书"的纯粹精神(享受读书和学习本身的乐趣,对于读书学习有非常旺盛的探索和好奇心,不是为了分数和成绩这种短暂的目标和动力)、一种"立志"的功德意识(不仅要完成工作赚钱这些功利化目标,最终是要成就一番事业,做一件有功德的事情,成为栋梁之材)和对于生育、生命、一般社会准则的道德敬畏。而支撑平民子弟最终实现社会流动和文化超越的,并不是"读书改变命运"的功利性的急迫态度,而正是民间社会内在的对读书、学习和家国观念的道德信仰。底层家庭的子女最终能够成功实现阶层跃升,很大一部分并不因为文化资本,而是一种文化性情。比如说他们真诚而勇敢的人格特质,他们高度的内驱力、自制力,对人、对物存有无限的探索欲和好奇心……②程猛用"读书的料"指代改革开放之后出生并进入精英大学的中国农家子弟,借助自传社会学和深度访谈的方法,对底层家庭子女通过教育向上流动过程中的文化生产进行了深描,突破"底层缺乏文化资本"这一学术界默认的观点,提出了底层文化资本理论,并认为先赋性动力、道德化思维以及学校化的心性品质这些底层文化资本为底层家庭子女提供了文化生产能量,最终实现了生活的重建和阶层的突破③。

诚然,当今中国的现代化进程推进得十分迅猛,阶层流动也具有更多的不确定性,尚未形成阶层与文化完全固化的清晰壁垒,本书也认同底层子弟的向上流动并非不无可能。但是,需要认识到的是,不管是底层子弟的文化品质、文化性情还是文化资本,都必须依赖于一个公平健康的社会结构和教育体系。如果宏观的社会结构和社会制度发生了病变,再有生命力的底层力量也无法逃离结构的宰制,获得解放的希望。文化延续必须要由各种制度来维系,文化不是基因,不具有超越制度的稳定性④。当下对于教育治理的国家行动,正是为了给各个阶层力量的觉醒提供更有力的制度支持,从而为健康有序的社会流动释放更多空间,培育更优质土壤。从这个意义上来看,底层子弟的成功既是个人的成就,更是社会的成全。

---

① 许程姝,邬志辉.农村文化资本与文化生产——基于农村儿童"差别优势"的理论构型[J].教育学报,2021(3):144-153.
② 安超.拉扯大的孩子:民间养育学的文化家谱[M].北京:社会科学文献出版社,2021:2.
③ 程猛."读书的料"及其文化生产[M].北京:中国社会科学出版社,2018:2.
④ 赵鼎新.论机制解释在社会学中的地位及其局限[J].社会学研究,2020(2):10.

第三节 创新与不足

一、创新之处

第一,分析视角的创新。在社会学研究中,解释社会行动常常会面临一个两难的选择,即是应该采用机制分析还是结构分析?如果只是分析社会行动产生的机制,首先想到的就是如何找到更具实证性的变量和模型去解释行动,而忽略了机制在不同情境中的适用性以及它们与宏观结构之间的关系;如果将重点放在结构分析上,又未免会因为过于抽象和宽泛而失去让人信服的解释力。本书基于双向互构论和赵鼎新的机制理论,在宏观结构和微观行动之间引入机制维度,建构了一个"结构-机制-行动"的整合性分析框架,将"鸡娃"这一现象看作是特定历史阶段全球与中国社会大背景下的一种社会行动,在立体勾勒父母教育卷入行动现实图谱的基础上,从宏观、中观和微观层面揭示隐藏在行动背后的结构性力量,剖析父母教育卷入行动的心理机制和行动逻辑,观照了行动对于结构的能动影响,探寻了解决问题的政策策略,从而阐释个体行动与结构因素之间的互构共变关系,对走出行动解释的两难困境作出了初步尝试。

第二,学术观点的创新。父母教育卷入现象是"家长主义"与教育市场化共谋的产物,也是"教育内卷"与社会性焦虑共生的表征。首先,作为一个社会事实,父母教育卷入并非只是个体主动或被动的教育选择,而是制度、文化和技术性结构共同形塑的产物,结构性因素是该社会事实生成的隐秘力量;其次,父母教育卷入选择源于不同阶层对教育内卷的共同的社会性焦虑,精英阶层、中产阶层和工薪阶层都因不同的代际期待而呈现不同程度的教育卷入;最后,作为一种社会行动,父母教育卷入不仅是经济资本的教育投入,更是文化资本、社会资本、母职资本等各类家庭资本组合的全方位博弈。作为父母教育卷入行动的重要载体,"母职资本"成为一种天然优势资源和软实力,这是本书在概念建构方面的一个尝试。

第三,研究方法的创新。本书将连续接近法(Successive Approximation)与比较分析法(Analytic Comparison)相结合,收集包括父母教育卷入动机、态度、行动等丰富鲜活的资料,通过不断反复和循环的步骤,逐步探讨形塑父母教育卷入行动的社会结构和社会机制,形成具有概括性的综合分析结果。同时,在运用比较分析法时,采用一致性比较法从表现各异的父母教育卷入行动中,提炼出不同个案所具有的共同特质;采用差异性比较法,对是否实行父母教育卷入行动的家长进行比较,找出导致两种不同结果的差异性原因,从而更加准确地界定相关概念,也使研究结论更有解释力。

二、研究不足

第一,本书主要采用质性研究方法,重点对采取教育卷入行动的家长、子女、教师、校外培训机构工作人员等四个群体进行访谈。在每个群体类别中,主要采用滚雪球式的抽样方法,因而在一定程度上受到研究者个体社会网络的局限,样本的代表性和全面性上尚有不足。囿于数据的限制,未能给各个阶层的教育行动一个全景式的呈现。为了增强质性研究的效度,未来需要在更大范围中选取不同区域、更具代表性的研究样本,并结合定量数据进行适度比较,开展更全面、更综合的后续研究。

第二,作为一种社会行动和社会事实,父母教育卷入是多重社会结构和个体因素相互作用、共同建构的结果。本书尝试从"结构-机制-行动"这一分析框架出发,对这一议题开展了有益的探索性研究,而分析框架的合理性和研究结论的解释力还有待在实践中进一步检验和审视。2021年,国家出台了一系列政策规制,旨在开展针对校外教育培训的专项治理,教育内卷现象出现重要转折,其未来演变态势是一个值得在跟踪研究中进一步深入探讨的重要议题。

附 录
附录 1：访谈提纲

您好！为了开展父母参与子女教育研究，诚挚邀请您接受访谈。调研人员是华东理工大学社会与公共管理学院的博士生。本调查承诺：您的参与是完全自愿的，收集的所有资料仅用于学术研究，并作匿名处理，不会给您及贵单位造成任何损害。为了便于整理和分析，请允许我对您的访谈进行录音，我们将遵循保密原则，严格保守您的隐私，敬请放心回答，感谢您的配合与支持！

华东理工大学社会学系
二〇二 年 月

访谈问卷编号：

访问员：

被访人：

访谈时间：

访谈地点：

一、面向家长

（一）个人基本信息

1. 您的年龄？（记录性别）

2. 您的职业？

3. 您的受教育情况？

4. 您的家庭收入状况？

5. 您的子女的数量、年龄、性别、就学状况？

（二）教育行动方面

1. 您家主要是谁负责孩子的教育？

2. 您平时会给孩子辅导功课吗？

3. 您是如何安排孩子的课外时间的？

4. 您给孩子报了哪些校外培训班？

5. 您选择校外培训班的标准是什么？

6. 您是什么时候开始给孩子报班的？

7. 您给孩子报班是出于何种考虑？

8. 您是通过何种途径报班的？

9. 对子女的教育参与对您的生活有何影响？

10. 您对其他家长参与子女教育的情况有何了解？

（三）家长心态方面

1. 您对孩子最大的期待是什么？

2. 您希望孩子在教育上未来达到什么目标？

3. 您希望孩子在特长项目上达到什么目标？

4. 您觉得孩子现在的状态如何？

5. 您现在身体和心理的状态如何？

6. 您觉得子女教育的重要性如何？

7. 您觉得孩子将来会超越父辈吗？

8. 您如何看待普职分流政策？

9. 您如何看待高考对孩子的影响？

10. 您认为衡量子女教育成功的标准是什么？

11. 您觉得您算是"鸡娃"家长吗？为什么？

12. 您觉得有必要"鸡娃"吗？为什么？

（四）家庭资本方面

1. 您家在子女教育方面都有哪些主要投入？

2. 您买学区房了吗？

3. 您的孩子就读的学校性质是？

4. 您是如何规划孩子各个阶段的就读学校的？

5. 孩子现在每年的各项花销大约需要多少？

6. 您平时在家会陪孩子一起学习吗？

7. 您会给孩子买书吗？

8. 您会给孩子买辅助学习的电子设备吗？
9. 您会愿意为了子女教育去托人帮忙吗？
10. 您和学校老师联系得多吗？
11. 您和孩子之间的相处如何？
12. 您和孩子同学以及同学家长之间联系得多吗？
13. 孩子学习上遇到问题的时候您是如何解决的？
14. 你觉得在子女教育上父亲和母亲的分工有何不同？
15. 您觉得现代母亲和传统母亲在子女教育方面承担的职责有何区别？
16. 您觉得家庭背景对孩子学习的影响有多大？

二、面向学校教师

（一）个人基本信息

1. 您的年龄？（记录性别）
2. 您所在的城市？
3. 您所在的年级和学校？
4. 您的受教育情况？
5. 您的教龄？
6. 您的职务？

（二）学生教育

1. 您班级里的学生大多是通过何种途径来到该学校的？
2. 您了解的班级里的学生有多少参与了校外培训？
3. 您认为校外培训对学生有帮助吗？
4. 您认为校外培训与学校教育之间冲突吗？
5. 您平时与家长联系的频率如何？
6. 您是通过什么方式与家长联系的？
7. 您会在什么情况下和家长联系？
8. 您班级家委会的成员是如何选拔出来的？
9. 您如何看待您班级的家委会工作？
10. 您所在学校偏重应试教育还是素质教育？
11. 您认为义务教育阶段应该考试吗？
12. 您如何看待"减负"政策？

13. 你如何看待"鸡娃"现象？

14. 您认为教育的目的是什么？

三、面向学生

（一）个人基本信息

1. 你的年龄？（记录性别）

2. 你就读的年级和学校？

3. 你父母的职业？

（二）学习情况

1. 如果用一个词来形容学习这件事，你会用什么词？

2. 你每天几点起床？几点睡觉？

3. 你参加校外辅导班了吗？参加了哪些？谁负责接送？

4. 据你所知你们班有多少同学参加了校外辅导班？

5. 你觉得校外辅导班对你的学习和兴趣培养有帮助吗？

6. 平时你在家学习的时候父母通常在干什么？

7. 家里谁最关心你的学习？

8. 家里人对你学习的关心主要体现在哪些方面？

9. 你平时和父母相处如何？

10. 遇到问题时你第一时间想向谁求助？

11. 你理想中与父母的关系是什么样的？

12. 你希望将来成为一个什么样的人？

13. 你父母希望你将来成为一个什么样的人？

14. 你认为家庭背景对学习有影响吗？

15. 你认为你的家庭和其他同学家庭相比有哪些优势和劣势？

四、面向校外培训机构工作人员

（一）个人基本信息

1. 您的年龄？（记录性别）

2. 您就职（曾经就职）的机构？

3. 您入职的时间？

4. 您的职务？

(二)机构(曾经任职机构)运作情况

1. 您所在机构的具体业务包括哪些?
2. 机构里有多少学生?
3. 机构里各项项目的收费情况如何?
4. 机构里学生来源比例如何?
5. 学生大多是如何知晓您的机构的?
6. 机构曾经采取过哪些宣传手段?您认为什么手段最为有效?
7. 机构的宣传工作是自己开展还是和专业的公司合作?
8. 机构是否有试听课,具体是怎么安排的?
9. 如何提高家长对机构的认可度?
10. 您认为您的机构与其他机构相比有何优势和劣势?

附录2:访谈对象基本情况一览表

序号	编号	性别	年龄	教育水平	类别	访谈时间
1	P1	女	37	本科	公务员	2021年3月15日 2021年4月2日 2021年12月2日
2	P2	女	40	本科	公司中层管理人员	2021年3月15日 2021年4月5日
3	P3	女	32	本科	公司职员	2021年3月17日 2021年7月2日
4	P4	男	39	本科	公司高层管理人员	2021年3月19日 2021年12月5日
5	P5	男	37	硕士	银行职员	2021年3月20日
6	P6	女	43	硕士	公司中层管理人员	2021年3月22日 2021年10月5日
7	P7	女	29	专科	全职妈妈	2021年3月25日 2021年4月10日
8	P8	女	40	硕士	事业单位行政人员	2021年3月27日 2021年4月10日 2021年11月15日
9	P9	女	44	硕士	全职妈妈	2021年3月28日 2021年4月12日 2021年11月15日

续表

序号	编号	性别	年龄	教育水平	类别	访谈时间
10	P10	女	38	本科	公司职员	2021年4月2日
11	P11	男	32	专科	私营店主	2021年4月5日 2021年11月15日
12	P12	男	42	高中	家电维修工	2021年4月10日
13	P13	男	41	硕士	律师	2021年4月11日
14	P14	女	33	本科	小学英语教师	2021年4月12日 2021年11月15日
15	P15	女	39	本科	媒体从业人员	2021年4月17日
16	P16	男	42	专科	私营店主	2021年4月24日
17	P17	女	36	本科	公司职员	2021年5月5日
18	P18	男	38	硕士	金融机构主管	2021年5月8日
19	P19	女	36	硕士	全职妈妈	2021年5月17日 2021年6月4日
20	P20	女	36	硕士	全职妈妈	2021年5月18日 2021年6月4日 2021年12月23日
21	P21	女	37	专科	私营店主	2021年5月28日
22	P22	女	40	硕士	小学教师	2021年6月8日 2021年12月23日
23	P23	女	42	本科	国企中层管理者	2021年6月16日
24	P24	女	36	本科	公司职员	2021年6月29日
25	P25	女	39	博士	大学教师	2021年7月4日 2021年12月19日
26	P26	男	38	博士	医生	2021年7月10日
27	P27	女	33	本科	事业单位行政人员	2021年7月16日

续表

序号	编号	性别	年龄	教育水平	类别	访谈时间
28	P28	男	39	硕士	高校行政人员	2021年7月22日 2021年8月7日 2021年12月19日
29	P29	女	42	高中	全职妈妈	2021年7月22日 2021年8月15日 2021年12月27日
30	P30	女	35	本科	公司职员	2021年7月26日
31	P31	男	40	硕士	网络工程师	2021年7月26日
32	P32	男	37	本科	国企中层管理者	2021年8月2日
33	P33	女	36	专科	医院护士	2021年8月4日
34	P34	女	36	专科	餐饮店店长	2021年8月5日
35	P35	女	47	本科	全职妈妈	2021年8月12日
36	P36	女	42	本科	书店店长	2021年8月17日 2021年10月8日 2021年11月22日
37	P37	女	41	本科	全职妈妈	2021年8月19日 2021年10月9日 2021年11月23日
38	P38	女	34	本科	公司职员	2021年8月22日
39	P39	女	39	本科	建筑工程师	2021年9月3日
40	P40	男	41	硕士	国企职员	2021年9月10日
41	P41	女	35	本科	报社副主编	2021年9月15日
42	P42	女	36	本科	外企职员	2021年9月17日
43	P43	男	41	本科	私募管理人	2021年9月19日
44	P44	女	40	博士	大学教师	2021年9月20日 2021年10月25日 2021年11月26日

续表

序号	编号	性别	年龄	教育水平	类别	访谈时间
45	T1	女	30	硕士	公办小学教师	2021年7月10日 2021年11月26日
46	T2	男	40	硕士	公办小学教师	2021年7月23日 2021年11月20日
47	T3	女	39	硕士	公办中学教师	2021年8月9日 2021年11月28日
48	T4	女	48	本科	公办中学副校长	2021年8月29日
49	T5	女	36	硕士	公办中学教师	2021年9月1日 2021年11月5日
50	T6	男	37	硕士	公办中学教师	2021年9月2日 2021年11月5日
51	T7	女	41	本科	公办小学教师	2021年9月4日 2021年11月21日
52	T8	女	29	硕士	公办小学教师	2021年9月5日
53	T9	女	42	硕士	私立小学教师	2021年9月10日 2021年11月13日
54	T10	女	42	硕士	私立小学教师	2021年9月12日 2021年11月24日
55	S1	女	10	小学	公办小学学生	2021年4月12日
56	S2	女	10	小学	公办小学学生	2021年4月13日
57	S3	女	11	小学	公办小学学生	2021年5月7日 2021年7月21日
58	S4	女	11	小学	公办小学学生	2021年5月8日
59	S5	女	16	高中	公办中学学生	2021年7月14日
60	S6	男	14	初中	公办中学学生	2021年8月6日 2021年11月12日
61	S7	女	13	初中	私立中学学生	2021年8月7日
62	S8	女	14	初中	私立中学学生	2021年8月12日

续表

序号	编号	性别	年龄	教育水平	类别	访谈时间
63	S9	男	13	初中	私立中学学生	2021年8月26日 2021年10月21日
64	S10	男	11	小学	公办小学学生	2021年8月20日
65	S11	男	13	初中	公办小学学生	2021年8月22日
66	S12	男	13	初中	公办小学学生	2021年10月20日 2021年11月1日
67	I1	男	34	本科	校外培训机构市场部主管	2021年4月12日 2021年6月21日
68	I2	男	29	大专	校外培训机构市场部主管	2021年4月19日 2021年12月2日
69	I3	女	32	大专	校外培训机构市场部职员	2021年4月23日 2021年12月21日
70	I4	女	26	本科	校外培训机构教师	2021年5月12日
71	I5	男	28	本科	校外培训机构市场部职员	2021年5月29日
72	I6	男	27	大专	校外培训机构市场部职员	2021年6月2日 2021年12月21日
73	I7	女	28	本科	线上培训机构咨询老师	2021年6月19日
74	I8	男	32	本科	线上培训机构咨询老师	2021年6月24日 2021年11月18日
75	I9	男	26	本科	线上培训机构咨询老师	2021年6月29日
76	I10	女	28	本科	线上培训机构咨询老师	2021年7月2日 2021年11月18日
77	I11	男	29	专科	线上培训机构咨询老师	2021年7月3日 2021年12月10日

注：P(Parents)代表学生父母，T(Teacher)代表学校教师，S(Student)代表学生，I(After-school training institution)代表校外培训机构工作人员。

附录3：2020—2021年国家相关教育制度一览表

序号	政策名称	主题思想	发布机关	发布时间
1	《关于全面加强新时代大中小学劳动教育的意见》	把劳动教育纳入人才培养全过程	中共中央、国务院	2020.3.20
2	《深化新时代教育评价改革总体方案》	到2035年，基本形成富有时代特征、彰显中国特色、体现世界水平的教育评价体系	中共中央、国务院	2020.10.13
3	《关于深化新时代教育督导体制机制改革的意见》	到2022年，基本建成全面覆盖、运转高效、结果权威、问责有力的中国特色社会主义教育督导体制机制	中共中央办公厅、国务院办公厅	2020.2.19
4	《关于全面加强和改进新时代学校体育工作的意见》和《关于全面加强和改进新时代学校美育工作的意见》	将体育科目纳入初、高中学业水平考试范围。全面实施中小学生艺术素质测评，将测评结果纳入初、高中学生综合素质评价	中共中央办公厅、国务院办公厅	2020.10.15
5	《关于进一步加强涉未成年人网课平台规范管理的通知》	切实保障优质线上教育资源供给，推动涉未成年人网课平台健康有序发展，营造未成年人良好网络学习环境	中央网信办、教育部	2020.11.27

续表

序号	政策名称	主题思想	发布机关	发布时间
6	《职业教育提质培优行动计划（2020—2023年）》	坚持职业教育与普通教育不同类型、同等重要的战略定位，加快构建纵向贯通、横向融通的中国特色现代职业教育体系	教育部等九部门	2020.9.16
7	《关于进一步激发中小学办学活力的若干意见》	保障学校办学自主权、增强学校办学内生动力、提升办学支撑保障能力、健全办学管理机制	教育部等八部门	2020.9.15
8	《关于加快和扩大新时代教育对外开放的意见》	坚持教育对外开放不动摇，形成更全方位、更宽领域、更多层次、更加主动的教育对外开放局面	教育部等八部门	2020.6.18
9	《关于加强新时代乡村教师队伍建设的意见》	加强新时代乡村教师队伍建设，努力造就一支热爱乡村、数量充足、素质优良、充满活力的乡村教师队伍	教育部等六部门	2020.7.31
10	《中国高考评价体系》和《中国高考评价体系说明》	该体系从高考的核心功能、考查内容、考查要求三个方面回答"为什么考""考什么""怎么考"的考试本源性问题	教育部考试中心	2020.1.7
11	《义务教育质量评价指南》	提出防止学业负担过重等考察要点，明确了质量评价的指标体系，指出义务教育质量评价层面围绕的5个方面中的12项关键指标	教育部等六部门	2021.3.18
12	《2021年对省级人民政府履行教育职责的评价方案》	结合教育改革发展实际情况，综合考虑各地教育发展水平差异、兼顾各级各类教育、回应人民群众和社会关切等因素，确定9个方面评价重点	国务院教育督导委员会办公室	2021.7.16
13	《关于进一步减轻义务教育阶段学生作业负担和校外培训负担的意见》	旨在进一步减轻义务教育阶段学生作业负担和校外培训负担，促进义务教育优质均衡发展，全面提升学校教育的质量	中共中央办公厅、国务院办公厅	2021.7.24

续表

序号	政策名称	主题思想	发布机关	发布时间
14	《中华人民共和国家庭教育促进法》	弘扬中华民族重视家庭教育的优良传统，引导全社会注重家庭、家教和家风，增进家庭幸福与社会和谐，培养德智体美劳全面发展的社会主义建设者和接班人	中华人民共和国主席习近平签署中华人民共和国主席令	2021.10.23
15	《关于做好校外培训广告管控的通知》	要求校外培训广告管控纳入教育督导范围，层层传导压力、压实责任。媒体、公交、电商等相关单位集中全力对上述空间的校外培训广告开展全面排查	国家市场监管总局等八部门	2021.11.9
16	《"十四五"学前教育发展提升行动计划》和《"十四五"县域普通高中发展提升行动计划》	推动学前教育快速发展，解决"入园难、入园贵"问题，完善普惠性学前教育保障机制。加强县域高中建设，整体提升县中办学水平和教育质量。共同推进教育发展	教育部等九部门	2021.12.9
17	《加强教育移动互联网应用程序管理 推动与"双减"政策衔接》	对于提供和传播"拍照搜题"等惰化学生思维能力、影响学生独立思考、违背教育教学规律的不良学习方法作业App暂时下线，进行整改	教育部	2021.12.13

参考文献

[1] 米尔斯.社会学的想象力[M].陈强,张永强,译.北京:三联书店,2001.

[2] 卢晖临.历史视角与社会学想象力[J].杭州(我们),2011(9):30-33.

[3] 康德.判断力批判[M].宗白华,韦卓民,译.北京:商务印书馆,1964.

[4] 刘世定,邱泽奇."内卷化"概念辨析[J].社会学研究,2004(5):96-110.

[5] GEERTZ C. Agricultural Involution: The Processes of Ecological Change[M]. Berkeley: University of California Press, 1969.

[6] 杜赞奇.文化、权力与国家:1900—1942年的华北农村[M].王福明,译.北京:人民出版社,2003.

[7] 计亚萍."内卷化"理论研究综述[J].长春工业大学学报(社会科学版),2010(3):48-49.

[8] 郑也夫.吾国教育病理[M].北京:中信出版社,2013.

[9] 任小艺,邓云川.基于家庭资本的视角:学前教育内卷化[J].内蒙古师范大学学报(教育科学版),2021(5):18-22.

[10] 杨磊,朱德全,樊亚博.教育真的内卷了吗?:一个批判分析的视角[J].内蒙古社会科学,2022(2):179-189.

[11] 苑津山,幸泰杞."入局与破局":高校学生内卷参与者的行为逻辑与身心自救[J].高教探索,2020(10):123-128.

[12] 赵祥辉.博士生发表制度的"内卷化":表征、机理与矫治[J].高校教育管理,2021(3):104-113.

[13] 龙宝新.学科内卷化时代的教师教育学科建设[J].华东师范大学学报(教育科学版),2021(8):83-93.

[14] 戴香智.高职教育发展的内卷化及其突破[J].长沙大学学报,2017(5):137-142.

[15] 张健.职业教育的内卷:机理、类别与突破[J].江苏高职教育,2021(4):13-19.

[16] 臧志军.从内卷到分布式发展:对职业教育资源相对过密化的思考[J].江苏高职教育,2021(4):20-25.

[17] 陈坚.内卷化:农村教育研究的新视角[J].教育发展研究,2008(17):31-34.

[18] 张天雪,黄丹.农村教育"内卷化"的两种形态及破解路径[J].教育发展研究,2014(11):30-35.

[19] 乔云霞,李峻.农村基础教育"内卷化"的制度性审视[J].当代教育科学,2021(2):59-66.

[20] 戴子涵.培养游戏精神:突破教育内卷重围之道[J].少年儿童研究,2022(1):66-72.

[21] 张嘉莉.拔尖的陷阱:刘云杉教授谈教育"内卷"[EB/OL].[2021-10-12].http://yenching.pku.edu.cn/info/1039/3973.htm.

[22] 徐雯恬,马丽娅.学习时代的超越:"内卷"现象的教育困境及突围[J].教学研究,2021(4):1-10.

[23] 黄祖军.论转型期教育内卷化及其破解路径[J].华东师范大学学报(教育科学版),2012(2):37-41+47.

[24] 陈友华,苗国.升学锦标赛、教育内卷化与学区分层[J].江苏行政学院学报,2021(3):55-63.

[25] 丹尼尔·U.莱文,瑞伊娜·F.莱文.教育社会学[M].郭锋,等译.北京:北京:中国人民大学出版社,2010.

[26] 段雨,孙艺宁."双减"政策落实背景下基础教育领域内卷化的破解策略[J].成都师范学院学报,2022(3):8-15.

[27] 柴颖,汪勇.望子成龙望女成凤:基于当代"鸡娃"的分析[J].少年儿童研究,2022(3):35-45.

[28] 陈诚,包雷.内卷的产生机制与教育内卷的破解[J].中国考试,2022(2):81-88.

[29] 崔允漷,张紫红.后"双减"时代何以防止义务教育加剧内卷化[J].上海教育科研,2022(2):5-8.

[30] 王红,陈陟."内卷化"视域下"双减"政策的"破卷"逻辑与路径[J].教育与经济,2021(6):38-43.

[31] 杨雄.AI时代"教育内卷化"的根源与破解[J].探索与争鸣,2021(5):5-8.

[32] 洛克.人类理解论[M].关文运,译.北京:商务印书馆,1975.

[33] GRONICK W S, SLOWIACZEK M L. Parents' Involvement in Children's Schooling: A Multidimensional Conceptualization and Motivation Model[J]. Child Development, 1994(5):237-252.

[34] SEGINER A. Parents' Educational Involvement: A Developmental Ecology Perspective[J]. Parenting: Science and Practice, 2006(1):1-48.

[35] BLOOM B S. The New Direction in Educational Research: Alterable Variables[J]. The Journal of Negro Education, 1980(61):337-349.

[36] CHRISTENSON, ROUNDS, GORNEY D. Family Factors and Student Achievement: An Avenue to Increase Students' Success[J]. School Psychology Quarterly, 1992(3):178-206.

[37] MARJORIBANKS K. Family Background, Social and Academic Capital, and Adolescents' Aspirations: A Mediational Analysis[J]. Social Psychology of Education, 1997(2):177-197.

[38] STEVENSON, BAKER D P. The Family-school Relation and the Child's School Performance[J]. Child Development, 1987(58):1348-1357.

[39] HILL N E, TYSON D F. Parental Involvement in Middle School: A Meta-analytic Assessment of the Strategies that Promote Achievement[J]. Developmental Psychology, 2009(3):740-763.

[40] 何瑞珠. 家长参与子女的教育:文化资本与社会资本的阐释[J]. 当代华人教育学报,1997(2):46-52.

[41] LAU Y. Parental Involvement in Early Childhood Education and Children's Readiness for School: a Longitudinal Study of Chinese Parents in Hong Kong and Shenzhen[D]. Hong Kong: The University of Hong Kong, 2011:23-26.

[42] MACCOBY, MARTIN J A. Socialization in the Context of the Family: Parent-child Interaction[M]//Mussen P H, Hetherington E M. Handbook of Child Psychology Formerly Carmichaels Manual of Child Psychology. New York: Wiley, 1983.

[43] LAMBORN S D, MOUNTS N S, STEINBERG L, et al. Patterns of Competence and Adjustment among Adolescents from Authoritative, Authoritarian, Indulgent, and Neglectful Families[J]. Child Development, 1991

(5):1049-1065.

[44] 尤里·布朗芬布伦纳. 人类发展生态学[M]. 曾淑贤, 刘凯, 等译. 新北: 心理出版社, 2010.

[45] SEWELL W H, SHAH V P. Parents' Education and Children's Educational Aspirations and Achievements[J]. American Sociological Review, 1968(33): 191-209.

[46] GARG R, KAUPPI C., LEWKO J, et al. A structural Model of Educational Aspirations[J]. Journal of Career Development, 2002(2): 87-108.

[47] SEGINER R. Parents' Educational Expectations and Children's Academic Achievements: A Literature Review[J]. Merrill-Palmer Quarterly, 1983(1): 1-23.

[48] HANGO D. Parental Investment in Childhood and Educational Qualifications: Can Greater Parental Involvement Mediate the Effects of Socioeconomic Disadvantage?[J]. Social Science Research, 2007(4): 1371-1390.

[49] PIKE R M. Equality of Educational Opportunity: Dilemmas and Policy Options [J]. Interchange, 1978(2): 30-39.

[50] HOUTENVILLE A, CONWAY K. Parental Effort, School Resources and Student Achievement[J]. Journal of Human Resources, 2008(2): 437-453.

[51] TOPOR D R, KEANE S P, SHELTON T L, et al. Parent Involvement and Student Academic Performance: A Multiple Mediational Analysis[J]. Journal of Prevention & Intervention in the Community, 2010(3): 183-197.

[52] 李波. 父母参与对子女发展的影响: 基于学业成绩和非认知能力的视角[J]. 教育与经济, 2018(3): 54-64.

[53] 李佳丽, 薛海平. 父母参与、课外补习和中学生学业成绩[J]. 教育发展研究, 2019(2): 15-22.

[54] BROWN P, et al. The Transformation of Education and Society: An Introduction[M]. Oxford: Oxford University Press, 1997.

[55] LAUDER H, et al. Introduction: The Prospects for Education: Individualization, Globalization, and Social Change[M]. Oxford: Oxford University Press, 2006.

[56] 金一虹,杨笛. 教育"拼妈":"家长主义"的盛行与母职再造[J]. 南京社会科学,2015(2):61-62.

[57] 马赛厄斯·德普克,法布里奇奥·齐利博蒂. 爱、金钱和孩子:育儿经济学[M]. 吴娴,鲁敏儿,译. 上海:格致出版社,2019.

[58] BLAU PETER M, OTIS DUDLEY DUNCAN. The American Occupational Structure[M]. New York:Wiley, 1967.

[59] BOUDON R. Education, Opportunity and Social Inequality:Changing Prospects in Western Society[M]. New York:Wiley, 1974.

[60] HIEKMAN C W, GREENWOOD G, MILLER M D. High School Parent Involvement:Relationships With Achievement, Grade Level, SES And Gender[J]. Journal of Research and Development in Education, 1995(3):125-134.

[61] 吴重涵,张俊. 阶层差异、学校选择性抑制与家长参与[J]. 教育研究,2017(1):85-94.

[62] 谢孟颖. 家长社经背景与学生学业成就关联性之研究[J]. 教育研究集刊,2003(2):255-287.

[63] 姚岩. 家长教育参与的阶层差异[J]. 中国教育学刊,2019(4):39-43.

[64] 张建成,陈姗华. 生涯管教与行为管教的阶级差异:兼论家庭与学校文化的连续性[J]. 教育研究集刊,2006(1):129-161.

[65] 沈洪成. 激活优势:家长主义浪潮下家长参与的群体差异[J]. 社会,2020(2):168-203.

[66] 皮埃尔·布尔迪厄. 文化资本与社会资本[M]. 张人杰,译. 上海:华东师范大学出版社,1989.

[67] 边燕杰,吴晓刚,李路路. 社会分层与流动:国外学者对中国研究的新进展[M]. 北京:中国人民大学出版社,2008.

[68] TEACHMAN J D. Family Background, Educational Resources and Educational Attainment[J]. American Sociological Review, 1987(4):548-557.

[69] BRADLEY R H, CORWYN R F. Socioeconomic Status and Child Development[J]. Annual Review of Psychology, 2002(3):371-399.

[70] HECKMAN J J, MOON S H, PINTO R, et al. The Rate of Return to the High Scope Perry Preschool Program[J]. Journal of Public Economics, 2010(1-2):

114-128.

[71] DAVIS-KEAN P E. The Influence of Parent Education and Family Income on Child Achievement: The Indirect Role of Parental Expectations and the Home Environment[J]. J Fam Psychol,2005(2):294-304.

[72] 蒋国河,闫广芬. 城乡家庭资本与子女的学业成就[J]. 教育科学,2006(8):26-30.

[73] 刘志民,高耀. 家庭资本、社会分层与高等教育获得:基于江苏省的经验研究[J]. 高等教育研究,2011(12):18-27.

[74] 李忠路,邱泽奇. 家庭背景如何影响儿童学业成就?:义务教育阶段家庭社会经济地位影响差异分析[J]. 社会学研究,2016(4):121-144.

[75] 文东茅. 家庭背景对我国高等教育机会及毕业生就业的影响[J]. 北京大学教育评论,2005(3):58-63.

[76] 刘保中. 家庭教育投入:期望、投资与参与[M]. 北京:社会科学文献出版社,2021.

[77] 吴愈晓. 社会分层视野下的中国教育公平:宏观趋势与微观机制[J]. 南京师范大学学报(社会科学版),2020(4):18-35.

[78] 王甫勤,邱婉婷. 家庭社会阶层、教育期望与课外教育:基于CFPS2016的实证研究[J]. 中国青年社会科学,2021(6):87-95.

[79] 高翔,薛海平. 家庭背景、家长参与和初中生影子教育参与:来自CEPS2015数据的实证研究[J]. 教育学术月刊,2020(9):3-11.

[80] 庞圣民. 家庭背景、影子教育与"初升高":理解当代中国社会教育分层的新视角[J]. 社会发展研究,2017(4):105-123.

[81] 安妮特·拉鲁. 家庭优势[M]. 吴重涵,熊苏春,张俊,等译. 南昌:江西教育出版社,2014.

[82] 安妮特·拉鲁. 不平等的童年[M]. 张旭,译. 北京:北京大学出版社,2010.

[83] SHARON HAYS. The Cultural Contradictions of Motherhood[M]. New Haven: Yale University Press,1996.

[84] 安超. 拉扯大的孩子:民间养育学的文化家谱[M]. 北京:社会科学文献出版社,2021.

[85] 程猛. "读书的料"及其文化生产[M]. 北京:中国社会科学出版社,2018.

[86] ENGLUND M M., LUCKNER A E. Children's Achievement in Early Elementary School: Longitudinal Effects of Parental Involvement, Expectations

and Quality of Assistance[J]. Journal of Educational Psychology,2004(4):723-730.

[87] TANSEL A,BIRCAN F. Effect of Private Tutoring on University Entrance Examination Performance in Turkey[J]. IZA Discussion Paper,2005(1609):1-23.

[88] JELANI J,TAN A K G. Determinants of Participation and Expenditure Patterns of Private Tuition Received by Primary School Students in Penang,Malaysia:An Exploratory Study[J]. Asia Pacific Journal of Education,2012(1):35-51.

[89] BRAY M,ZHAN S,LYKINS C,et al. Differentiated Demand for Private Supplementary Tutoring:Patterns and Implications in Hong Kong Secondary Education[J]. Economics of Education Review,2014(1):24-37.

[90] SOUTHGATE D E. Family Capital:A Determinant of Supplementary Education in 17 Nations[M]. Bingley:Emerald Group Publishing Limited,2013.

[91] MCEWAN P J. Peer Effects on Student Achievement:Evidence from Chile[J]. Economics of Education Review,2003(2):131-141.

[92] 薛海平,李静.家庭资本、影子教育与社会再生产[J].教育经济评论,2016(4):60-81.

[93] 庞维国,徐晓波,林立甲.家庭社会经济地位与中学生学业成绩的关系研究[J].全球教育展望,2013(2):12-21.

[94] 李春玲.社会政治变迁与教育机会不平等:家庭背景及制度因素对于教育获得的影响(1940-2001)[J].中国社会科学,2003(3):86-98.

[95] 李风华,张茜.阶层焦虑与意识形态风险[J].宁夏大学学报(人文社会科学版),2021(5):42.

[96] 吴弦.父母教育卷入对小学生学习成绩的影响:成长型思维的中介作用[J].当代教育论坛,2021(2):75-88.

[97] 黄河清.家校合作导论[M].上海:华东师范大学出版社,2008.

[98] 马克斯·韦伯.经济与社会:上卷[M].林荣远,译.北京:商务印书馆,1997.

[99] 郑杭生,杨敏.社会互构论[M].北京:中国人民大学出版社,2010.

[100] 赵鼎新.什么是社会学[M].北京:生活·读书·新知三联书店,2021.

[101] 赵鼎新. 论机制解释在社会学中的地位及其局限[J]. 社会学研究,2020(2):2.

[102] 卡尔·马克思,弗里德里希·恩格斯. 马克思恩格斯选集:第一卷[M]. 中共中央马克思恩格斯列宁斯大林著作编译局,编译. 北京:人民出版社,2012.

[103] 风笑天. 社会学研究方法[M]. 北京:中国人民大学出版社,2009.

[104] 易欢欢,程红艳. 密集型家庭教育的原因剖析与利弊分析[J]. 北京教育(普教版),2021(8):5-12.

[105] 梁漱溟. 中国文化要义[M]. 北京:人民出版社,2011.

[106] 熊秉真. 童年忆往:中国孩子的历史[M]. 桂林:广西师范大学出版社,2008.

[107] 柯小菁. 塑造新母亲[M]. 太原:山西教育出版社,2011.

[108] 维维安娜·泽利泽. 给无价的孩子定价:变迁中的儿童社会价值[M]. 王水雄,译. 上海:华东师范大学出版社,2018.

[109] LU YAO, TREIMAN D J. The Effect of Sibship Size on Educational Attainment in China: Period Variations[J]. American Sociological Review, 2008(5):813-834.

[110] 哈特穆特·罗萨. 新异化的诞生[M]. 郑作彧,译. 北京:人民出版社,2018.

[111] 罗伯特·默顿. 社会理论和社会结构[M]. 唐少杰,齐心,等译. 南京:译林出版社,2006.

[112] 阿瑟·赛西尔·庇古. 福利经济学[M]. 金镝,译. 北京:华夏出版社,2017.

[113] FESTINGER L. A Theory of Social Comparison Processes[J]. Human Relations, 1954(7):117-140.

[114] KRUGLANSKI A W, MAYSELESS O. Classic and Current Social Comparison Research: Expanding the Perspective[J]. Psychological Bulletin, 1990(2):195-208.

[115] KLEIN W M. Objective Standards Are Not Enough: Affective, Self-evaluative and Behavioral Responses to Social Comparison Information[J]. Journal of Personality and Social Psychology, 1997(4):763-774.

[116] GILBERT D T, GIESLER R B, MORRIS K A. When Comparisons Arise[J]. Journal of Personality and Social Psychology, 1995(2):227-236.

[117] Mussweiler T, Rüter K. What Friends Are For?: The Use of Routine Standards in Social Comparison[J]. Journal of Personality and Social Psychology, 2003(03):

467-481.

[118] COYNE S M, MCDANIEL B T, STOCKDALE L A. Do You Dare to Compare? Associations between Maternal Social Comparisons on Social Networking Sites and Parenting, Mental Health and Romantic Relationship Outcomes[J]. Computers in Human Behavior, 2017(70):335-340.

[119] ELLISON N B, STEINFIELD C, LAMPE C. The Benefits of Facebook "Friends": Social Capital and College Students' Use of Online Social Network Sites[J]. Journal of Computer-mediated Communication, 2007(4):1143-1168.

[120] SANG Y L. How Do People Compare Themselves with Others on Social Network Sites? The Case of Facebook[J]. Computers in Human Behavior, 2014(32):253-260.

[121] 皮埃尔·布尔迪厄,汉斯·哈克. 自由交流[M]. 桂裕芳,译. 北京:生活·读书·新知三联书店,1996.

[122] 兰德尔·柯林斯. 文凭社会:教育与分层的历史社会学[M]. 刘冉,译. 北京:北京大学出版社,2018.

[123] 阿玛蒂亚·森. 伦理学与经济学[M]. 王宇,王文玉,译. 北京:商务印书馆,2000.

[124] 刘精明. 教育选择方式及其后果[J]. 中国人民大学学报,2004(1):64-71.

[125] BLAKE J. Family Size and the Quality of Children[J]. Demography, 1981(4):421-442.

[126] DOWNEY D B. Number of Siblings and Intellectual Development: The Resource Dilution Explanation[J]. American Psychologist, 2001(6/7):497-504.

[127] 马健生,吴佳妮. 为什么学生减负政策难以见成效?:论学业负担的时间分配本质与机制[J]. 北京师范大学学报(社会科学版),2014(2):5-14.

[128] 辛秋水. 制度堕距与制度改进:对安徽省五县十二村村民自治问卷调查的研究报告[J]. 福建论坛(人文社会科学版),2004(9):107-110.

[129] 塔尔科特·帕森斯. 作为一种社会体系的班级:它在美国社会中的某些功能[M]//张人杰. 国外教育社会学基本书选(修订版). 上海:华东师范大学出版社,2008.

[130] POLANYI M. Personal Knowledge[M]. London:Routledge London,1958.

[131] 顾明远.中国教育的文化基础[M].太原:山西教育出版社,2018.

[132] 杜威.学校与社会·明日之学校[M].赵祥麟,译.北京:人民教育出版社,2004.

[133] 王晓明.半张脸的神话[J].上海文学,1999(4):70-74.

[134] 王晓明.在新意识形态的笼罩下[M].北京:人民出版社,2000.

[135] 黄杰.文化堕距视角中的江湖文化批判[J].江苏社会科学,2013(6):147-150.

[136] 李佳丽,胡咏梅."望子成龙"何以实现?:基于父母与子女教育期望异同的分析[J].社会学研究,2021(3):204-224.

[137] 让·鲍德里亚.消费社会[M].刘成富,全志钢,译.南京:南京大学出版社,2001.

[138] 皮埃尔·布尔迪厄.区分:判断力的社会批判[M].刘晖,译.北京:商务印书馆,2015.

[139] 约书亚·梅罗维茨.消失的地域:电子媒介对社会行为的影响[M].肖志军,译.北京:清华大学出版社,2002.

[140] 麦克卢汉.理解媒介:论人的延伸[M].何道宽,译.北京:商务印书馆,2000.

[141] 胡泳.新词探讨:回声室效应[J].新闻与传播研究,2015(6):109-115.

[142] 耿羽.莫比乌斯环:"鸡娃群"与教育焦虑[J].中国青年研究,2021(11):80-87.

[143] 陈华仔,肖维.中国家长"教育焦虑症"现象解读[J].国家教育行政学院学报,2014(2):18-23.

[144] 刁生富,李香玲.基础教育焦虑探讨[J].佛山科学技术学院学报(社会科学版)2016(6):57-61.

[145] 单家银,胡亚飞,康凯.中小学生家长教育焦虑的质性研究[J].健康教育与健康促进,2016(6):403-406.

[146] 周晓虹.焦虑:迅疾变迁背景下的时代症候[J].江苏行政学院学报,2014(6):54-57.

[147] 王蓉,田志磊.迎接教育财政3.0时代[J].教育经济评论,2018(1):26-46.

[148] 劳伦·A.里韦拉.出身:不平等的选拔与精英的自我复制[M].江涛,李敏,译.桂林:广西师范大学出版社,2019.

[149] 李强.中产过渡层与中产边缘层[J].江苏社会科学,2017(2):1-11.

[150] 李春玲.如何定义中国中产阶级:划分中国中产阶级的三个标准[J].学海,2013(3):62-71.

[151] 朱斌.当代中国的中产阶级研究[J].社会学评论,2017(1):9-22.

[152] 洪岩璧,赵延东.从资本到惯习:中国城市家庭教育模式的阶层分化[J].社会学研究,2014(4):73-93.

[153] 熊易寒.精细分层社会与中产焦虑症[J].文化纵横,2020(5):112-120.

[154] 古斯塔夫·勒庞.乌合之众:大众心理研究[M].冯克利,译.北京:中央编译出版社,2000.

[155] 刘少杰.中国经济转型中的理性选择与感性选择[J].天津社会科学,2004(6):45-50.

[156] 赵鼎新.社会与政治运动讲义[M].北京:社会科学文献出版社,2006.

[157] 闫闯.社会学视野中的补习教育[M].北京:人民出版社,2006.

[158] GIBSON J J. The Ecological Approach to Visual Perception[M]. Boston: Houghton Mifflin, 1979.

[159] LADOUCEUR R, GOSSELIN P. Experimental Manipulation Uncertainty: A Study Theoretical Model Worry[J]. Behaviour Research and Therapy, 2000 (9):933-941.

[160] 王俊秀.社会情绪的结构和动力机制:社会心态的视角[J].云南师范大学学报(哲学社会科学版),2013(5):55-63.

[161] RIVERA J D, PÁEZ D. Emotional Climate, Human Security and Cultures of Peace[J]. Journal of Social Issues, 2010(2):233-253.

[162] 罗洛·梅.焦虑的意义[M].朱侃如,译.桂林:广西师范大学出版社,2010.

[163] COLEMAN J. The Concept of Equality of Educational Opportunity[J]. Harvard Educational Review, 1966.

[164] 袁振国.论中国教育政策的转变:对我国重点中学平等与效益的个案研究[M].广州:广东教育出版社,1999.

[165] 罗伯特·帕特南.我们的孩子[M].田雷,宋昕,译.北京:中国政法大学出版社,2017.

[166] 刘腾龙.家庭文化资本、"影子教育"与文化再生产:基于县城儿童和村庄儿童对照的视角[J].当代青年研究,2021(4):53-59.

[167] 皮埃尔·布尔迪厄,华康德.实践与反思:反思社会学导引[M].李猛,李康,译.北京:中央编译出版社,1998.

[168] 皮埃尔·布尔迪厄.国家精英:名牌大学与群体精神[M].杨亚平,译.北京:商务

[169] 包亚明. 文化资本与社会炼金术:布尔迪厄访谈录[M]. 北京:人民出版社,1997.

[170] 赵延东,洪岩璧. 社会资本与教育获得:网络资源与社会闭合的视角[J]. 社会学研究,2012(5):47-69.

[171] 皮埃尔·布尔迪厄,帕斯隆. 继承人:大学生与文化[M]. 邢克超,译. 北京:商务印书馆,2002.

[172] REAM, ROBERT K, PALARDY GREGORY J. Reexamining Social Class Differences in the Availability and the Educational Utility of Parental Social Capital[J]. American Educational Research Journal,2008(45):238-273.

[173] WONG, RAYMOND SIN-KWOK. Multidimensional Influence of Family Environment in Education:The Case of Socialist Czechoslovakia[J]. Sociology of Education,1998(71):1-22.

[174] 肯尼思·纽顿. 社会资本与现代欧洲民主[M]. 冯仕政,编译. 北京:社会科学文献出版社,2000.

[175] BRUCE FULLER, SUSAN D. HOLLOWAY, MARYLEE RAMBAUD AND COSTANZA EGGERS-PIÉROLA. How Do Mothers Choose Child Care?:Alternative Cultural Models in Poor Neighborhoods[J]. Sociology of Education,1996(2):83.

[176] 张东娇. 义务教育阶段择校行为分析:社会资本结构的视角[J]. 教育发展研究,2010(2):12-17.

[177] 皮埃尔·布尔迪厄,帕斯隆. 再生产[M]. 邢克超,译. 北京:商务印书馆,2021.

[178] VALENZUELA, ANGELA, DORNBUSCH, SANFORD M. Familism and Social Capital in the Academic Achievement of Mexican Origin and Anglo Adolescents[J]. Social Science Quarterly,1994(75):18-36.

[179] 安雪慧. 教育期望、社会资本与贫困地区教育发展[J]. 教育与经济,2005(4):31-35.

[180] 钟宇平,陆根书. 社会资本因素对个体高等教育需求的影响[J]. 高等教育研究,2006(1):39-47.

[181] PONG, SUET-LING, LINGXIN HAO, ERICA GARDNER. The Roles of Parenting Styles and Social Capital in the School Performance of Immigrant

Asian and Hispanic Adolescents[J]. Social Science Quarterly, 2005(86): 928-950.

[182] PARCEL, TOBY L, DUFUR MIKAELA J. Capital at Home and at School: Effects on Child Social Adjustment[J]. Journal of Marriage and Family, 2001(1): 32-47.

[183] HO E S, WILLMS J D. Effects of Parental Involvement on Eighth-grade Achievement[J]. Sociology of education, 1996(2): 126-141.

[184] ARENDELL, TERRY. Conceiving and Investigating Motherhood: The Decade's Scholarship[J]. Journal of Marriage and the Family, 2000(4): 1192-1207.

[185] MURPHY E. Risk, Responsibility, and Rhetoric in Infant Feeding[J]. Journal of Contemporary Ethnography, 2000(3): 291-325.

[186] ADRIENNE RICH. Of Woman Born: Motherhood as Experience and Institution[J]. Psychology of Women Quarterly, 1995(4): 368-371.

[187] 蓝佩嘉. 做父母、做阶级：亲职叙事、教养实作与阶级不平等[J]. 台湾社会学, 2014(27): 97-140.

[188] HYDE J S. et al. Mathematics in the Home: Homework Practices and Mother-child Interactions Doing Mathematics[J]. Journal of Mathematical Behavior, 2006(2): 136-152.

[189] 杨可. 母职的经纪人化：教育市场化背景下的母职变迁[J]. 妇女研究论丛, 2018(2): 79-90.

[190] 金一虹. 社会转型中的中国工作母亲[J]. 学海, 2013(2): 56-63.

[191] 余靖静, 朱青. "拼妈"时代：当妈非得"十项全能"？[J]. 决策探索（上半月）, 2014(6): 81-83.

[192] APPLE R D. Perfect Motherhood: Science and Childrearing in America[M]. New Brunswick: Rutgers University Press, 2006.

[193] 沈奕斐. 辣妈：个体化进程中母职与女权[J]. 南京社会科学, 2014(2): 69-77.

[194] BROWN P. The 'Third Wave': Education and the Ideology of Parentocracy[J]. British Journal of Sociology of Education, 1990(1): 65-86.

[195] 毕向阳. 转型时代社会学的责任与使命：布尔迪厄《世界的苦难》及其启示[J]. 社

会,2005(4):183-194.

[196] FLECK L. The Genesis and Development of a Scientific Fact[M]// Douglas M. How Institutions Think?. New York: Syracuse University Press,1979.

[197] 渠敬东.制度过程中的信息机制[J].北京大学学报(哲学社会科学版),2021(6):75-87.

[198] 马陆亭,郑雪文."双减":旨在重塑学生健康成长的教育生态[J].新疆师范大学学报(哲学社会科学版),2022(1):1-12.

[199] 柳斌.努力提高基础教育的质量[J].课程.教材.教法,1987(10):1-5.

[200] 刘钧燕."双减"下家校社协同推进素质教育发展[J].群言,2021(11):33-36.

[201] 卡尔·马克思,弗里德里希·恩格斯.马克思恩格斯文集:第五卷[M].中共中央马克思恩格斯列宁斯大林著作编译局,编译.北京:人民出版社,2009.

[202] 谢维和.教育公平与教育差别:兼谈教育改革与发展的深层次矛盾[J].人民教育,2006(6):8-9.

[203] 联合国教科文组织.反思教育:向"全球共同利益"的理念转变[M].北京:教育科学出版社,2017.

[204] 许慎.说文解字[M].天津:天津古籍出版社,1991.

[205] 刘兆伟(译注).中国教育名著丛书·论语[M].北京:人民教育出版社,2015.

[206] 朱熹.四书章句集注[M].上海:上海古籍出版社,2001.

[207] 柏拉图.理想国[M].张子菁,译.北京:光明日报出版社,2006.

[208] 埃米尔·涂尔干.社会分工论[M].渠东,译.北京:生活·读书·新知三联书店.2000.

[209] 张民选.杰斐逊公立教育思想述评[J].上海师范大学学报(哲学社会科学版),1992(4):143.

[210] 庄晨燕.法国教育体制与"国家贵族"再生产:皮埃尔·布尔迪厄《国家贵族:精英大学与团体精神》导读[J].民族高等教育研究,2021(6):9-17.

[211] 巴兹尔·伯恩斯坦.教育、符号控制与认同[M].王小凤,译.北京:中国人民大学出版社,2016.

[212] 杨东平.高中阶段的社会分层和教育机会获得[J].清华大学教育研究,2005(3):52-59.

[213] 吴愈晓.教育分流体制与中国的教育分层(1978—2008)[J].社会学研究,2013

(4):179-201.

[214] 叶晓阳.扩张的中国高等教育:教育质量与社会分层[J].社会,2015(3):193-218.

[215] 许程姝,邬志辉.农村文化资本与文化生产:基于农村儿童"差别优势"的理论构型[J].教育学报,2021(3):144-153.